U0503501

本书出版得到
国家重点文物保护专项补助经费资助

明蓟镇长城石刻

河北省文物研究所 编著
主　编　郑绍宗
副主编　郑立新

文物出版社
2017年·北京

图书在版编目（CIP）数据

明蓟镇长城石刻 / 河北省文物研究所编著. —北京：文物出版社，2017. 11

ISBN 978 -7 -5010 -5261 -5

Ⅰ. ①明…　Ⅱ. ①河…　Ⅲ. ①长城 - 碑刻 - 考古发掘 - 发掘报告 - 明代　Ⅳ. ①K877. 45

中国版本图书馆 CIP 数据核字（2017）第 241423 号

明蓟镇长城石刻

编　　著：河北省文物研究所

责任编辑：刘　昶
责任印制：梁秋卉
责任校对：安艳娇

出版发行：文物出版社
社　　址：北京市东直门内北小街 2 号楼
邮　　编：100007
网　　址：http：//www. wenwu. com
邮　　箱：web@ wenwu. com
经　　销：新华书店
印　　刷：北京京都六环印刷厂
开　　本：889mm × 1194mm　1/16
印　　张：23
版　　次：2017 年 11 月第 1 版
印　　次：2017 年 11 月第 1 次印刷
书　　号：ISBN 978 -7 -5010 -5261 -5
定　　价：380. 00 元

《明蓟镇长城石刻》出版说明

这部《明蓟镇长城石刻》本是《明蓟镇长城——1981～1987年考古报告》的一部分，该报告原计划出十二卷，后因经费问题，将报告压缩为十卷出版，石刻文字另行出版。故《明蓟镇长城石刻》乃是报告之延续。作为报告附录单独发表，以补报告之不足。

长城石刻包括长城碑文和沿边之摩崖刻文等。蓟镇长城报告作为一部完整记录长城情况的学术报告来说，沿线的碑文、摩崖文字等有着非常重要的、不可替代的作用，是不能缺失的。但原报告中没有把这部分作为记录长城、敌台、关堡等重要的实物文献资料同时出版，应该是一个很大的遗憾。

边墙、敌台和住堡三位一体，构成长城三大要素，缺一不可，而长城上的碑刻则是唯一记录长城上多种遗迹的重要文献。

蓟镇长城石刻碑文共录入222方，碑刻经四五百年沧桑保存至今实属不易。其中有160方为河北省长城考察队1981～1987年直接在长城沿线调查时发现的，碑刻本身文字记录有具体墙台地点和年代，材料十分珍贵。已发表的报告中，凡发现有碑刻处，于报告正文中，都作了说明，遗憾的是当时正文中无录文和拓片。

为了方便查找，同时也保证长城资料的完整性与统一性，本书中每件石刻所在测区的敌楼号、顺序号与原报告保持一致。这也是在《明蓟镇长城——1981～1987年考古报告》之后，继续出版《明蓟镇长城石刻》的原因。本书的出版使蓟镇长城这一遗迹载体与碑刻文物合二为一，从而完成了中华民族标志性建筑——长城的“形体永固”。本着负责的精神，我们认为具备整体性的大历史文物，长城和碑刻不能割裂，保持其完整性，是对历史负责，对子孙负责。本书的出版弥补了考古报告的缺失，也圆了作者和读者的心愿。我们在这里对文物出版社编辑认真负责的精神表示衷心的感谢。

编著者

2013年12月

目　录

图版目录

前　言

河北省是历代长城分布最多的省份之一，自北向南从蒙古高原的东南部边缘，即河北坝上、坝下交错地区起，向南有燕北长城，依次有秦、汉长城，北魏、北齐、隋长城，还有处于张北草原以北的金代界壕，时代较晚的明长城，则处于燕山、军都山到阴山南麓和太行山一线，明长城燕山一线则和燕北长城相距200多千米，北从草原起向南，中经热河冀北丘陵山地的燕山、军都山，形成东西近1500千米的长城地带，它东接辽东，西抵宣大延绥，绵延中国北部的群山连谷。这就是历史有名的中国长城地带。

大明王朝是中国最后一个修筑长城的朝代。元代晚期布衣领袖朱元璋率农民起义军，推翻了元朝在中原的统治，于1368年建立了明朝，又经过多年的战争，终于彻底肃清了元朝旧部。从朱明王朝建立伊始，为站稳脚跟，数征北元巩固边防。建设北疆成为明朝的重要国策。洪武初年把北部边疆的经营分为内外两线，外线为营州（今朝阳）、大宁（内宁城大明城），西到开平（今正蓝旗）一线，内线则以北齐、隋长城为底线，沿燕山、军都山，西到阴山一线。首先在东部燕山一线利用隋长城旧关隘，洪武十五年（1382年）九月关隘“凡二百处，宜以各卫校卒戍守其地”[①]，实际是利用旧有关隘。永乐帝继承洪武遗志继续出塞，征服北方，所谓五出三犁虏廷，并提出沿边设总兵镇守并建立大墩和塞垣。他多次出征，但未能消灭北元势力，最终死于回征途中。永乐以后界大宁、弃开平，外线不守，只能经营内线，进行全方位设守，形成“皇帝戍边”。由于北元势力逐渐强大，不时内侵，继之又建立了东北起辽东，西行为蓟镇、宣府镇、大同镇、太原镇、延绥镇、宁夏镇、固原镇，最西到甘肃镇一线长城，各镇以皇子或挂将军印或总兵官驻守。嘉靖二十九年（1550年）、嘉靖三十年（1551年）又从蓟镇分出真保镇和昌镇进行经营，合为九边十一镇。这是一个庞大的军事防御工程，长城全长约7300多千米[②]。蓟镇为九边中重镇，位于燕山、军都山一线，外御强敌，内屏京陵，自然形势险要，所谓“国初号称腹里，自大宁内徙，宣、辽隔绝，沿边千里，与虏为邻”[③]。蓟镇主要是为防御兀良哈三卫，除洪武十五年（1382年）建的二百处关隘外，大将军太傅魏国公徐达“又间设关、营墩台以便守望”[④]。天顺六年（1462年），“命修各边墙、屯、堡、墩台、壕堑”[⑤]，大抵天顺时期蓟镇以西各边都普遍开始建城垣。

隆庆二年（1568年）戚继光主蓟门，隆庆三年（1569年）被正式任命为蓟镇总兵，大力加强了

---

① 《明太祖洪武实录》卷一百四十八，转引自赵其昌：《明实录北京史料》（一），北京古籍出版社，1995年，第79页。

② 《明史·兵》卷九十，中华书局标点本，1974年，第2235页。

③ 霍冀：《九边图说》，《明代蒙古汉籍史料汇编》第二辑，内蒙古大学出版社，2006年，第27页。

④ 明弘治十四年《永平府志》。

⑤ 《英宗天顺实录》卷三百四十三，转引自赵其昌：《明实录北京史料》（二），北京古籍出版社，1995年，第380页。

长城建设，改造平头薄墙，建砖墙，筑敌台、墩台、堡、寨等各种防御设施，到万历十年（1582年）前后边墙上各种防御工程达到高峰。戚继光调离蓟门以后，一直到万历四十八年（1620年），工程从未间断，只是到了明代晚期只保护、维修而已。

经1981～1987年的全面调查，蓟镇边墙长度为736374.2米，调查敌台2097座、城址201座，另有战台、附墙台、墩台、烽墩、炮台、关隘、便门、哨楼等多种遗迹和实物，其中一部分墙体、敌台和关隘、住堡中多存有碑刻或摩崖石刻，这是长城上遗留下来的最重要的文物。关于明蓟镇长城总体情况，前已有报告发表，本书不另赘述，这里只就长城碑刻、摩崖石刻情况做一概要论述。

（一）长城碑刻的发现

河北明长城在古代长城中占了较大比重，包括蓟、宣、真保和昌镇（近北京市），总长度1900多千米。近半个世纪以来，经过几次文物普查，特别是对长城的专门性的大规模考古调查[①]，在敌台内墙体、住堡和群众手中发现了大量的残存碑刻文字。这些碑刻真实地记录了明长城修筑的历史背景、建造过程、施工年代等一系列情况，勘刻精细的碑刻规格、文体格式、文字大小，体现了它们不同的价值和作用，广泛而丰富的文字内容则具有十分珍贵的史料价值。碑文记载了许多鲜为人知的历史情况。这些碑刻对研究明朝的政治、经济、文化，特别是北部边防，长城“九边”的历史，以及明与蒙古的关系等都具有非常重要的作用，同时也是研究长城军事防御工程的唯一的实物文献。

长城是中华民族创造的伟大军事防御工程，是世界奇迹之一，可是真正系统地记录和研究长城的书籍并不多，长城本身就是一部丰富的记述我国统一多民族国家形成与发展的史书，是伟大的实体文物，而记载这个实体文物情况的就是石刻文字。它们是无声的语言，是活着的历史，每块碑文都像书籍一样，记录着长城的沧桑变化，镌刻着祖国山川河流的自然变幻，记载着历史上风云人物叱咤长城、金戈铁马、逐鹿中原，说长城概括了中国半部地方民族史也不足为过。所以长城上遗留下来的文字即使是只言片语都不能遗漏。

明代记载长城的文献，主要来自两个方面：一是历史文献记载，二是历史上遗留下来的大量碑刻文字。另外，人民群众世代相传的口述中也有关于长城的相关资料，而文献、碑刻则是主要方面。

在文献方面，有明一代留有大量文献，除《明史》《明实录》《皇明经世文编》《武备志》《大明一统志》等许多官方文献外，九边长城几乎都有专志，如《全辽志》《四镇三关志》《大同府志》《宣府镇志》等篇幅浩繁；各地府、州、县志更是详备，地方长城情况多立专章节。明人杂记、野史等也包含了相当珍贵的史料。

碑刻文字是长城文献的另一来源，它是记录长城载体的直接材料，具体如长城附近的地质、地貌、自然环境，边墙墙体的规格、尺寸，边墙上的各种附属设施，如关隘、敌台、战台、哨楼、附墙台、炮位、房址、墩台、拦马墙（削坡）、水门、镇、路、关、营、堡、城址的分布等。正史或有关文献中有提及镇、路、城址、整体边墙工程、关隘贡道等，但记载极少，只是略提其名称，无具体内容，然碑文则不同，它详细记载了各墙体建筑形制、用料、尺寸等情况。长城考古就是在上述野外调查和研究基础上，利用保存下来的碑刻内容，证以历史文献而产生的，即查阅历史文献——野外考古调查——形成考古报告这样一个过程。

碑刻文字是无声的语言，长城沿线遗留下来大量碑刻，真实地记录了长城情况。它记载着每一段

① 全国资源调查四镇公布数为1905.64千米，较记载多400多千米。

长城的修筑背景、工程进度、春秋两防、卫所官军、士卒轮换、屯驻官员、朝廷命官巡阅莅临记事、边警防务、关隘、通贡、蒙汉人民的经济贸易往来、边墙内发生的军事战争、明廷的禁边、蒙古的入侵、边关御敌等一系列事件。

（二）碑刻的制度形成与年代

河北蓟镇、宣镇和真保镇三镇中，以蓟镇碑刻数量为多，而宣、辽东、大同等镇据了解碑文数量也较少，且主要发现在住堡或关隘口门上。下面叙述的情况，也以蓟镇为主，兼及其他。碑刻年代最早的为正统四年（1439年），最晚到崇祯八年（1635年）。早期主要属于摩崖刻石，府、州、县城建碑，门匾额，城楼记，庙碑等。这些碑刻由于距长城、住堡较近，一些长城上的守边官员或主事，也将其大名落在碑铭或门额上。如正统四年（1439年）游击将军右参将杨洪摩崖刻石记载了修葺赤城云州龙门崖的情况。① 天顺七年（1463年）峨眉山营石匾（图版二一）、嘉靖八年（1529年）鹰窝崖朝阳洞老君堂门额（图版九三）上都落有边关官员的名字。嘉靖三十七年（1558年）出现有边城工程记事碑，上列兵备道、副总兵参将等名字和修边城的情况（图版一一一），此后还有嘉靖四十五年（1566年）大龙门城工碑等，已属修边墙、敌台的记事碑，但当时还没有制定修筑每段长城、墙台都勒铭记事的制度。修筑边墙工程记事碑、阅视碑、鼎建碑制度的形成当在戚继光主蓟门的隆庆三年（1569年）之后。在这之后，大规模建设边墙工程，包括敌台、住堡、门洞、桥梁等均要立碑，根据不同的位置和规格，碑文形式加以固定。许多碑文明确记载了画地授工，某部官兵某时接受修筑一段边墙或敌台任务，要准时按规定质量要求完成，还注明了尺寸大小、形制、等级、完工日期、责任人等，如违反规定要受到惩罚。隆庆三年（1569年）四月，朝廷正式颁给戚继光官防②，这时他才敢在长城鼎建碑上署其姓名，如滦平隆庆三年（1569年）孟夏、戚继光、吴汶鼎建碑（图版一八七），隆庆三年（1569年）孟夏，谭纶、王稻鼎建碑（图版一八八），这可能是长城筑造工程中出现较早的碑文了。同时在砖墙体和敌台的用砖上，都要打上施工单位如某路、某营或某司，春班或秋班，某年月造，其数量很多，并且各地均有发现，难以统计。隆庆以后，蓟镇边墙大修，广建敌台，每一工程都立碑“画地授工、勒铭记事”。碑文的年代自隆庆延续到万历，据不完全统计，有320方左右，甚至可能达到400方，而万历年间最多。

真保镇和蓟原为一镇，嘉靖三十年（1551年）从蓟镇分出，其边墙、敌台、住堡、碑刻情况一如“蓟镇式”，涞源阜平、涞水、唐县的碑刻年代主要为万历时期。而宣镇则有明显的不同，宣镇边墙建设起步较蓟镇早，以石边、石墩为主，不像蓟镇那样墙台高大。宣镇的空心敌台在万历时期出现，虽然也是蓟镇模式，但是内部有很大变化而且数量也不多，这主要是永乐帝亲自规划“永乐大墩”，杨博规定在边墙上广泛建设“罗汉大墩”造成的。一直到万历时期才发现宣镇石墩的弊端和蓟镇敌台的优点，开始添置蓟镇式“空心敌台”，但因府库匮乏，已无力全面重建。宣镇的边墙、敌台鼎建碑数量很少，只在万历时期少数空心敌台上有一些石匾，究其原因，主要是石墩不立碑，历任宣镇总兵官也没有规定立碑的制度。昌镇过去和蓟为一镇，嘉靖二十九年（1550年）从蓟镇分出，其边墙、敌台建设与蓟镇为一个模式，发现的边墙碑刻数量也不少，且和蓟镇是一致的，如怀柔庄户村

① 河北省文物局长城资源调查队：《河北省明代长城碑刻辑录》（上），科学出版社，2009年，第366页。

② 《明穆宗隆庆实录》卷三十一，第六页，31.6.0817，转引自赵其昌：《明实录北京史料》（三），北京古籍出版社，1995年，第610页。

铁峪关敌台、大臻峪西之长城碑、黄花村敌台碑、碑刻和蓟镇边墙碑刻文字内容、行文格式和程序都是一致的[①]。蓟、宣、真保镇遗留碑刻数量众多、保存长城碑文实物资料丰富，这是戚继光主蓟门规定墙、台工程“画地授工、勒铭记事”的结果。

综上，边墙上碑刻年代为隆庆到崇祯时期。立碑记事是戚继光主蓟时期立下的制度，自隆庆三年（1569年）开始正式实行，戚继光调离蓟镇后仍然执行，这项制度一直延续至明末崇祯时期。至于九镇中除蓟、宣镇外的其余七镇，有无立碑之制及碑刻保存情况，因孤陋寡闻不得而知。

（三）长城碑刻之分布

长城碑刻的分布是很密集的，从20世纪80年代调查情况看，蓟镇的东部边墙最密，其次是真保镇涞源。以第三测区滦平金山岭司马台段为例，司马台关口以西第7台（二道梁台37号）为隆庆四年（1570年），第12台（二道梁台32号）为万历六年（1578年），第13台（二道梁台31号）年代不清，第7～12台间隔5个敌台，为一工程间隔。关口以东第2台（二道梁台45号）为隆庆五年（1571年），第4台（二道梁台47号）为隆庆四年（1570年），第7台（二道梁台50号）为隆庆四年（1570年），第2、4、7三台各间隔3座，即间隔3台为一工程段，两年间都在施工。金山岭司马台边墙、敌台是隆庆、万历初年建筑的，“画地授工、勒铭记事”至少在隆庆三年就已确定，并付诸实施。[②]

又如蓟镇第二十测区义院口—背牛顶苇子峪口（大石河）以西一段边墙，从义院口台51～64号内有碑刻12方，58～59号墙体上有3方碑文，皆为万历三十六年（1608年），60号碑文年代署为万历二十九年（1601年），64号为万历四十六年（1618年）。在这短短14座敌台之间就有12方碑文，代表了三个时期近30年，即以义院口台60号为代表的万历二十九年（1601年），51～58号的万历三十六年（1608年），64号的万历四十六年（1618年）。万历三十六年九十月份碑文分布最为密集，说明此时秋防工程的紧急。

调查得知碑刻文字主要的分布地点是边墙墙体、敌台，以及镇、路、关、营、堡城内的某项工程处。经过近500年的沧桑，墙体和敌台多倒塌，原镶嵌在墙体上部或敌台内部，尤其是砖墙上的碑刻，多被淹没在碎砖乱石之中或被取做他用，只有那些人迹罕至之处的碑刻才得以保存下来，如第二十测区苇子峪以西一段即是。

在明朝灭亡之前，明蓟镇长城究竟有多少块碑，已无从知晓，在已调查的2097座敌台、201座城堡和其他附属建筑中，也未全部发现碑文。据20世纪80年代以前的调查，特别是苇子峪以西一段边墙和敌台的勘察，大约10座敌台之间为一秋防工程段，这是分布较密集地段。总体来看，一般5座敌台之间树立一碑[③]，据此推测蓟镇碑的原总数在500方以上。

碑文出土地点及固定的模式和不同的内容反映了其不同的价值，碑刻的年代和出土地点是碑文的核心价值。一块碑文没有年代或破损失去年代，其他内容则较难谈起。碑刻所处的位置也就是考古遗址的坑位，碑刻离开了所在的敌台、住堡或墙体，失去了其具体地点、坐标，碑文中所记录的敌台、墙体、住堡等内容也就丢失了目的物，相当于考古遗址中的地点、层位不清，其所记录的内容也

① 华夏子：《明长城考实》，档案出版社，1988年，第307页。

② 郑绍宗：《明蓟镇长城：1981～1987年考古报告》第9卷，文物出版社，2013年；晋宏逵：《司马台长城》，北京燕山出版社，1992年，第45页。

③ 如第二十测区义院口台60～64号立一座碑。

就没有意义了。

（四）长城碑刻搜集与整理

近年来开展长城碑刻的调查，各地搜集了一批长城及有关长城的碑刻，由于人为和自然原因，一些碑文早已失去坐标，多署此碑出于某村长城脚下，某县境内长城上、某县境内长城敌台旁或某县、某镇某山段长城或某村某人的庭院内。这种无具体出土地点的碑刻，很难把碑文内容与所记目的物联系起来，当然这些碑文仍然是长城研究的重要文献。碑刻经数百年辗转，从长城上散落下来，又经过一代又一代的移动，保存至今实属不易。

近半个世纪以来，通过多次有组织、有计划的文物普查，各地文物部门征集到一部分碑文，多已见诸报端。同时从各旧府、州、县志中收录的散佚碑文也为数不少，但都是零散的。长城碑刻的大规模搜集大概有两次。

一是 1979 年全国长城调查，各地文博部门搜集了大量长城碑刻。原河北长城考察队调查发现明蓟镇长城沿线墙体、敌台、住堡中存有碑刻 160 余方，大部分都做了拓片。密云司马台、蓟县黄崖关长城发现碑刻 17 方[①]，共计 177 方。部分碑刻编入《河北明长城碑碣石刻文字辑录》二辑，作为内部资料保存。[②]

二是 2006 年以来的全国长城资源普查。河北省长城资源考察队从蓟（唐山、承德地区）、真保（保定地区）、宣镇（张家口地区）收集了各种长城碑文 374 方，砖文 44 款，铜、铁、炮、铳铭文 42 款，合计 460 方[③]。374 方碑刻分布情况是：仍存于墙体、敌台和住堡的碑刻，蓟镇有 47 方、宣镇 49 方、真保镇 38 方，三镇总计碑刻总数 172 方（条）。转载《秦皇岛长城》[④] 碑刻 13 方，转载《迁西碑刻》[⑤] 40 方，转载《河北长城石刻辑录》21 方，各市县博物馆、文管所提供已见诸报道的碑刻 102 方。数字显示，长城沿线的碑刻变化非常大，如 20 世纪 80 年代河北省长城考察队调查时，墙体、敌台和住堡的碑刻尚有 160 余方，30 年后长城资源考察队调查时蓟镇长城沿线碑刻只剩下 47 方，其余 113 方不知去向。其中可能有少量碑文被地方文物保管部门收集。据我们核对，这 160 方碑刻中仍有 102 方未见报道，可能原碑已不存，现有拓片已成孤本，十分珍贵。如 1981 年 10 月，我们在金山岭砖垛口一侧发现的记述隋文帝开皇十七年（597 年）修筑燕乐县段长城的事，内容十分珍贵，碑刻至今已不知去向。[⑥]

上述两次大规模的调查，真正属于记载长城的碑刻也就 350 方左右。这些碑刻材料，或原地记录传拓，或把碑刻本身进行科学记录后收集，调查人员冒酷暑、抗严寒，跋山涉水、披荆斩棘，调查来的各种数据实属不易。

（五）长城碑刻的主要内容

从功能和形制看，长城碑刻可概括为阅视鼎建题名碑、工程记事碑、分界碑、功德碑、庙碑、摩

---

① 晋宏逵：《司马台长城》，北京燕山出版社，1992 年；方放：《天津黄崖关长城志》，天津古籍出版社，1988 年，第 113 页。

② 河北文物研究所：《河北明长城碑碣石刻文字辑录》，第二、三辑，1983 年。

③ 河北省文物局长城资源调查队：《河北省明代长城碑刻辑录》，科学出版社，2009 年。

④ 沈朝阳：《秦皇岛长城》，方志出版社，2002 年。

⑤ 王书珍：《迁西石刻》，百花文艺出版社，2007 年。

⑥ 郑立新：《金山岭长城砖垛口发现的古残碑》，《文物春秋》2011 年第 1 期，第 67 页。此残碑被长城内侧密云县砖垛子村的村民移走，当时只留下一纸不太清晰的拓片。

崖石刻及诗碑。碑文所涉及的政治、经济、文化等内容广泛而丰富，主要有以下几个方面：

1. 明朝修长城的政治背景——明朝与蒙古的关系
2. 边外蒙古诸部落分布与蒙古民族史
3. 明蓟、宣、真保镇边防组织概况
4. 山川地理形势和边防军事情况
5. 镇、路、关、营、堡城边防体系
6. 边墙等级
7. 敌台结构和等级
8. 边墙、敌台、住堡三位一体的工程组合形式
9. 班军、卫所军春秋两防修边工程
10. 边防军士和家眷随军屯田
11. 诗词歌赋与名人题记
12. 边关经济贸易
13. 重大历史事件如土木堡之变、庚戌之变、隆庆和议、滦和之变等

上述概括提出的诸问题，当然不是全面的，而且也只能选取其中一些主要问题进行探讨。

一　明蓟镇边墙上的石刻文字

蓟镇边墙上的文字碑刻，保存较多，据估计，原碑刻至少在400方以上，较其他边镇有过之而无不及。依我们现今搜集到的文字碑刻，想必连原有碑刻的三分之一都不到。下面简要介绍这批碑刻的散存地点。

边墙体和敌台中尚存有一大部分碑刻。这部分碑刻大多只存一方形带滚砖边框的碑槽，碑体已无，造成缺失、毁坏的原因，一是人为取走；二是边墙、敌台倒塌，碑体湮没在碎砖、乱石之中。如经发掘定会有更多的碑刻出土，然而，为了保存边墙和敌台遗迹现状，不能轻易开展考古发掘，否则容易造成墙体闪裂，甚至倒塌，给保存现状造成困难。即使进行发掘清理，也必须对现状采取有效的保护和修复措施，而且碑刻必须就地保护，不宜挪动。因为这些碑刻直接记录了边墙、敌台的建筑年代、规模大小、尺度、等级、阅视时间、各级官员的名字等信息，反映了长城的历史，如果一经移动，失去其具体所在位置，此碑刻就失去了一定的研究价值。

边墙内原镇、路、营城、关城、住堡中还存有一部分碑刻。这些碑刻有的尚嵌在城门墙体上，完好保存；有的则散存在农民家中。一些边墙敌台中的碑刻被农民取走，用来砌井台、猪圈或改做磨刀石等，这部分碑刻要尽量集中保存，不能再毁坏和流失了。

还有一些碑刻散存于政府文物主管部门，沿边各县文物部门都存有一部分碑匾。这些碑刻一般保存较好，但多不明具体所在位置。建议相关部门对蓟镇长城碑刻进行全面调查，厘清出土地点，统一编目，将其作为长城文物资料的重要组成部分管理、保护起来。

（一）碑刻文字的年代与分期

本长城考察队调查搜集到长城碑刻160方（含残碑），这些碑刻绝大部分存在于边墙体和敌台中，部分散存于各城址和农民手中，具体可参见碑刻拓片目录说明。青龙、迁西、宽城、滦平、密云等县都存有一部分碑刻，蒙其应允准予传拓。

保存在城址中的碑刻，一部分比较完整，文字清晰；一部分则自然侵蚀严重，字迹模糊。今存于敌台和散落于边墙上的，由于风吹日晒等原因，有的文字漫漶，拓片极度不清；有的风化严重不能传拓，只能作一记录而已。这些碑刻文字从年代上看，绝大部分为戚继光治蓟的隆庆、万历时期，最早可到天顺时期，最晚为崇祯晚期，为什么天顺以前的碑文不见于记载，这可能与边墙、敌台建设的发展阶段有关。

160方碑文中有129方年代明确，包括天顺1方、成化1方、弘治1方、嘉靖6方、隆庆18方、万历 91 方、天启 4 方、崇祯 7 方。大体可分为三期。

第一期　天顺—弘治时期

天顺以前，边墙尚未完全连接起来，只修营城、住堡。可以肯定的是，边墙此前不设碑文记事，当时出现的只是城址上的门匾，如平谷文教局现藏的天顺七年（1463 年）“峨眉山营”石门匾即是如此。相信在其他城池上也会出现早期的门匾，多不具带有职衔的文武官员名字。

成化时期边墙出现新的情况，成化十二年（1476 年）李铭为蓟镇总兵官，“大修边备……漫山甃出砖石，总二千里”，关口之间用边墙连接起来，主要是石边墙。但当时没有计垛受工、责任明确的记载，而修的平头薄墙，质量粗劣，也未见这一时期的碑。在三屯营城碑亭内有一块“总兵李铭边政记碑”记载了李铭的功德，至于搜集到的弘治十七年（1504 年）重建天庆寺碑则为庙碑，与长城关系不大。

第二期　嘉靖—隆庆初年

这一时期尚未创建大量的边墙和敌台，专门记载边墙和敌台的碑文也比较少。但出现一部分摩崖刻石，如城子岭“天限华夷”刻石，嘉靖三十一年（1552 年）兴州前屯卫修边刻石，嘉靖三十二年（1553 年）长城修建分界刻石，嘉靖二十四年（1545 年）郭延中等夜不收刻石等。总之，长城碑刻在当时还没建边墙、敌台，必须勒铭刻石之，明文规定，在文献和碑中缺少依据。

第三期　隆庆二年（1568 年）—万历十一年（1583 年）

这一阶段是边墙、敌台、城址建设的高峰期，每修完一处工程即就地建碑、勒铭记事、明确责任，这是戚继光任蓟镇总兵以后提出的规定。士兵修墙筑台，“画地受工”，每一班军的修建任务必须按时完成，规定两名“班军”一“防”。据黄崖关瓮城墙上的四处刻石可知，一防的筑墙任务是 12 米，城墙的高、宽都在 3 米以上①。任务十分艰巨，修筑每防的时限为 3 ~ 4 个月，每防边墙或敌台修建完成后要勒铭记事，记录被调遣班军的原防地、营、头司、把总等官员的名字，修几等边墙丈、尺，完工年月等。大的工程，要刻上阅视官员的名字。几乎每个敌台，每一定长度的墙体，都要立碑记事、明确责任，如有不合法式的要拆修、翻工。城址、桥、台等边防工程亦如是。在碑文中专门记载拆修、翻工的工程很多，有的是原建拆修新建，有的则是筑好后不合法式重新翻建，边墙拆修新建最多，其次为城池、台、桥等。

第四期　万历十一年（1583 年）—万历四十八年（1620 年）

这是戚继光调离蓟镇以后的一个时期，他所提出的“画地受工”仍在执行，边墙、敌台、城址修筑一直未停，万历时期发现的碑文有 91 方，其中万历三十到四十年最多，在板厂峪 、柳树峪到梁家湾一带墙体上发现的碑刻几乎连年不辍。春、秋两防用兵最勤。边墙敌台等工程一直没有停顿。

第五期　天启—崇祯时期

这一时期，一方面边墙敌台、防城的建设日益完善，另一方面明代晚期，九镇任务繁重，连年要

---

① 方放：《天津黄崖关长城志》，天津古籍出版社，1988 年，第 62 页。

支出巨帑支持两防，造成国库亏损，无力再拿出大量银两去修边备。工程减少，记事碑也随之减少，只在崇祯晚期，由于后金的兴起，在蓟镇东部还有一些边务工程勒铭记事。

（二）碑刻内容之分类

按照碑文的内容，本报告搜集到的160方碑刻，大体可分为十类。碑文的书写格式并不十分严格。有的一块碑记述数件事实，既记修边墙，又记述修敌台或城池，集两三项工程内容为一碑；有些碑刻，文字叙述相接近，如长城阅视碑、鼎建碑，都是千篇一律的官员题名，修建工程的情况多掺杂于其中，列之文首或文尾，事实上，工程记事才是其核心内容，也最具研究价值。所以我们把凡涉及边务工程的碑刻皆单独分类，冠以建设年代、工程名称，使读者一看便知其核心内容。另外，还有一些不同类型的碑刻，如一些石匾额中（门匾），多附有年代和当时官员的名字；一些庙碑、功德碑记述了历史事件，附列了修庙边官的名字；一些著名边官所题的刻石和诗词，既反映了当时的历史背景，又具有一定的文学价值。下面将详细分类叙述于后。

1. 长城阅视碑、鼎建碑、题名碑

三者不同的命名是依碑文格局而提出的。长城碑文都有固定的格式，篇幅较短的，一般是先提年代，春、秋两防的时间，阅视长城及敌台修建情况等。而长篇内容则是自高而低，按等级依次排列，从朝廷命官一直到最低层官员的名字，一些还把千户、百户、旗牌、督工、泥水、石匠都一一落在碑上，最后书具体年、月鼎建。大量涉及工程的碑文，只在主要官员题名前或后提及工程情况寥寥数语。题名是为了对工程负责，相当于责任状。

2. 边墙记事碑

分为三种。

第一种　格式记述简略，碑体为小方形，多嵌边墙上，只记所修边墙的尺寸、百户以下督工、泥水匠头、石匠头、工号头和施工人名字，不具大批官题名，也不书边墙等级①。

第二种　多嵌在边墙上，记录简明扼要，文首某年、某营修建几等边墙，多少丈、尺，责任人、中军指挥佥事、把总、千户、工匠名。或文首书某年、月，春、秋两防，也有书于文尾的。这种碑体小，一般嵌在边墙内侧人们不易触到的地方，数量极多，从边墙遗留下来的残碑框槽分析，几乎每段砖墙都有记录。有些边墙保存得较好，上面的碑体也很完整。有些边墙年久倾塌，碑体滑落到地上，被倒塌的砖石所掩埋，或被群众取走。这种碑文多为具体负责的下级管工官员所立，行文简练、内容具体，如修建年代、边墙等级、长、高、所用砖、石等都一清二楚地刻在碑体上，实属难得的研究边墙及台体的实物文献资料。从现存的碑刻看，以二等边墙留下的碑刻较多。

第三种　除记录各项工程外，全部落实各级官员的题名。其格式一般是某年春防或秋防，某营主兵或客兵，修完某处，起于某号台（西或东），止于某号台，拆修几等边墙多少丈、尺，创修敌台多少座，下面依次落款，从朝廷命官、钦差、兵部尚书兼都察院右副都御史或兼兵部侍郎，一直到蓟镇的总兵官、协守副总兵，分守某路参将、游击、指挥佥事、中军、把总、千户、百户等（图版一二八、一三三）。

---

① 见本书《明蓟镇边墙石刻续目》三二、三三。

3. 分界碑

此种碑刻最为难得。此碑为路和路之间为明确责任而建。一般两块竖碑并排，碑上刻某路东界或西界，具体地点视受工的分界线而定。不是以关口为分界线，而是利用某种自然界线——山的两端或河流为分界。这种路的分界碑存留下来的极少，目前只发现1处，明确为“太平路”和“燕河路”的分界碑（拓片100）。蓟镇十二路之间应该都是有分界碑的。还有一些长城线上的小地名，勘可注意，如白马关西的界牌峪，并非没有来历。

4. 敌台（墩台）工程碑

也分三种情况。

第一种　简明、不具体。首先明确年代、春、秋两防、时间、敌台座数、号数，无具体规格、尺寸、完工情况。下依次为高级文武官员，直到低层千总、百户、把总、修台百总等鼎建。

第二种　记录具体，一些碑嵌在楼体内部或楼橹内墙体上。上具屯驻某地、某营、某司、把总官名、所修敌台等级、号数、尺寸，依照法式修完，后落款具体年月（图版一三一）。这是一种修台的责任状，实际是春、秋两防修台情况的缩写，不具高官的题名。

第三种　记录最全而完备。其格式是在年代后书春、秋两防，修某敌台一座，周围尺寸、用石、砖料、通高，包括望亭、窝铺。后具高级文武官员，直到某个都总、百户、泥水匠、石匠，落款为具体年月，这是一座最为完备的修台记事碑，也最具研究价值（图版一三四）。

5. 堡、城、桥台记事碑

记载城池展建的碑刻极多，主要是记录创修、重建某城或某一段落的，都是勒铭记事，如重修三屯营城展建城池的某一段落（图版五四），加宽加厚楼台、过河城桥等，其碑刻文字的格式和边墙、敌台相同。一般先书某年春防或秋防、修某城池、城墙长某丈、某尺、高连垛口某丈、某尺，下具从朝廷命官到低级官吏的题名，文尾落款年月（图版八、九、二七、四〇）。修城碑一般记载较为正规，落各级官吏职衔、题名是必不可少的，少见记载简略的碑文。

前面我们只从镇、路、关、营、堡城的规模大小，知其有明确的等级规定：镇以下一级比一级小，住堡最小。实际在文献，特别是碑文中也有明确的规定，我们在调查中发现的少量碑文中有城池等级的记载。如石塘路东水峪三等堡城记事碑（图版八），明确记载住堡为三等，并录有规格尺度。

6. 石匾额

石匾额多见于城门或少量敌台的门额上，如天顺七年（1463年）“峨眉山营”石匾（图版二一），万历四十五年（1617年）“墙子雄关”北门石匾（图版二三）、万历十二年（1584年）“马兰正关”北门石匾（图版二六）、崇祯十年（1637年）罗文峪下营城“迎旭门”（东门）石匾、迁西三屯营城万历三年（1575年）“鞏京”门匾（图版五七）、迁西李家峪万历五年（1577年）南门匾（图版六四）、迁西隆庆二年（1568年）太平寨营城匾（图版七六）、迁西明“烂柴沟”城石门匾（图版八三）、第十六测区徐流口台132号万历二十四年（1596年）“神威楼”石门匾（图版九六）等不一而足。城、门上嵌石匾额是代表城池等级的一种制度，镇、路、营、关、住堡皆有匾，唯大小不同，一般自右而左，小字刻建匾年代，中为大字横书门额名，大的城池尾落各级官员头衔和题名，再书年月，小城池不落官员题名。这种门匾凡城皆有，唯留下来的不多。

7. 庙碑

各城池内外皆有很多的庙宇，除一般常见的关帝庙、菩萨庙、子孙庙、九神庙、山神庙、土地庙一类外，最多见的是真武庙，隆庆□年三屯营创建旗纛庙碑，只一处。建真武庙或关帝庙有其来历，特别是真武庙。

真武庙又称真武阁，多见于城池北方，于北垣上建真武阁。真武传说是北方之神，武即玄武，本为北方七宿之名，七宿为斗、牛、女、虚、危、室、壁，其中虚、危二宿，形似龟、蛇，因称玄武，青龙、白虎、朱雀、玄武为四方之神，宋神宗间，避圣祖讳，改玄武为真武，并绘其图像以祀，后称为真武大帝，守护北方。明修边墙于北方，主要是为了防备残元（北方）势力再起，边内城池普建真武阁，祀守护北方之神，具有保护北方广大官兵安全之意。

至于城内建关帝庙和精忠祠等，无非是给守边官兵灌输忠义、报国思想，并树祠庙，岁时祭祀，其他一些“杂”神庙则为城内历代官兵、居民所建。

8. 功德碑

主要有迁西三屯营城，成化二十三年（1487 年）“总兵李公边政记”碑（图版五六），万历二十一年（1593 年）三屯营城“戚少保功德”碑（图版五二）和“抚宁傍水崖张大将军傍水崖建功德”碑①。总兵李公即成化时期总兵李铭、戚少保即戚继光、张大将军即张臣，三人皆当时名将。三碑除记载功德外，也反映了一些重要史实。

9. 摩崖刻石及诗碑

长城沿线摩崖刻石可能不少，但比较明显存于世者不多，可以肯定尚有一些摩崖刻石尚未发现。现已查到的有：

第十测区沙坡峪台 114 号东部的嘉靖三十一年（1552 年）兴州前屯卫修边墙刻石，第十二测区洪山口台 52 、53 号墙上戚继光登舍身台诗碑（图版五〇），第十五测区城子岭东北黑山口崖面上明“天限华夷”刻石（图版三、八五），在第十九测区箭杆岭城西山坡上万历八年（1580 年）李逢时、郭造卿观水寨刻石，第二十一测区黄土岭台 22 号北侧嘉靖二十四年（1545 年）郭延中等夜不收题记，第十六测区嘉靖庚申（1560 年）许纶题冷口关御敌班师摩崖刻石，第十九测区抚宁梁家湾子万历八年（1580 年）“香山纪寿”刻石（图版四、一一六），雾灵山清凉界大型刻石，第十九测区背牛顶太清观等九处。有一些摩崖刻石有着一定的历史背景，其集中的时代是嘉靖、隆庆、万历时期。

10. 残碑

30 方。多缺少年代，记事不全，或仅存一部分或数小块，有的连接不起来，其内容绝大部分为阅视、鼎建碑。这些残碑多散落于各住堡民户中。

---

① 见本书《明蓟镇边墙石刻续目》二八。

（三）长城碑刻中所反映的蓟镇组织系统和巡视边关人物

实际是两个问题，即蓟镇组织系统和边关人物二题。蓟镇文武官员组织系统在本报告前言中根据文献并对照有关碑文，对朝廷命官总督以下巡抚、监察御史、按察司使，总兵以下协守副总兵、游击守备及守备官员等都做了较为详尽的研究叙述，此不再赘述。唯对当时巡视边关的大吏和蓟镇组织系统稍事提及，限于嘉靖到万历十五年（1587年），现举数碑以说明边镇上文武官员变化情况。

嘉靖四十五年（1566年），长城记事碑中还很少出现朝廷命官的辽边大吏的名字，一般只记守边小吏及工程情况。隆庆开始，特别是戚继光主蓟门以后，巡视边关口的朝廷命官、大吏普遍出现在碑文上，实际是为朝廷立下的责任状。

最早的摩崖刻石有嘉靖三十九年（1560年）许纶冷口御敌班师刻石[①]。

滦平隆庆四年碑出现有：

总督谭纶[②]、巡抚刘应节[③]、巡按付孟春、山东按察司副使王维忠、总兵戚继光[④]、协守副总兵李超、游击将军王旌，以下略（图版一三）。

由于政治风云变幻莫测，隆庆五年（1571年）则有很大变化。

迁安白羊峪第十六测区徐流口台135号隆庆五年（1571年）长城鼎建碑出现的人物为：

总督刘应节、巡抚杨兆、巡按苏士闰、余希国、山西提刑按察司副使徐学古、总兵戚继光、中军参将张爵、协守东路副总兵胡守仁、游击将军杨秉中，以下略（图版一〇一）。

抚宁板厂峪第二十一测区黄土岭台130号万历元年（1573年）阅视碑，出现的人物有：

兵部右侍郎汪边昆[⑤]、总督刘应节、巡抚杨兆、巡抚王湘、山东按察司副使宋守约、总兵戚继光、协守东路副总兵史纲、分守石门参将张拱定，以下略（图版一四七）。

卢龙万历六年（1578年）重建刘家口关碑，出现的人物有：

总督梁梦龙[⑥]、巡按陈道基、于鲸、提刑按察司副使陈万言、总兵戚继光、协守副总兵孙朝梁、分守参将陈文治、游击将军王维藩，以下略（图版一〇七）。

迁西大岭寨第十五测区擦崖子台44号万历十五年（1587年）春防长城阅视碑，出现的人名有：

总督兵部尚书王一鹗、巡抚蹇达、巡按任养心、山西提刑按察司副使朱衣镇、总兵张臣[⑦]、协守副总兵葛绍忠、协守副总兵张价、中军游击刘世桂、太平寨参将郭铭，以下略（图版八六）。

总兵戚继光于万历十一年（1583年）后调离蓟镇，碑文中不再提及。

以上武职总兵以上的文武职官员在《明史》中多有传，武职总兵以及各级官吏在《四镇三关志》蓟镇职官一节中多能查到。

万历十五年（1587年）以后，碑文中巡边大吏和总兵官以下历年皆有变化，统计起来恐不只数百人。仅从上引数块碑文中就可以看出嘉靖、隆庆、万历时期边官的变化极大。上引诸人一部分在《明史》中有传，由于本书不是专门研究职官制度之书，碑文出现的人物这里不做专门研究。

---

① 《明史·许纶传》，中华书局标点本，1984年，第4928页。
② 《明史·谭纶传》，中华书局标点本，1984年，第5833页。
③ 《明史·刘应节传》，中华书局标点本，1984年，第5787页。
④ 《明史·戚继光传》，卷二百二十，列传第一百十八，中华书局标点本，1984年，第5610页。
⑤ 《明史》卷二八七，列传一七五。
⑥ 《明史·梁梦龙传》，中华书局标点本，1984年，第5914页。
⑦ 《明史·张臣传》，卷二百三十九，列传第一百二十七，中华书局标点本，1984年，第6205页。

（四）几块摩崖石碑刻文字

1. 许纶题“冷口御敌”摩崖刻石

位于冷口东关沙河西岸东山脚下的石壁上。摩崖全文为（图版一）：

明嘉靖庚申（三十九年）三月，虏自云中来窥滦东，率六镇兵御诸冷口关，念八日，虏遁，翌日班师。总督三镇军务太子太保、兵部尚书兼都察院左副都御史灵宝许纶题。

文中叙述的是嘉靖三十九年（1560年）残元俺答部首领打来孙犯广宁事，“《明史》嘉靖三十九年三月……丁亥，打来孙犯广宁，陷中前所，杀守备武守爵、黄廷勋”①。广宁，今辽宁北镇县城，明为辽东镇广宁分司（总兵驻地），泛指广宁包括广宁卫、中屯卫、前屯卫，即今辽西。中前所即中前千户所，在铁场堡东北接近山海关、一片石。当时元先首领兵陷中前所，蓟镇山海路危机。嘉靖三十八年（1559年）许纶复起故官，督蓟、辽、保定军务。嘉靖三十九年（1560年）率六镇兵御残元首领打来孙，却之，并于冷口刻石以记其事。许纶，嘉靖五年（1526年）进士，“好谈兵。幼从父历边境，尽知扼塞险隘，因著《九边图论》上之。……以功进右都御史，再以功进兵部尚书”②。

2. 兴州前屯卫刻石

位于第十测区沙坡峪台114号向东25米石墙体接茬位置的自然石立平面上。文字4行，文为：

兴州前屯卫，以
东分修一十五
丈三十一年四
日初二日完

此三十一年有可能为嘉靖三十一年（1552年），此前刻石少见，之后，特别是隆庆、万历时期主要是刻碑记事，而不刻摩崖。卫所班军在边墙上刻石记事只见此一例。兴州前屯卫乃兴州五卫之一，据《四镇三关志》记载，该卫驻丰润县城，于永乐元年（1403年）二月调入戍边。该卫所班军少见修边墙的记载，现存的大量碑文中也很少提及，因为他们早已脱离了兴州前屯卫的原驻地。

3. 明嘉靖二十四年（1545年）郭延中摩崖刻石

位于第二十一测区黄土岭台22号北64米边墙内悬崖下一块较为平坦的石面上，部分文字风化漶漶不清。文字3行，文为（图版二）：

石匠谢淮
嘉靖二十四年五月一日管夜不收官□赵世涛
峭（哨）至境外地名烂泥凹离堡三十里
坑儿峪堡，该班，夜不收郭延中𡨋六名

很明显这是一处斥堠的题记，文字有错讹，也不流畅，夜不收即尖夜，是各边墙、住堡远放于敌

① 《明史》本纪十八、世宗二，中华书局标点本，1984年，第246页。
② 《明史·许纶传》，中华书局标点本，1984年，第4928页。

区的尖哨，或称间谍，是深入到敌后作探听消息的暗探。一般放在边外十余里至数十里不等。哨有明哨和暗哨之分，尖夜属于暗哨（暗探）。尖夜各有分地，按地段分工负责，每尖夜一拨两三人，分把各路，专门传报各路敌情，各住堡有夜不收百总，专门管理尖夜。在各路边城住堡中，每段边墙、每个住堡设多少拨夜不收，都有明文规定。

"哨有哨法，凡夜不收，不亲自爪……风闻欺诈，架梁塘报军马……失真而误事者即斩……军官要罪加一等。"[①] 这块嘉靖三十四年刻石是夜不收郭延中等到边墙外探信后于墙内留下的刻记，可见这6人为两拨夜不收，一拨为3人。

4. "天限华夷"刻石

位于第十五测区迁西城子岭东北黑山口的一个崖面上。"天限华夷" 4个大字为楷书，左旁刻"都门周文炳题" 6个小字（图版三、八五）。

从具体内容分析，"天限华夷"指天造城子岭关天险，成为限制华夷的天然界限，使当时的汉、蒙民族分开，有着浓厚的歧视北方民族之语。其时代为明无疑，字旁不具年代，一般多万历以前或可早到嘉靖时期。

5. 万历八年（1580年）戚继光"香山纪寿"刻石

位于第十九测区抚宁梁家湾城（中桑峪堡）峪门口，地处界岭口东。刻石在峪门口外到梁家湾之间的一条小溪旁。口门西北为香山，刻石在香山顶上，后崩落滚到河旁。据说不只此一块，另外两刻石已被后人运往他处。此块刻石文字刻在约一间房屋大小的巨石东侧面，楷书，每字直径为40厘米，竖行，自右而左，共13行，74字，其中数字漫漶不清，文为（图版四、一一六）：

香山纪寿
台头守张爵镌
万历庚辰十月
朔日少保戚公
初度之辰为东
征至台头闽中
郭造卿称觞因
游击李逢时[当]
此而品山川可
与少保争奇少
保当与山川敌
寿者也
□下 俞锺书

此刻石文字记载了明代民族英雄戚继光任蓟镇总兵时，于万历八年（1580年）十月，东征至蓟镇十二路之一的台头路，由郭造卿、李逢时二边关守将陪同巡视东路口时的事情。戚继光于隆庆元年（1567年）调至蓟门，第二年（1568年）任总兵官，镇守蓟州、永平、山海诸处。戚继光在任十六

① 《四镇三关志》蓟镇经界今制《哨法》。

年，边备修饬，屡建奇功，为时人所称颂。“香山纪寿”刻石，时当万历庚辰（1580年）十月朔（初一），是戚继光初度之辰（即时年52岁的生日）。此日，郭造卿、李逢时同来东峪北之香山寺，刻石为戚继光祝寿，所以文中有“愿少保与山川齐寿”之语。又二年，戚继光因张居正案而株连，竟罢归。又三年反夺俸，郁悒而逝。

郭造卿、李逢时都是当时蓟镇的名将，蓟镇东部长城碑刻题名中，多见二人建城记事题名。刻石中台头守即时任参将的张爵镌。

“香山纪寿”刻石从一个侧面反映了民族英雄戚继光镇守蓟镇的一些史实。过去史书对戚继光的诞生年月日没有明确记载，至少在《明史》中记载是不详细的。“香山纪寿”刻石的发现，为戚继光的诞生年月提供了可靠的依据。他生于明嘉靖七年（1528年）十月一日，为研究戚继光的历史提供了一个旁证，实属珍贵。

6. 万历八年（1580年）李逢时、郭造卿观水寨刻石

位于第十九测区箭杆岭城西100米半山坡的大石上。隶书4行，自右而左，文曰：

万历庚辰　阳（朔）　日　游击

李逢时守边关　人

郭造卿同观水　寨

赀人俞锺书。

此碑是万历八年郭造卿、李逢时观箭杆岭关水寨后所刻，与前刻石约略同时，是一种记事摩崖。

7. 明戚继光“登舍身台”诗碑

此碑现藏于遵化县文物保管所。碑原地点在遵化县东北，洪山口以西约5千米禅林寺附近的舍身台上。现碑已残为两段，但字迹清晰可辨，碑为青石制，碑头圭形，周刻卷草纹。碑身通高155、宽78、厚17厘米（图版五〇）。

碑文为明戚继光所书，行草8行，文为：

登舍身台台在边墙绝顶贯绳而进日昃馁甚戍买胡饼啖之赋此

向来曾作舍身歌今日登台意若何指点封疆余独

感萧踈疏鬓发为谁皤剑分胡饼从人后手挥流泉已

自多回首朱门歌舞地尊前列鼎问调和

断崖垂绠几凭虚却哭山猿技不如古戍春残初见

雁故园愁绝冷看鱼百年俯仰谁巾帼五尺涓埃

自简书沙碛传餐君□叹边臣应得戒衣袽

特进光禄大夫左都督总理蓟镇定远戚继光。

这是戚继光主蓟门时所做的一首七言诗，分析应是在他任总兵的后期。如他初到蓟镇不久，不会有如此多的回忆。不知此诗是否录入他的论文集中。

舍身台为洪山口关下的五关寨之一，原有口门，而舍身台寨约当今的前山寨。戚继光任蓟镇总兵时，以舍身报国为己任，此次登边墙绝顶舍身台，靠绳索而进，异常险峻。平时作舍身歌，今日身临其境，意多感慨，在绝顶指点封疆，江山秀丽，不觉自己已为国操劳鬓发斑白。回首往事，那些朝廷谗官、朱门酒肉、钟鸣鼎食消自在，哪知守边将吏风餐露宿。不觉腹饥，买胡饼以剑割与同行分食，

手挥流泉似是落下的几点英雄感叹之泪。台下断崖垂绠，自惜不如山猿纵横自如。戍边春雁北去，边关年复一年，忆园愁绝，百年巾帼英雄，自有五尺简书。君莫叹沙渍（北地）风餐露宿，边臣自应，避免戎装（衣襦）征战，并以为戒。

录文解释不一定准确，而行草的隶定也存误，一些字需斟酌，释文后再解其意为好。

8. 雾灵山清凉界刻石

雾灵山清凉界，地势高亢，位雾灵山西南，因气候凉爽宜人而得名，是河北兴隆著名风景胜地。

刻石位于兴隆县大沟乡正鼓楼的东南峡谷巨壑之中，东北倚海拔 2161 米的雾灵山，北靠长城，东北为黑峪关，西过大沟乡为明蓟镇十二路之一的曹家路城，城东北过大角峪为曹家路正关关门。

清凉界有大清凉界、小清凉界之分，小清凉界位于大清凉界之西，北倚长城。兴隆和密云以大沟乡北长城为分界，形成关内外的交界地。

清凉界刻石一批五处，字数多寡不一，分布在大沟乡正鼓楼到大清凉界河沟两侧。

第一处文字最多，最完善，也是最大的一处，在雾灵山西山麓近沟深处大清凉界下一块巨大的卵石的西侧面，卵石高 15、宽 20 米，西侧面笔直平整，石面正中上部阴刻勾勒隶书“雾灵山清凉界”6 个大字，字径约 1.2 米，字迹庄重洒脱，笔法遒劲有力。在大字两侧各刻楷书两组，字径 20 厘米。

北侧一组自右而左两排，上排 8 行、下排 2 行。残存计 76 字。上排为：

兵部尚书谭纶

兵部侍郎汪道昆分守李如缏

总督侍郎刘应节

巡抚都御史杨兆

蓟辽总督御史戚继光（引行可能刻石误）

兵部郎中右侍郎凌云翼

□□□□□□□□□□□

□□□□□□□□□□王一鹗

下排为：

万历己卯年五月初五曰曹家路

游击将军李逢时刻石。

此碑文中有些职衔刊刻有误，戚继光万历七年（1579 年），职衔全称是“总理练兵事务兼镇守蓟州永平山海等处地方总兵官中军都督府左都督”而不是“蓟辽总督御史”显系职衔误刻，还有“兵部郎中左侍郎”“兵部郎中”也有误刻。由于刻字位于巨型卵石之上，陡峭难攀，划刻困难，刻之字系刻工所为。刻石中所提到的谭纶、汪道昆、刘应节、杨兆、戚继光、凌云翼、王一鹗等均为明嘉靖、隆庆、万历时期朝廷命官和守边的武职大吏，戚继光是明朝边官名将。石刻文字时当明万历己卯（七年），公元 1579 年。

北侧一组，自右而左，也分上下两排，计 12 行，共 83 字。

上排 8 行，文为：

崇祯乙亥岁季春吉旦

留守蓟镇总兵杨嘉□

□□密云兵备高斗光

□□兵部郎中王徵俊

监视西协军务张昇

巡抚顺天都院张鹏云

巡抚西协军门邓希诏

总督蓟辽军门丁魁楚

下排4行为：

吉家庄守备□□□

黑谷关都司□□□

曹家路游击□□□

协守□□□□□□

此刻石已到明代晚期崇祯八年（1635年），碑文属阅视碑一类，职衔皆总兵以下，包括兵备、协守，曹家路下的守备都司、游击等。

清凉界刻石的下部有小字5组，由于多年水浸，字迹漫漶不清，自南而北：

第1组　小字5行，每行约20字。有"万历"字样，内容漫漶不清。

第2组　小字7行，字不清。

第3行　文为：

雾灵山盖□□门也

登

寒七井惧在焉

诸法延一去衣

树云霄裹

美瞻胜□

关中箫如董（录文因字迹模糊个别字可能不确）

诗中歌颂雾灵山七井胜迹。七井指的是雾灵山上的七盘井。

第4组　小字7行，字迹不清。

第5行　小字5行，字体潇洒，和前数组不类，但字迹不清，或为明以前所刻。

如能把字迹剔透清楚，可能会发现明或明以前的诗词，有助于了解这处胜迹的人文背景，仅就现存的几组摩崖刻石，也是弥足珍贵的了。

第2处到第5处刻石都分布在大沟河的西岸，字迹多遭自然破坏，石体也小。有一块大型卵石上刻有"雾灵山……曹家路"字，可知也是明代所刻。余三块字迹模糊不清，不录。

雾灵山清凉界，以雾灵山而得名，是山乃长城沿线一处胜景，早已闻名遐迩，《钦定日下归闻考》引《方舆纪要》"雾灵山在密云县东北二百里，距边四十里，即《水经注》孟广硎山也"[①]。孟广硎山"水出硎下，硎甚层峻，峨峨冠众山之表"[②]。孟广硎水即潮河东源。雾灵山顶多奇花，又名万花台，上有七盘井、云峰寺旧址等。

---

① 于敏中等：《钦定日下旧闻考》卷一百五十二"边障"，北京古籍出版社，1985年，第2449页。

② 《水经注·鲍丘水》，岳麓书社，1995年。

9. 背牛顶太清观

位于第十九测区石碑沟台107到108号北侧约120米的一柱峰山顶上，峰突兀于名山之表，北据茶盘山，其上数十丈，形势若冠，背石如牛，因此而得名。传寺初建于辽天庆年间，明正德十四年（1519年）僧人佛海重修，凿井建庙居之。明万历十四年（1586年）山海参将谷承功捐资重修建无梁殿。万历十九年（1591年）立"重修背牛顶寺记"于庙中，以志其事。崇祯五年（1632年）僧慧自息拓金光洞。太清观原为宏量寺上院，清改宏量寺为太清观。

太清观顶峰山门之下石级两段高约70米，有悬梯可登。寺内有无量殿、七眼井、莲花、碑等。顶峰开凿金光洞，洞西侧有明参将林桐题"海阔天高"四字。太清观立于山巅，群峰俱在脚下，云气缭绕，东望大海，令人心旷神怡。①

① 邸和顺：《秦皇岛市文物资料汇编》，1988年。

二　明蓟镇边墙石刻

蓟镇长城沿线各测区皆有碑刻分布，或存于主体长城的墙体上，或散落于各堡城、村落农民手中，经调查收集共得长城碑刻或和明长城有关的碑刻（庙碑、摩崖等）共160方。这些碑刻的史料价值极大，是研究明长城建置、建筑、军事、民族关系史极为重要的资料，关于长城碑刻的研究将另文叙述。现先将碑刻拓片[①]按自西向东的发现顺序记录于下。

（一）明长城阅视碑

此碑位于第二十四测区密云县西驼骨城内周成军家。碑顶部残损，长方形，碑存长66、宽47、厚10厘米。碑文9行，字体秀丽规整，录文如下（图版五）：

□□□年孟冬之吉，总都蓟辽保定等处军务兼理粮饷
□□□兼都察院右佥都御史，潍县刘应节。整饬蓟
□□边备兼巡抚顺天等府地方、都察院右佥都御史
□□□。巡按直隶监察御史高安、傅孟春，仁和余希周。
□云等处兵备山东按察司副使，兴平王惟宁。总理
□镇守蓟州等处地方总兵官、中军都督府右都督
[戚]继光。协守西路副总兵官，鄱阳李超。分守石塘岭
[地]方参将，武进陈勋。管工兴州后屯卫经历，焦尚福。
□都卢述。委官戴勋鼎建。

（二）明隆庆四年（1570年）夏长城阅视碑

此碑原位于长城上，现藏于北京市密云县文物科。承蒙领导应允，准予传拓。碑为长方形，长82、宽55、厚约12厘米。文字9行，录文如下（图版六）：

隆庆四年夏孟之吉，总都蓟辽保定等处军[务]兼理粮饷
兵部左侍郎兼都察院右佥都御史，宜黄谭纶。整饬蓟州
等处边备兼巡抚顺天等府地方、都察院右佥都御史，潍

---

① 内有少数碑刻只录文无拓片，还有少量砖文。

县刘应节。巡按直隶监察御史高安、傅孟春。整饬密云等
处兵备山东布政司右布政兼按察司副使，太仓凌云翼。
总理练兵兼镇守蓟等处地方总兵官中军都督府右
都督定远戚继光。协守西路副总兵官鄱阳李超。分守古
北口等处地方副总兵官，崞县董一元。管工营州后屯卫
经历，临潼焦尚福。提调潘－麟。委官莱阳张大金鼎建。

（三）明万历四十三年（1615 年）山东左营春防修五座楼记事碑

此碑发现于第二十四测区密云五座楼林场段，具体地址不清。兹据密云县文物科抄录碑文转录于后①：

山东右营春防□□，石塘路大水峪地方天□□精间□牛岭獐，□右
□处，券门顶□□五座。每座底阔周围一十二丈，收顶一十一丈，高连
垛口二丈五尺。垛口上盖□□望房三间，右修封门顶敌台。迤东三等
边墙两丈，底阔一丈三尺，收顶一丈，高连垛口一丈五尺。□□
□□钦差总督冀辽保定等处钦差蓟州等处，边官□□□□□
钦差镇守□□□□□□□□□□
钦差整饬密云等处兵备兼屯□□□□□□□
钦差总督蓟辽保定□□□□
□□指挥□□□□□□□□□□□□□□□
督工宁海卫指挥使，胡来贡。
左部管工千总、威海卫指挥使，王定际。
中部管工千总、登州卫指挥佥事，张□□□□
左部管工千总，大□卫。
万历四十三年五日吉日立。

（四）明万历砖文拓片

1. 明万历六年（1578 年）延绥营造戳记印文砖

此砖文发现于第二十四测区边墙上。砖长 36、宽 20、厚 8 厘米，砖侧面有“万历六年延绥营造”戳记印文一方。砖存密云县文物科（图版七，1）。

2. 明万历六年（1578 年）振武营右□造戳记印文砖

此砖发现于金山岭第三测区二道梁台 31 号楼体内。砖长 36、宽 20、厚 8 厘米，砖侧面有“万历六年振武营右□造”戳记印文一方（图版七，2）。

3. 明万历六年（1578 年）镇虏奇兵营造戳记中印文砖

此砖发现于金山岭第三测区二道梁台 31～32 号垛墙上。砖长 36、宽 18、厚 8 厘米。侧面有“万

---

① 按：此碑文抄录于 1987 年 9 月 22 日，文中错讹漏字较多，唯对修筑敌台规制等仍有参考价值，待日后发现原碑再行补正。

历六年镇虏奇兵营造”戳记印文一方（图版七，3）。

4. 明万历六年（1578 年）镇虏奇兵营造戳记中印文砖

此砖位于金山岭第三测区二道梁台 31 ~ 32 号墙体不同位置。侧面刻“万历六年镇虏奇兵营造”，字体和上不同（图版七，4）。

5. 明万历五年（1577 年）宁夏营造戳记印文砖

此砖发现于金山岭第三测区二道梁台 48 号楼内东西墙壁上。砖长 36、宽 18、厚 8 厘米。砖侧有“万历五年宁夏营造”戳记印文一方（图版七，5）。

6. 明万历五年（1577 年）石塘路造戳记印文砖

此砖发现于金山岭第三测区二道梁台 50 ~ 51 号墙体上。砖长 36、宽 18、厚 8 厘米。砖侧有“万历五年石塘路造”戳记印文一方（图版七，6）。

7. 何大营戳记印文砖

此砖发现于金山岭第三测区二道梁台 52 号内。砖长 36、宽 20、厚 8 厘米。砖侧有“何大营”戳记印文一方（图版七，7）。

（五）明万历四十四年（1616 年）派修石塘路东水峪三等堡城记事碑

此碑位于第二十四测区，今存于密云县文物科，从长城边堡上搜集而来。碑身长 62、宽 56、厚约 8 厘米。碑文竖刻小字 26 行，字迹清晰，录文如下（图版八）：

万历四十四年春防，河大营官军派修石塘路大水峪下地方，东水峪三等堡城一座。周围连门洞一百三十丈，底阔一丈一尺，收顶八尺，高连垛口二丈，上盖门角房五间。马蹬疆擦二边。遵照原行如式修筑，于五月十六日通完讫。

钦差总督蓟巡保定等处军务兼理粮饷经理御倭、都察院右都御史，兼兵部左侍郎薛三才。

钦差整饬蓟州等处边备兼巡抚顺天等府地方、都察院右都御史刘日捂。

钦差巡按直隶监察御史薛真。

巡按直隶监察御史，

钦差整饬密云等处兵备兼管屯田驿传海防、河南提刑按察司副使喻安性。

钦差镇守蓟州永平山海等处地方兼备倭总兵官、左军都督府都督同知张国柱。

钦驻劄密云兼管全镇营马粮饷、直隶河间府通判冯继京。

钦顺天府昌平州密云县尹同阜。

钦差协守蓟镇西路等处地方、分理练兵事务副总官都指挥佥事张国麒。

钦差分守石塘路等处地方、管参将事都司佥书（事）署都指挥佥事朱万良。

钦差统领河大营都司、管游击将军事署都指挥佥事刘应武。

钦依守备大水谷关营等处地方、以都指挥体统行事指挥佥事贾秉真。

督工中军指挥佥事颜明武。

管修堡城把总官李世官。

董城。

刘继祖。

许元龙。

督工寨官王添□。

管工旗牌 袁□行。

张　安。

催工队长 王奔、李伯加、邵真回、朱也先。

泥水匠 张阿四、王八十、赵小大、刘冉儿。

石匠禾六、秋构、周海同、翟的石。

仲夏吉旦立。

（六）明万历三十七年（1609年）河间营派修曹家路将军台寨石堡城记事碑

此碑现藏于密云县文物科，原存曹家路将军台寨，为修城记事碑。碑四周刻缠枝花叶纹，右侧残损，碑身存长60、宽50、厚约10厘米。今存文字17行，全面记载了将军台城的修建情况，虽残，但很重要，录文如下（图版九）：

河间营，万历三十七年秋防，蒙派修曹家路黑谷

关地方，将军台寨石堡城，八十五丈五尺，底阔一丈

四尺，收顶一丈，高连垛口二丈五尺。俱用灰泥砌石

填心，纯灰砌垒边，石灰浆灌扻，方条砖墁顶。自本年

七月二十一日兴修起，至⊞月十二日止，俱照数□

□通已修完讫。备将修过工程起止，并分官砌垒

员役姓名开列于后。

计开：

头一段拆修完旧城南门楼边□尺，堡城□一

十五丈五尺，经管砌堡千总李也官，旗牌张

荣、陈□、杨为，石泥匠周林、吴志明。

第二段拆修完南堡，千总李世官。新修城头起

迤北堡城为三十丈，经管千总刘□□，旗

牌杨瞎，队总赵四，石□、高英、张□□。

第三段拆修完，南接千总刘应武，新修城头。起□

□堡城一十三丈，管砌垒千总□□□。（以下残）

总杨力。（以下残）

（七）明万历二十八年（1600年）宁山营修墙工程界碑

此碑位于第二十四测区，原砌具体地址不详，今存于密云县文物科。碑体完整，四周刻缠枝云纹，近方形，长38、宽37、厚8厘米。碑文9行，录文如下（图版一〇）：

宁山营中部千总陈

一通，分管城工三十
丈，底阔一丈四尺，收
顶一丈，高连垛口二
丈五尺。南接本营左
部工界起，西至河间
营工界止。
万历二十八年五月
初十日立。

（八）明万历三十二年（1604年）修台记事碑

此碑现藏于密云县文物科，原出土地点不详。为一小型残碑，文字漫漶不清。碑存长37、宽30、厚8厘米。碑文9行，录文如下（图版一一）：

山东右□左部千总□□□，
指挥杨徵□，中部千总安□
卫指挥□□右部千总□□，山□
卫指挥何□□□□同把总王
振武，□□□□□□□□□。同修杨
□顶空心敌台一座，周阔八
丈，高连垛口二丈九尺，上建
□二破三房一座。
万历三十二年四月　日立。

（九）明万历四十八年（1620年）修大水峪二龙戏珠三等敌台记事碑

此碑现藏于密云县文物科，原出土地点不详。碑身长38、宽31、厚约8厘米。碑文13行（图版一二）：

河大营春防官军，派修大水峪地方，二龙戏珠三
等敌台一座，底阔周围十二丈，收顶十一丈二尺，高
连垛口三丈五尺，上盖砖券望房三间。
钦差统领河大营游击将军署都指挥同知李元勋，
中军指挥佥事温裕，
把总官王勋，
监工南兵把总官李大成、
朱良进。
管工旗牌周来步，
催工队长薛宽，
泥水匠头张大，
石匠头邓文，
木匠头李俊，

万历四十八年五月二十。

郭□□。

（一〇）明隆庆四年（1570年）长城鼎建碑

此碑原存于滦平涝洼公社大古道大队明代长城的水门洞墙上，现藏于滦平县文物保管所。碑质料为灰白石，四边阴刻变形勾连云纹。碑身长方形，已碎为三块，尚能复原，长86、宽50厘米。碑文阴刻，录文如下（图版一三）：

隆庆四年季秋之吉，总督蓟
辽保定等处军务兼理粮饷、
兵部左侍郎兼都察院右佥
都御史宜黄谭纶。整饬蓟州
等处边备兼巡抚顺天等府
地方、都察院右副都御史潍
县刘应节。巡按直隶监察御
史高安、傅孟春。整饬密云等
处兵备、山东按察司副使兴
平王惟宁。总理练兵兼镇守
蓟州等处地方、总兵官中军
都督府右都督，定远戚继光。
协守西路副总兵鄱阳李
超。曹家寨游击将军，平原王
旌。领秋班大宁都司金山林，
栋委官千总宾州夏尚勤，把
总商州王燮。
鼎建

（一一）明隆庆五年（1571年）长城阅视碑[①]

此碑现藏于滦平县文物保管所。碑身长85、宽50厘米。碑文阴刻，录文如下（图版一四）：

隆庆五年夏孟之吉，总督蓟辽保定等处军务兼理粮饷、
兵部左侍郎兼都察院右佥都御史，宜黄谭纶。整饬蓟州
等处边备兼巡抚顺天等府地方，都察院右佥都御史潍
县刘应节。巡按直隶监察御史，高安、付孟春。整防密云等
处兵备、山东布政司右参政□按察司副使、以□□□
副使，曲周王一鹗。总理练兵兼镇守蓟州等处地方、总兵
官中军都督府右都督凤阳戚继光。协守西路副总兵官
鄱阳李超。分守古北口等处地方、参将署都指挥佥事定

① 此碑文拓片由滦平县文物管理所提供，一些文字不清，录文可能有误。

远朱绍文。军门标下游击将军官兵李如槚。原任副总兵
宁夏冯登，以都指挥会稽章延廉，古北口提调通州王平。
管工霸州判官固始王建，三河县丞刘爱，把总官赣县
周添禄。
鼎建

（一二）明万历三十五年（1607年）修砖墩碑[①]

此碑现藏于滦平县文物保管所。碑身四周阴刻变形勾连云纹，长方形，长43、宽32厘米，碑文阴刻，录文如下（图版一五）：

万历三十五年宁山
营春防，分修石门儿
砖墩一座，底阔周围
八丈，高连垛口三丈
七尺三分，铺房一间。
于本年四月初二日
兴工，五月二十九日
修完。
总管工
□□员苏□。
管工把总三员。
□ 月

（一三）明万历三十五年（1607年）长城记事碑

此碑现存于吉家营关门付山家，残长43、残宽25厘米。录文如下（图版一六）：

□□万历三十五年□□□
□□营右新把□□□□□□□
完大虫谷，□□□□□□□
□□十五丈，□□□□□□
底□一丈□□□
□□五尺，□□□□□□
□□北至大□□□□
□□工止□□□□
□工五月二十日。

（一四）明修城残碑

此碑早年破坏严重，现存于第六测区密云县新城子公社吉家营大队第一生产队许文生家中。残

① 此碑文拓片由滦平县文物保管所提供。

长20、宽14厘米，现存碑文16字，录文如下（图版一七）：

三等二十□□□□

一丈二尺，收顶□□□□，

高连垛口一□□□□□。

（一五）明长城阅视碑

现存于第六测区密云县新城子公社吉家营大队第一生产队许文生家。此碑早年已碎两块，残长22、残宽25厘米。碑文阴刻，录文如下（图版一八）：

钦差协守蓟镇西路□□□

□□兵官都督□□□□□。

钦差总都蓟辽保定等□，□□

□兵官都□□佥事□□。

钦差分守曹家路等处地方、□□

总镇蓟镇守山□□游□□

□□备黑谷关等处地方、以都□

□□调吉家营在关等处地方、以都□□□□

管工□□□□□。

（一六）明万历三十一年（1603年）修边墙记事碑

此碑现存于第一生产队许文生家。碑质料灰白石，残长60、宽35、厚16厘米。碑文阴刻，录文如下（图版一九）：

万历三十一年春防，派修□□

一百一十六丈三尺，内有□□□

一百二丈三尺，里外口具□□□，

底阔一丈八尺，收顶一丈□□。

随墙发券里门一座，附墙台□□

三斤房三间，随墙礓擦一道、□□

周连门洞一十六丈，收顶一□□。

坐二破三斤房三间，上城礓擦□

铺房一间。又修北夹城台，迤□□

面大石砌垒工用砖砌垛口墁□

丈四尺，高连垛口二丈五尺。又□

周围一十五丈六尺，收顶一十□。

望房三间下修铺房三间。又□□

坍塌大城外口一十五丈。照依□

□□月十一日办料，四月十五日兴。

钦差总督蓟辽保定等处军务兼理粮饷经□□□□

兵部右侍郎蹇达。

钦差整饬蓟州等处边备兼巡抚顺□□□□

都御史刘四科。

巡按直隶监察御史袁九皋。

钦差巡按直隶监察御史，

钦差总理密云粮饷户部郎中殷 □□□。

钦差整饬密云等处兵备□□□

政兼按察司佥事边□□□。

钦差镇守蓟州永平山海□□

都督府都督司□□□

（下缺）

（一七）明万历四十七年（1619 年）河南营左部修莺咀头空心砖烽墩记事碑

此碑现藏于平谷县文物局，承蒙应允传拓。碑周阴刻缠枝花叶纹。碑裂为三块，长 46、宽 36、厚约 8 厘米。录文如下（图版二〇）：

河南营左部千总，南阳卫指挥佥

事夏之时。分修莺咀头空心砖烽

墩一座，底阔周围一十二丈，收顶一十一丈二

尺，高连垛口三丈五尺，上盖墩房二间。

管工队总张真，

执工写字吕庄儿，

管工军牢李天儿，

石匠吴秀，

泥水匠范中。

万历四十七年五月初一日修完。

（一八）明天顺七年（1463 年）峨嵋山营石匾

此石匾现存于平谷县文物局，承蒙应允传拓。碑为横匾额，匾额两上角残损。长 155、宽 64、厚 15 厘米。石匾左右为官员题名和年款，计 10 行，中为“峨嵋山营”四个大字。自右而左，录文如下（图版二一）：

镇守右监丞龚荣，

守备内官阮存，

巡按监察御史张学文，

镇守总兵官马荣，

镇守右参将刘辅，

峨嵋山营

提调把总指挥郭玉，

坐营指挥姚□，

委官千户孔旦，

天顺柒年贰月吉日修。

（一九）明嘉靖四十五年（1566年）修长城记事碑

此碑位于第八测区将军关水厂台32号西侧墙体上。碑长52、宽31、厚7厘米。文字完好，录文如下：

遵化游兵李中哨，
哨总指挥褚章丁，
陈公差，实作工军
士二百三十八名。
自嘉靖四十五年
三月十九日起，四
月十九日止，一月。
接本营□哨修完
本空石崖一百二
十七丈六尺，高二
丈二尺。

（二〇）明隆庆四年（1570年）上关长城阅视碑

此碑原位于第七测区墙子路上关南侧长城敌台内，后来被上关社员运回家砌在厕所上，现藏于承德长城队。碑质料灰白石，四周阴刻勾连变形云纹，左下角残缺。碑身长方形，长75、宽56、厚12厘米。碑文阴刻，录文如下（图版二二）：

隆庆四年夏孟之吉，总督蓟辽保定等处军务兼理
粮饷兵部左侍郎兼都察院右佥都御史宜黄谭纶。
整饬蓟州等处边备兼巡抚顺天等府地方都察院
右佥都御史潍县刘应节。巡按直隶监察御史□□
傅孟春整纺密云等处兵备山东布政□□□□□
按察司副使太仓凌云翼。总理练□□□□□□□
处地方总兵官中军都督府□□□□□□□□□
门中军官大宁都司署□□□□□□□□□□
守西路副总兵官鄱□□□□□□□□□□
副总兵官署都指挥□□□□□□□□□□
史临清宋治本路□□□□□□□□□□
千总会州李臣□□□□□□□□□□□□

（二一）墙子路“墙子雄关”北门门匾

现存上关北门上面，质料灰白石，呈长方形，长185、宽75厘米。中间阴刻“墙子雄关”四个大字，两侧刻有官名称和纪年，录文如下（图版二三）：

万历四十五年季秋吉旦

墙子雄关（横排大字）

钦差总都军务兵部尚书薛三才。

钦差巡抚顺天等府都御史刘白梧。

钦差整饬密云兵备副使喻安性。

钦差镇守总兵官都督朱国良。

钦差协守副总兵官都指挥张国麒。

驻扎密云河间府通判冯继京。

顺天府密云县知县尹同皋。

分守墙子岭参将都指挥姚九畴。

大同入卫游击将军都指挥钱承勋。

河大营游击将军都指挥马炯。

提调墙子岭关指挥陈尚智。

（二二）鲇鱼池修敌台残碑

现位于第十测区遵化县汤泉公社鲇鱼池村东北沙坡峪台 81 号敌台旁边。录文如下（图版二四）：

储

□□等处地方兼备倭总兵官、太子太师□□□

□□中路等处地方、分理练□□

□□马兰中路等处地方、副总兵官后□□

中军政佥事、统领昌镇秋防左营官

中军指挥同知杨春茂，督工把总千□□□

□□防左营官军奉文派修毛山雷击敌台

一十四丈四尺，东西长四丈五尺，南北□□

□□石统砖灰浆灌缝抿抹，修砌□□□?

□□固讫勒为记。

□□大安口等处地方以都□□

月

（二三）长城修建分界碑

现位于第十测区遵化县马兰关一大队北侧，闫宝泉沟正东，沙坡峪台 35 号北侧 20 米处的城墙里面。原有万历时期砖墙包砌，因砖皮脱落才发现此碑。质料青灰石，碑身长方形，长 50、宽 50 厘米。碑文阴刻，录文如下（图版二五）：

分界

黄崖口迤东修完

边城三十五丈。

嘉靖三十二年四月八丙□

（二四）马兰正关城北门石匾

原砌于第十测区遵化县马兰关城北门上，现砌于关门一大队水井台上。碑质料白石，四边阴刻变形勾连云纹，碑身呈长方形，长120、宽78、厚20厘米。文字阴刻，中部刻有“马兰正关”4个大字，录文如下（图版二六）：

马兰正关

万历十二年吉日立。

（二五）修干家峪堡题记碑

现存于干家峪王维勤家。碑左右刻云纹，碑身呈圆形，存长64、宽56、厚16厘米。下部缺，自右而左录文如下（图版二七）：

碑文中篆刻“修干家堡题记”

原蒙

钦差总督蓟辽保定□□□

钦差整饬蓟州等处□□□

钦差巡按直□□□□

[巡]按直□□□□

钦差整饬蓟州等处□□□

钦差镇守蓟州永平□□□

钦差协守蓟州中路□□□

钦差分守松棚路□□□

[钦][差]统领河大营□□□

钦差守备罗文谷关等□□□

寨派河□□□

三尺，底□□□

军政河大营□□□

分管□□□□

万历二十五年五月。

（二六）罗文峪下营城东门（迎旭门）石匾

现存于侯家寨公社下营大队闫庆云家中。质料青石，碑身呈长方形，长160、宽85、厚20厘米。中部刻有“迎旭门”3个大字，录文如下（图版二八）：

钦命总监蓟镇中西二协整理粮饷兵马边墙事务军门邓希诏。

钦差分守蓟镇中西二协整理粮饷兵马边墙防缉彩贩事务军门杜勋。

钦差总督蓟辽保定等处军务兼理粮饷经略御倭兵部右侍郎兼都察院吴阿衡。

钦差整饬蓟州等处边备兼巡抚顺天等府地方都察院右佥都御史陈祖苞。

钦差整饬蓟州等处兵备监军驿传□务山西提刑按察司副使加服奉二级崔源之。

迎旭门

钦差镇守永平蓟镇等处地方兼备倭总兵官左军都督府都督陈国威。

钦差协守蓟镇中路等处地方分理练兵事务副总兵官右军都督府都督韩文献。

钦差分守蓟镇松棚路等处地方参将都指挥刘在垣。

钦依守备罗文谷关等处地方以都指挥体统行事指挥佥事许克祚。

崇祯岁次丁丑孟秋吉日重建。

（二七）罗文峪下营城南门“献绣”石匾

现存于侯家寨公社下营大队五生产队院内。存长 86、宽 85、厚 16 厘米。右半不存，匾中心处刻有“南山献绣”4 个大字①，录文如下（图版二九）：

□□年岁次丙子

□□蓟州等处地方兵备带管驿传提刑按察司副使齐□□□。

巡按直隶监察御史江右□□。

钦差整饬蓟州等处边备兼巡抚顺天等府地方都察院右佥都御史曲安王□□。

钦差总督蓟辽保定等处军务兼理粮饷都察院右都御史兼兵部左侍郎关中杨□□□。

南山献绣

（二八）干家峪城堡残碑

现存于干家峪大队，残长 55、宽 14、厚 16 厘米。碑文录文如下（图版三〇）：

二司把总河间卫后所□□□授百户孙应辉。

干家谷守关官镇朔卫右所实授百户田节武。

□□日立□石。

（二九）明万历二年（1574 年）长城阅视碑记

原位于遵化罗文峪第十一测区马蹄峪台 21 号敌台内，现存放在午家峪赵青海家。碑身四周饰变形勾连云纹，呈长方形，长 110、宽 59、厚 16 厘米。碑文阴刻，录文如下（图版三一）：

碑记

万历二年夏五月吉日阅视蓟辽保定等处边务，兵部侍郎兼都察院右佥

都御史歙县汪道昆。总督蓟辽保定等处军务兼理粮饷都察院右都御史兼

兵部右侍郎潍县刘应节。整饬蓟州等处边备兼巡抚顺天等府地方、都察院

右副都御史肤施杨兆。巡按直隶监察御史，平度王湘。整饬蓟州等处地方兵

备、山西布政使司右参议兼佥事泾阳王之弼。总理练兵事务兼镇守蓟州永

平山海等处地方、总兵官中军都督府左都督凤阳戚继光。协守蓟州东路等

处地方、分理练兵事务副总兵官都指挥佥事丰润史宸。总督军门中军参将

都指挥山海徐枝。抚院中军游击将军，都指挥云中钱胜标。下游击将军都指

挥义乌吴维忠。管理练兵事务兼蓟镇中军都司，都指挥台州崔经。分守松棚

① 横匾大字后二字系当地耆老告知

谷等处地方游击将军都指挥佥事永平谷承□□。标下委官松棚谷路练兵千□□□乌金荣。提调罗文谷以都指挥佥事马金福。松棚谷路中军千户镇朔□□□□休千总武举遵化县陈良策。把总镇朔卫百户孟尚仁。千户李镛□□□□鼎建。

（三〇）明天启五年（1625年）派修将军关敌台记事碑

此碑为兴隆县文保所提供，原为陡子峪公社收藏。碑青石质，方形，高37、宽37、厚7厘米。字迹漫漶不清，录文如下（图版三二）：

河南营奉文派修将军关断崖东空心敌台一座，

阔周围□□□□，收顶十一丈二尺，高连垛口三丈五尺。□

□盖铺房一间□□□。八月二十五日兴工垒砌，

□□□如法□□，合式修完。

计开：

管工千总一员　　张□□。

管工旗牌一员　　□□□。

□□□□。

□□□。

天启五年十月。

（三一）明隆庆五年（1571年）长城鼎建碑

此碑发现于蘑菇谷乡，现藏于兴隆县文保所，系群众捐献，原树碑地址不详，可能原在楼内墙上。碑为灰褐色，保存完好，碑身近方形，高50、宽67、厚8厘米。碑文阴刻，正文19行，每行5～14字，满行为14字。字迹清晰，录文如下（图版三三）：

隆庆五年秋季之吉，总督蓟辽保定

等处军务兼理粮饷，兵部右侍郎总

都察院右佥都御史潍县刘应节。整

饬蓟州等处边备、兼巡抚顺天等府、

都察院右佥都御史，肤施杨兆。巡按

直隶等处监察御史，仁和余希周。巡

按直隶监察御史，淅江苏士润。整饬

蓟州等处地方兵备，恩加三品服

俸山西提刑按察司副使洛阳徐学

古。总理练兵兼镇守蓟州等处地方

总兵官中军都督府右都督凤阳戚

继光。协守东路总兵官句容胡守仁。

总督军门中军、原任参将遵化张爵。

抚院中军原任参将山海徐枝。总理

府委官、原任参将关中李信。松棚游
击将军恒阳李沛龙。井儿守备蓟州
薛经。天津秋班督工左部千总指挥
佥事梅友松。
鼎建。

（三二）明万历二年（1574年）长城阅视碑

此碑现藏于兴隆县文保所，是长城普查时在孤山子乡收集的。碑原在罗文峪口门西侧的敌台（古名碑楼子）之内，此碑无碑座，嵌于楼内墙上，后因年久脱落而散失，幸大致保存完好。碑似沙质石料，黄褐色，全碑分两部分，上为半圆形，四周以单线圈边，额全刻云纹，中间线刻平底大字“碑记”二字；下部为碑身，四周均以单线圈边，两侧和底部线外又刻缠枝卷叶纹。碑高115、宽60、厚14厘米。上有碑额，中高33、下宽60厘米。碑文阴刻15行，每行16～24字，满行为24字。录文如下（图版三四）：

万历二年夏五月吉日阅视蓟辽保定等处边备、兵部右侍郎
兼都察院右佥都御史歙县汪道昆。总督蓟辽保定等处军务
兼理粮饷都察院右都御史兼兵部右侍郎潍县刘应节。整饬
蓟州等处边备兼巡抚顺天等府地方都察院右副都御史肤
施杨兆。巡按直隶监察御史平度王湘。整饬蓟州等处兵备、山
西布政使司右参议兼佥事，泾阳王之弼。总理练兵事务兼镇
守蓟州永平山海等处地方、总兵官中军都督府左都督凤阳
戚继光。协守蓟州东路等处地方分理练兵事务副总兵都指
挥佥事丰润史宸。总督军门中军参将都指挥山海徐枝。抚院
中军游击将军都指挥，云中钱胜。标下游击将军都指挥佥事
义乌吴惟忠。管理练兵事务兼蓟镇中军都司都指挥，台州崔
经分守松棚谷等处地方、游击将军都指挥佥事，永平谷承功。
统领河大游击将军都指挥佥事迁安李宝。提调罗文峪以都
指挥佥事义乌金福。河大营督修中军官抚宁徐检。千总官，宜
春孙应光。管修把总官凤阳韩继祖鼎建。

（三三）明隆庆四年（1570年）长城鼎建碑

此碑原址不详，系兴隆县文保所提供，由八卦岭公社收集。碑为青褐色石，碑头为半圆形，通刻卷云纹，四周阴刻双线，内饰缠枝卷草纹。碑通高100、宽47、厚12厘米。碑文阴刻13行，全行25字，末行22字，共324字，录文如下（图版三五）：

隆庆四年春季之吉，总督蓟辽保定等处军务兼理粮饷、兵部左
侍郎兼都察院右佥都御史宜黄谭纶。整饬蓟州等处边备兼巡
抚顺天等府地方都察院右佥都御史潍县刘应节。巡按直隶等
处监察御史仁和余希周。巡按直隶监察御史高安、傅孟春。整饬
蓟州等处兵备、山西布政使司右参政、兼按察司佥事益都杨锦。

总理练兵兼镇守蓟州等处地方、总兵官中军都督府都督凤阳

戚继光。协守西路副总兵官鄱阳李超。军门中军官大宁都司署

都指挥佥事潞州暴以平。抚院中军原任参将署都指挥佥事沭

阳张功。总理中军大宁都司署都指挥佥事临淮、谢惟能。督工原

任参将署都指挥佥事榆林李信。统领蓟镇标下左营游击将军

署都指挥佥事迁安史宸。分守蓟州马兰峪等处地方参将署都

指挥佥事翼城杨鲤。都督府监都原任守备平阳刘九经。委官蓟

州卫经历章丘柴藻。管工千总官王宗舜。把总官侯良臣。

鼎建。

（三四）明万历五年（1577年）洪山口城南门门匾

此匾原砌于洪山口南门上，门为万历五年（1577年）戚继光建，崇祯二年（1629年）加刻边款，现存于遵化洪山口大队。门匾为青石质，呈长方形，长154、宽70、厚19厘米，两侧阴刻小字，中部阴刻“永熙门”3个大字，录文如下（图版三六）：

右面：

崇祯二年岁次己巳季夏吉旦

钦差整饬蓟州等处地方兵备驿传、山西提刑按察司副徐从治。

钦差巡按直隶监察御史方大任。

巡按直隶监察御史陈□谟。

钦差整饬蓟州等处边备兼抚顺天等府地方、兵部尚书都察院右都御史王元雅。

钦差总督蓟辽保定等处军务兼理粮饷经略御倭、兵部尚书兼都察院右都御史刘策。

中部横排三行

万历五年岁次丁丑。

永熙门

本镇总理少保建。

左面：

钦差镇守蓟州永平山海等处地方兼备倭，总兵官后军都督府都督朱国彦。

钦差协守蓟镇中路等处地方分理练兵事务副总兵官都指挥叶应武。

钦差分守蓟镇松棚路等处地方、参将署都指挥佥事王纯臣

钦差统领天津海防左营游击将军署都指挥佥事□嘉谟

钦依提调洪山口关等处地方以都指挥体统行事指挥□□□

松棚路[中]军官，

□□□营总管工程□□守□□。

（三五）明隆庆四年（1570年）长城鼎建碑

此碑原砌于遵化洪山口城北长城墙上，现存于遵化洪山口大队。碑青石质，呈长方形，长62、宽48、厚14厘米。碑文阴刻，录文如下（图版三七）：

隆庆四年春季之吉，总督蓟辽保定等处军

务兼理粮饷、兵部左侍郎兼察院右佥都
御史宜黄谭纶。整饬蓟州等处边备兼巡抚
顺天等府地方、都察院右佥都御史潍县刘
应节。巡按直隶等处监察御史仁和余希周。
巡按直隶监察御史高安傅孟春。整饬蓟州
等处地方兵备山西布政使司右参政益都
杨锦。总理练兵事务兼镇守蓟州永平山海
等处地方总兵官、中军都督府右都督凤阳
戚继光。协守蓟州东路等处地方、分理练兵
事务副总兵官署指挥佥事句容胡守仁。
总督军门中军都指挥暴以平。抚院中军原
任参将都指挥佥事东莱张功。总理中军以
都指挥佥事谢惟能。督工委官原任参将署
都指挥佥事关仲李信。松棚谷路游击将军
署都指挥佥事甘州张拱立。提调洪山口等
处地方、以都指挥佥事，蓟州莫矜功。蓟州道
兼放钱粮委官、丰润县典史、宁海安文楷，管
工委官百户玉田曾禄，遵化陈勇堂鼎建。

（三六）明崇祯十年（1637年）派修松洪北山敌台碑记

现存于遵化洪山口大队。碑青石质，呈长方形，长80、宽50厘米。字迹漫漶不清，录文如下（图版三八）：

中西二协，军门邓希诏。
右侍郎□□右副□□吴阿衡。中西二协军门杜勋。
□□□□□□地方都察院右副都，陈祖苞。
钦差整饬蓟州等处□□□□山西提刑按察司副史加服奉一级崔源之。
钦差镇定永平□□□□□□□都督府都督陈国□。
钦差协守蓟镇中□□□□□□府都□□□□□□。
钦差分守蓟镇□□□□□□□刘鼎垣。
钦依□□山□□□□□□□挥□□□□□指挥使张襟。
□□□□□□□□□中军官张我功。
标下战防兵千总王懋儒、崔振祖、胡龙。
标下战防兵把总宋承□、毛如□。下督工把总□□□。
管工百总庞柱□。
李云。
王永付。
孟□。

管队　杨□□。
杨□□。
李应龙。
泥匠头工，
砖窑头张世成。
石匠头澄兴。
松棚路春防口守官兵三百员，奉文派修松洪北山护城敌台一座，底
阔周围二十四丈，收顶一十二丈，平
高三丈，高连垛口三丈五尺。□□神
器库房三间，更房一间，口用灰浆灌抿，修筑坚固，合式。口于七月十日/修完。
崇祯拾年柒月□日立。

（三七）明万历四十四年（1616 年）天津春防派修松棚路敌台碑记

碑现存于遵化洪山口大队。此碑青石质料，保存完整，四边阴刻变形勾连云纹。碑头半圆形，阴刻“天津春防碑记”。通高 120、宽 60、厚 12 厘米。录文如下（图版三九）：

天津春防碑记
钦差总督蓟辽保定等处军务兼理粮饷经略御倭都察院右都御史兼兵部史侍郎薛三才。
钦差整饬蓟州等处边备兼巡抚顺天等府地方、都察院右都御史刘白梧。
巡按直隶监察御史，
钦差巡按直隶监察御史，薛一贵。
钦差整饬蓟州等处兵备带管驿传、山西提刑按察司副使袁和。
钦差镇守蓟州永平山海等处地方、兼备倭总兵官、左军都督府都督同知张国柱。
钦差协守蓟镇中路等处地方、分理练兵事务副总兵官都督高策。
钦差分守蓟镇松棚路等处地方、游击将军署都指挥佥事孙显祖
钦差统领天津海防标下，右营参将署都指挥佥事成其杰。
钦依守备潘家口关等处地方以都指挥体统行事署指挥佥事刘翰。
钦依提调洪山口关等处地方、以都指挥体统行事署指挥佥事高挺。
计开：
天津右营，原蒙派修松棚路松龙五十二号台西空，创修二等砖空心敌台二座，底阔
各周围一十四丈，收顶一十三丈，高连垛口三丈五尺上盖坐二破三房三间。又修
松洪三峰岭五十六号台东空，创修三等砖空心敌台二座，底阔各周围一十二丈，
收顶一十一丈二尺，高连垛口三丈五尺，上盖楼房二间。又修松洪六十三号，拆修
坍塌一等敌台一座，周围二十四丈，收顶一十五丈五尺，高连垛口四丈五尺，上盖
厅房三间，照旧台修筑。以上如式修筑通完。
总管工程中军武举官一员，朱拱臣。
分管工程千总指挥千户五员，侯懋动、夏邦卿、张拱北、漆尔、陈天成。
管工旗牌五名，王应登、胡天祥、曲登科、林登孪、韩春。
管工队总十名，赵唤儿、林春桂、王于、午国卿、戈仲文。

李和儿、郝揜儿、孙继太、李国卯、矫羊。

石匠头五名，李同儿、唐兴儿、闫守节、赵宦、汪三哥。

泥水近头五名，刘才、康也儿、胡守益、周江、刘栓儿。

万历四十四年五月吉旦立石。

（三八）明天启四年（1624年）松棚路春防修洪山口住城记事碑

现存于第十一测区洪山口公社洪山口大队路永国家。碑长90、宽62、厚13厘米。录文如下（图版四〇）：

钦差总督蓟辽保定等处军务兼理粮饷□□□

□倭、兵部尚书兼都察院右都御史□□□。

钦差整饬蓟州等处边备兼巡抚顺天等

府地方、都察院右佥都御史邓汉。

巡按直隶监察御史，刘思诲。

钦差巡按直隶监察御史吴之仁。

钦差整饬蓟州等处兵备监兼军驿传饷务、山

西布政使司右参议兼按察司佥事王继谟。

钦差提督蓟镇等处军务、总兵官

右军都督府左都督王威。

钦差协守蓟镇中路等处地方、分理练

兵事务副总兵官都督王继。

钦差分守蓟镇松棚路等处地方、参

将署都指挥佥事巢丕昌。

钦依提调洪山口关等处地方、以都指挥

体统行事，指挥佥事张国威。

松棚路春防，主兵修工军士一百八十九

名。奉文派修洪山口二等住

堡砖城七丈五尺，照式修完讫。

督管工程中军官迁（千）户萧光先。

管架梁防采马援千总官镇抚陈喜学。

管工程步援千总官指挥使姚先祚

管工旗牌一名周登科。

管烧造砖灰旗牌一名陈东住。

管工百队总四名段站兴张得得、曹八八、李拜住。

管烧造砖灰百队总三名，张再成、李孝先、王良复。

泥水匠三名，郭僧合、安然、黄栋。

石匠一名囯纪。

天启四年五月日吉旦立。

（三九）明万历四十四年（1616 年）修台记事碑

现存于洪山口公社洪山口大队。高 38、横宽 42 厘米。碑文阴刻 11 行，录文如下（图版四一）：

天津春防，右营左部□□□□二号台西

空，创修二等砖空心敌台□□，□阔周围一十

四丈，收顶一十三丈，高连垛口丈□五尺。上盖坐

二破三房三间，如式修筑通完。

计开：

管工千总指挥一员，侯懋勋

管工旗牌一名，王应登。

管工队总二名，赵焕、林春贵。

石匠头一名，李同儿。

泥水匠头一名，刘才。

万历四十四年五月日立。

（四〇）明长城记事碑

现存于洪山口公社洪山口大队路永中家。碑高 82、宽 55、厚 16 厘米。碑文阴刻计 23 行，录文如下（图版四二）：

钦差乾清官管事，忠勇营正提督督理边工，御马监太监王应朝

钦差忠勇营正提督标下中军，高起潜。

钦差总督蓟辽保定等处军务，兼理粮饷经略御倭，太子少保兵部尚书都察院右副都御史张凤翼。

钦差整饬蓟州等处边备兼巡抚顺天等府地方，都察院右佥都御史刘可训。

钦差查督边工监察御史张茂梧。

钦差巡按直隶监察御史张学周。

巡按直隶监察御史董羽宸。

钦差总理蓟州等处粮储兼管屯种，户部主事将范化

钦差整饬蓟州等处地方兵备、监军驿传饷务、山东提刑按察司佥事，左应选。

钦命提督各镇援兵、团练控御昌、永密、蓟通津等处地方便宜行事、总兵官少保兼太子太师右军都督府左都督王威。

钦命总理关宁军务统领各镇援兵、挂平辽将军印、后军都督府左都督马世龙。

钦差镇守蓟州永平等处地方兼备倭总兵官、太子太师后军都督府左都督杨肇基。

钦差协守蓟镇中路等处地方、分理练兵事务副总兵官、后军都督府都督佥事李秉春。

钦差分守蓟镇松棚路等处地方副总兵官、后军都督府都督佥事李孟阳。

钦差统领蓟镇中路南兵营副总兵官、都指挥佥事龚彰。

钦差统领河间营修防副总兵官、都指挥佥事郜勋。

钦依山海右部奇武左营、驻防洪山口地方都司佥书王定一。

钦依山海右部、奇武右营守备署都指挥佥事李维兴。

钦差题陞参将、管洪山口关守备事署都指挥佥事刘芳声。

松棚路标下中军千总官周根会王国栋娄文秀、□□□。

真定标后营督工千总官二员李仝春、侯君宁。

洪山口都修楼台边工千把总官五员，

吴瑞、陶文魁、龚自明、芘胜、金汝贵。

（四一）明残碑

现存于洪山口公社洪山口大队陆永海家。碑残长52、宽27、厚13厘米。录文如下（图版四三）：

门

□□事务兼镇守蓟州永平山海等处地方、□□

□□蓟州中路等处地方、分理练兵事□□

□路地方、游击将军渔阳杨秉中。客

□□关中李尚贤。督工参将鱼台刘国宁□□。

（四二）明崇祯三年（1630年）修台记事碑

现存于洪山口公社洪山口大队高进平家。碑长64、宽47、厚9厘米。质料青褐色，碑文阴刻，录文如下（图版四四）：

河间营春防官军通州，修完复

调发松棚路蒙派松洪六十八

号，拆修烧毁二等敌台一座，照

原台丈尺建修一新，外加细石

五层，上盖望房三间。于本年八

月日修完讫。

计开：

催工中军官一员李维藩。

管工千总官一员孙绍庆。

办料把总官二员刘骏声、廉得功

管工旗牌一名郝驴

管工队识二名，谢长孙、张六

石匠头一名陈保

泥水匠头二名马宅、杨五十六

崇祯三年八月日立。

（四三）洪山口残碑

传原砌在洪山口城西门上，现存于洪山口大队。碑青石质，长50、宽44、厚18厘米。碑文阴刻，中部刻“西安关”3个大字，两侧小字不清，录文如下（图版四五）：

□……□

西安关

□□□府地方以都指挥体统□□□玉

□□□标下游击守□□□武卫军政蓟镇秋班□□

□……□。

(四四) 明万历十九年 (1591 年) 长城记事碑

现存于洪山口公社野鸡峪大队楼天喜家，保存完好，文字阴刻，字迹清楚，详细记载了长城的等级和修筑年代，录文如下（图版四六）：

万历十九年秋工，

保定左营秋防修完，接

二司工头起，迤西二

等边城一段，长十三

丈三尺三寸，底阔一

丈六尺，收顶一丈三

尺，高连垛口二丈。

督工中军指挥陈韶。

管工把总千户朱进爵。

监工旗牌王朴皮。

催工旗总王太平、李三。

泥水匠李壮儿。

(四五) 明松棚路题名残碑

碑存于遵化县洪山口二队卢桂英家。碑身残损，字迹不清，碑周阴刻缠枝卷叶纹。碑长 87、宽 62、厚 18 厘米。内容为官员以下地方百姓题名。现只录碑文首行，以下皆人名，价值不大，不录。此碑为明，无具体年代。录文如下（图版四七）：

松棚路等处地方都司党有□中军千总□……□

□……□

（下为题名皆略）

(四六) 明“松棚路题名记”残碑

原在第十二测区洪山口城北墙真武阁东侧，现存于洪山口大队。此碑边刻云纹，正反两面阴刻文字。碑高 65、宽 84、厚 18 厘米。此碑现存碑头部分（图版四八）。

碑阳文字如下：

松棚路题名记

碑阴文字略。

(四七) 明万历四十二年 (1614 年) “重修洪山口北极阁记”

此碑现存于洪山口供销社。碑为青石质，碑头和边缘刻变形莲花纹，通高 160、宽 58、厚 16 厘米。碑头中阴刻“重修洪山北极阁记”8 个大字，此文计 18 行，录文如下（图版四九）：

重修洪山北极阁记

钦差总督蓟辽保定等处军务兼理粮饷经略御倭、兵部右侍郎兼都察院右佥都御史薛三才。

钦差整饬蓟州等处边备兼巡抚顺天等府地方、都察院右副都御史吴崇礼。

巡按直隶监察御史孙居相。

钦差巡按直隶监察御史王命睿。

钦差整饬蓟州等处地方兵备带管驿传，山西提刑按察司副使袁和。

钦差镇守蓟州永平山海等处地方御倭、总兵官左军都督府左都督萧如薰

钦差镇守蓟镇中路等处地方、分理练兵事务□总兵官后军都督府署都督佥事高策。

钦差分守镇守蓟镇松棚路等处地方、游击将军署都指挥佥事孙谏。

钦差□守都司军政佥书，带管保定左营署都指挥佥事武挺。

钦依提调洪山口关等处地方、以都指挥体统行事署都指挥佥事高□。

保定左营秋防，实修工军士一千二百□十九名，派修松棚路洪山口北极楼台一座，台基俱拆口到。

北面拆旧基之外展修五尺，原台基之上，增高□尺，周围共三十丈，高连垛口三丈五尺。下修□□□

□□三洞，上盖重房三间，周围穿廊十间，疆擦三道如法修完讫。

总管工程中军武举百户一员刘儿盖。

管修砌头司把总正千户一员张应文。

管采柴木运灰石二司□□□□。

管烧造砖灰三□□□□。

万历四十二年十月吉日立石。

（四八）明戚继光“登舍身台”诗碑

原位于遵化县东北洪山口以西约5千米的禅林寺附近的舍身台上，现藏于遵化县文保所。碑为青石质，已残为两段，通高155、宽78、厚17厘米。碑为戚继光所书行草，字迹清晰。共6行，录文如下（图版五〇）：

登舍身台，台在边墙绝顶，贯绳而进，日昃馁甚，戍买胡饼啖之赋此

向来曾作舍身歌，今日登台意若何，指点封疆余独

感，萧疏鬓发为谁皤。剑分胡饼从人后，手探流泉已

自多，回首朱门歌午地，尊前列鼎问调和。

断崖垂绠几凭虚，却哭山猿技不如，古戍春残初见

雁，故园愁绝冷看鱼。百年俯仰谁巾帼，五尺涓埃

自简书，沙碛传餐君莫叹，边臣应得戒衣袽（繻）。

特进光禄大夫左都督总理蓟镇定远戚继光。

（四九）明嘉靖四十一年（1562年）迁西县七关一营屯田文告碑

此碑在迁西县擦崖子村采集。方碑，周边阴刻卷草纹边框饰。残高87、宽57、厚14厘米。碑身

下部残损，碑文残缺，阳刻楷书，碑阳竖式21行，每行数不一，全文861字；碑阴竖式27行，残存758字（图版五一）。①

碑阳录文如下：

钦依提调擦崖子等处地方以都指挥体统行事，武举署指挥佥事刘为。钦奉圣说事，嘉靖四十年六月二十日，蒙钦差整饬蓟州等处地方兵备，山西提刑按察司副使纪案验，蒙钦差巡按直隶监察御史潘案验，并蒙户部兵道备奉敕谕内事理等因。依蒙备行所属关营，照依内开查过屯地顷亩、数目。以嘉靖四十年为始，应该起征者，作速追征完。解□……□。

额内原有勘种，缺人抛荒者，作速召佃。尽力耕种，宽其初年，次年赋税，三年照旧起征。一体遵守外，今将应征地亩，并该除□……□。

规须至记者，计开本提调下，所属擦崖子等关、营，原额地一百二十八顷，征屯粮地一百二十四顷八十七亩五分。原粮一千四百六十八石六斗。征户部子粒地三顷，七十一亩□……□。

今次清查，委官本营署印，指挥刘勘。过地共一百二十八顷五十九亩，内除太平寨屯地，并子粒地二十顷八十亩，除粮二百□……□。

于嘉靖二十一年，因有参将衙门，将地割去讫止，有实在荒熟地一百七顷七十九亩，实征粮八百□……□。

实征粮地六十二顷八十五亩，每亩征粮一斗二升。该粮七百五十四石二斗，实在户部子粒地二顷二十亩。该黑豆一□……□。

原勘种，今抛荒召人佃种地，三顷二十五亩，该征粮三十九石（以嘉靖四十三年照前上纳）。水冲沙压地三十九顷四十九亩，该蠲免粮□……□。

一城子岭关，原额边储地，一十六顷五十亩，该粮一百九十八石，今奉例除豁水冲沙压，已蠲免粮七十四石六斗一升三合七勺二抄。实征粮□……□。

一擦崖子关，原额边储地，一十一顷，该粮二百五十二石，今奉例除豁水冲沙压，已蠲免粮九十四石九斗七升九合九勺八抄。实征粮□……□。

一洪谷口关，原额边储地，一顷五十亩，该粮一十八石，今奉例除豁水冲沙压，已蠲免粮六石七斗八升三合五勺二抄。实征粮□……□。

一新开岭关，原额边储地，六顷，该粮七十二石，今奉例除豁水冲沙压，已蠲免粮二十七石一斗三升六合二勺八抄。实征粮□……□。

一五重安关，原额边储地，八顷五十亩，该粮一百二石，今奉例除豁水冲沙压，已蠲免粮三十八石四斗四升二合七勺八抄。实征粮□……□。

一白羊峪关，原额边储地，九顷，该粮一百零八石，今奉例除豁水冲沙压，已蠲免粮四十石七斗四合一勺二抄。实征粮□……□。

一白道子关，原额边储地，一十六顷，该粮一百九十二石，今奉例除豁水冲沙压，已蠲免粮七十二石三斗六升二合八勺八抄。实征粮□……□。

一五重安营，原额边储并子粒地，二十九顷二十九亩，共粮四百六十石，今奉例除豁边储地水冲沙压，已蠲免粮一百一十八石七斗七升六合七勺二抄。实征粮□……□。

嘉靖四十一年十月立。

---

① 摘自王书珍：《迁西石刻》，百花文艺出版社，2007年。照片由迁西县文保所提供。

碑阴录文如下：

擦关抚赏，游击初、把总次、改提调□于守备以都指挥体统、莫□……□。（刻于碑身边框上）

我同气体□……□为

国忧边，以饬励为心期，肘金为望。

李如梓　号□齐，榆林□……□月内到任□……□。

刘　经　武定州人，嘉靖四十年四月内到任，四十四年三月内推升海州备御。

韩仲臣　定州卫人，嘉靖四十四年三月内到任。

薛　经　镇朔卫人，隆□……□庆二年正月□……□。

刘　龙　榆林卫人，隆庆六年八月内到任，万历元年六月内推怀柔守备。

莫矜功　镇朔卫人，万历五年二月内到任，万历七年九月内升大宁都司。

郭遇卿　福建镇东□……□内到任，本□……□。

高　彻　绥德卫人，万历九年七月内到任，十一年十二月内推升遵化右营都司。

茹宗汤　号依山，东胜右卫人，万历十一年十二月到任，万历十四年正月内推升建昌车营都司。

高万里　号起滇、抚宁□……□万历十六□……□。

杨万金　号少夆，腾镶右卫人，万历二十年八月内到任，二十三年四月内推升真定营游击。

潘廷试　号明齐、广宁卫新安人，万历二十三年四月内到任，二十六年七月内推升大同八卫游击。

黄赐恩　号东亭，榆林□……□任，二十九年六月□……□。

梁承恩　号锡斋，徐州人，万历二十九年六月内到任，三十三年十二月内推升标兵左营游击。

顾尚文　宣府人，万历三十八年三月内到任，万历三十九年十月内调桃林口守备。

李思元　昌平人，万□……□任，万历四□……□。

靳廷柱　天津卫人，万历四十□年十月内到任，天启二年十二月内推升真定游击。

王弘励　蓟州人，万历四十六年八月内到任，万历四十六年十二月内调三屯守备。

汪育民　真定卫□……□到任。天启□……□。

柳　荣　号开之，榆林卫人，天启三年八月内任事，天启六年三月内加升都司佥书，六年九月推升宣武营游击。

李志副　山海卫人，于天启六年九月内到任，天启七年十月内回卫。

李重镇　号中□，榆林卫人，□……□人犯□□守旅□……□。

杨应元　号俊初，浙江义乌人，崇祯三年十二月内到任，以都司管擦关守备事，五年七月内署三屯右营事。

王嘉陈　号斌兴，锦衣卫镇抚，系辽阳东宁卫指挥佥事，于崇祯五年十二月十五日任事，又于六年五月内叙恢复登莱城功加升都司，八年三月内因边工早竣，加衔游击将军，告□回卫。

孙献捷　号柳溪，系山东即墨县人，辽东广宁中卫，于崇祯十二年八月二十五日任事，于崇祯十三年二月内推升三天启丙寅岁端阳之日。

（五〇）明万历二十一年（1593 年）三屯营蓟镇都护戚少保功德碑记（残）

现存于第十三测区迁西县三屯营城碑亭内。已残缺，仅存上半部。碑为额、身连体，额高 70、宽 87 厘米，额中篆书“戚少保公功德碑记”两行八字，周刻云气纹。碑身残高 55、宽 83、厚 26 厘米。现据《迁西石刻》将碑文录文如下（图版五二）：

蓟镇都护戚少保公功德碑记

夫戚少保公位极人臣，功高天下，掀揭之业，载在史册，声之诗歌，路人能道之也。奚俟予之拾□唾哉。惟是吾乡三屯，有崇报馆，为

崇德报功之祠，乡邦父老，捐资所建。中塑公像，庑绘公迹，盖去后思也，迄今二十余年，都护尤公来继来，见祠宇倾圮，捐俸鸠工，遂

再修葺。益以围房十间，召僧焚修，司香火。围房则召人居住，取其赁，直供僧衣钵。一番兴作，整旧如新矣。顾无碑记纪其事，予自释

褐通籍，薄游中外，弗及知比自云中，还过三屯，入祠瞻礼，诸父老诵公功德不衰。予喟然叹曰，吾蓟苦于边患久矣，使微公安，能安

堵如此，生齿日繁如此，可厥典而不勒一石乎，守戎龙君，庠生张九思等，进而揖予曰，乡大人兴言及此，真仁人君子之心也。某等

有心无力，屡求巨公名笔而不可得，敢丐乡大人一言，为公重可乎。予笔研久疎，何能为役，而念公丰功伟烈，厚泽深仁，沦浃我乡

人肌髓，予总角时即耳而目之，恨弗获操觚艺林，为公扬，扢敢以不文辞，遂为之言曰，公宗出濠梁，崛起东海，讳继光，号曰南塘，又

号曰孟诸。方英年即提戈东南，荡浙倭闽寇，功既无前若浙若闽之人，家祀户祝，在在有传，班班可考，虽予殚齿牙罄颖墨，又何足

增重。万一姑不琐述。即自镇抚我蓟也，蓟本内地，自大宁内徙，遂称极边，东西界交讧，大举则大入，小犯则小入，若嘉靖二十九

年，三十八年，四十二年，隆庆元年已事可征也。穆庙患之，特简公来听便宜从事，公人疆见，士马凋敝，边墙低颓，愀然而太息曰，士马如此，边墙如此，且章程庶务，百孔千疮。何以资御

倭，而制边患乎。于是合马步十万，而训练之，教以坐作进退之方，攻战击刺之法，造战车，教车战，制火器，扼险隘，跨山筑墙，跨墙筑

台。幕南兵万人分布瞭守，明烽号，严侦探，不期年而士卒知方。器械犀利，马战步战车战等有法，井井有条，二千里台隍，顿成金

汤之胜。东西夷相顾错愕，咋指，相戒，无敢生事于边，土蛮则远徙绝塞，俺酋则奉贡乞封，烽火不扬，羽书寂静，蓟之为蓟不啻，衽席

之安，殆登春台寿域之天矣。黄童白叟，孰不歌咏，而祝颂之。惜其功业未竟，而忌者媒孽，排挤公去，蓟之人如失怙恃，此祠之所由

作也。古所谓其可能者，人不可能者，天非公之谓欤。然仁人昌后子而若孙，孙而又孙，当必奕叶云。仍踵芳跻美，衮衮公侯，源源

不已，又所谓平生未了事，留与后人补也。吾敢以是为公祝，为公慰，佥曰乡大人之言，足

以概公矣，请书之勒诸石。

大明万历二十一年，岁次癸卯七月朔旦。

赐进士第奉政大夫山西提刑安察司佥事奉

敕整饬大同等处兵备范阳马思恭拜撰。

（五一）三屯营戚公功德碑阴题名记

此碑位于第十三测区迁西县三屯营碑亭内。碑文残存不多，且字迹模糊多不可认，但从残文看，都是职衔和人名，估计可能是记载捐资建祠的官员人名。碑铭录文如下（图版五三）：

碑阴

□□原任保定山西等□……□

钦差□……□路等□……□

钦差□……□南兵□……□

钦差□……□南兵□……□

□……□南兵□……□

钦差□……□中军都司署□……□

钦差□……□标下右营游击□……□

任三屯辎重督工总委

标下听用游击叶邦荣。

标下听用守备李如梓　龙。

钦依标下统领通汉戈丁□守备元

钦依守备三屯营地方以都指挥体

户部主事王国。

原任上林苑监　　　侨

□……□

王祉　李　陈良□□

李文明　李

标下　　千总彭文谅□……□

标下　　州千总陈□□

标下　　千总傅□……□

□□士　山俞□……□

□江李　岐□……□

□□右□……□

渔□李应□……□

林户王承思督理工□□。

（五二）明万历五年（1577年）重建三屯营镇府记碑

此碑位于第十三测区迁西县三屯营碑亭内，保存完好。因碑体太大，拓片时无工具，只勉强把碑身的正文拓下，实为憾事。碑身高220、宽110、厚27厘米。碑额文21行，满行48～49字。碑铭录文如下（图版五四）：

重建三屯营镇府记

国初镇蓟为侯伯所开府，云自天顺移镇，而有三屯营署，其后多都督或参以内臣。逮嘉靖末乃权一而势重，府尚卑隘而偪介

于城，幕客中无所居，椽史则便于私室，故机密多泄漏，而缘簿书为奸久矣。凡历三十八人，余乃以总理称，自隆庆二年至将

展之，而来瞻也，居六季始辟城，展前门于其址，外达通衢，中立桓表，两端为次门，屏以肃墙，施以围栏，而左右桓表远跨衢之

东西，其间容千马，可方轨而四出入，次门为军侯厢房及钲鼓亭台，乃周□以上其等级尊矣。门有伉而庑有□，左中甄，右偏

裨，列□侯人，其卢维旅神祠，宾馆夹于其内，入仪门而甬有奇石以对于堂，号曰常对君堂，列五楹、衡高台，广台下可容数千

卒，余涖以作之，故其名率忠，后为中溜，当皇为止止堂，盖取之艮而止忠之义在是矣。后为牙舍护以层楼，堂左有五六区□

肆聚椽史辈居之。簿书乃聚于公室牙舍之右，为图书府，其前斋有亭池，或节劳佚于斯斋。右为习射之区有层轩序宾而揖

让焉。其右为牧圉，绕府维垣疏以周道，言言如也，踧踧如也。而不衡垣如城，堪舆家以坎位大川宜蔽以高垣，适余请创□镇

塞垣，其襄工有四等，恐将士未喻，于兹试之，以为边式。俾未临塞者，登兹而虏亦在目中矣，宜不益杜钜丽而称雄于列镇乎。

然费不烦公帑，乃余节浮而举之，故告成工而力不诎，落成之旦，用诘军正不穀间。大司马掌武备象猛兽以爪牙为卫，军门

旗帐咸以牙名之，出师则称建牙，号令必至其下，故幕曰府，而部曰署，牙门所徭名其起于武也，明矣。自讹而为衙，文署因通

称之，而鲜有弗缮，以其费有所出，武署之毁过半，虽京卫且，然则军驭不张而陵替可慨矣。夫称大将军而少负布大志者，营家

且广，前路以容大戟旙旌，况于公署为全镇所瞻视，尤贡夷往来稽颡之地，而不之辟与不榖，弱冠从戎未尝敢以家为，但于

营伍所至治之，急于垣屋，乃镇府而自弛其何以观哉。然则新三军耳目于兹，宁不以急乎，初有事塞垣，今乃克遂所志，亦岂

敢以定居第，急公之义则然耳。古人虽一日必葺去之曰如始至，其用心若兹，非为后事者地邪，不榖始至时陋，而今奂然改

观焉。实服其劳亦令无以加敢诏来者第葺之，而已矣。乃记诸石并题名者亭立于仪门之前，嗟夫，昔之居者乃尔其名，岂不

咸在，焉知来者视今何如哉。

万历岁次丁丑春三月吉旦

特进光禄大夫中军都督府左都督奉

勅总理练兵事务兼镇守蓟州永平山海等处地方、前福浙江广神威营总兵官定远戚继光撰并

立石幕下，南海陈经翰书新安黄沛刻。

（五三）三屯营创建旗纛庙碑

此碑位于第十三测区迁西县三屯营城碑亭内，保存较完整。碑分额和身两部分，额高53、宽90厘米，额中篆书“创建旗纛庙碑”6字，旁为云气纹；碑身高182、宽86厘米。碑通高235、宽86、厚26厘米。碑文楷书阴刻共18行，满行50～51字。碑文录文如下（图版五五）：

碑阳录文如下：

创建旗纛庙碑

隆庆玄黓之岁玄月吉日己酉

钦差总理练兵事务兼镇守蓟州永平山海等处地方总兵官中军都督府右都督戚继光等敢昭告于

军牙六纛之神，维兹三屯实为全镇之枢，主将三军咸于大神，请命旧宇类于丛祀，弗足以展神灵，神灵匪安军威曷振，主将初谒

盖甚恧焉。窃惟不佞弱而在事，自抗旌牛女之墟，皆并海鲸鲵之冠，乃咨议当涂，得乌伤诸壮士，作而练之。踊跃以前，遂殿两浙，复

七闽，转搜江右，薄涉岭南，战必有功，岂伊人力。仰惟

皇天上帝，及大神之光，烈威灵或于天时，或徵吉梦，或临机而变，或转祸为福，受神之贶可谓渥矣。寻徙蓟门，俾总兵事，兼镇重地，愧亡

痡人第感恩思，奋抗疏为公，家忠计顾辍于多议，又不敢便文自营，惟先重保障为堑，垒木樵，校联不绝二千里，复饬部曲，授中坚

诸校，以都肄投击之略，一乃众心罔奸，旗鼓于兹五年所矣。故烽燧将然而辄熄，虏谋屡成而自伐，幸得整暇跃马而为障徼之备。

甚设且禁科敛革虚冒，率将吏歃血于坛，坫令其秉心塞渊，匪惟夙弊，渐厘亦既狃伏其利，神牖之庇盖日笃而时殷矣，于是乘讲

武之隙，命将吏操畚臿创兹祠以奠神，居吉蠲而迓，神驭俨然遵

国制也。取昔名将配之两庑，明类亨也，得如故事以次受脉，崇时报也，暂师振旅。类祃有地，端戎纪也，自兹以往，继光等务期无贳不

负此生，一有犯诅，自甘祸适罔赦，尤冀鉴此，孤中益植，士忾永弭，封疆俾威棱日憺于沙漠，三军鼓舞胪欢腾歌，以妥以侑永惟大

神之假，歌曰，赫赫神明，军之令典。

国家禋祀，视昔丕显。追惟南伐，实神之灵，兹步北师，将犁虏庭。庙宇新开，西郊肃肃。简师讲武，于兹之陆。貔貅十万，马阜车坚。有旐□有

旆，有舆有旃。为旌，为旗以练以组。锦杠帛缪曰旒，曰缕。错之物娄，象以天文。戏下鼓之，部署三军。明神在上，或左或右。申令止齐，罔

敢前后。廊庑仰止，名将森森。开我执事，咸秉赤心志驰燕然，身甘马革。毋为神羞，永光史册。敢徼宠灵，纛旗不扬。安□有成，

天子寿昌。于万斯年，四夷宾服。翼翼

帝室。　黄屋左纛。

碑阴文字略。

(五四) 明成化二十三年 (1487 年) 总兵李公边政记碑

此碑位于第十三测区迁西县三屯营城碑亭内，已残，但碑文保存较好。碑分额和身两部分，额高 43 厘米，中有篆书大字“总兵都督李公边政记”三行九字；碑身高 175、宽 80 厘米。碑通高 218、宽 80、厚 24 厘米。此碑的内容主旨为歌颂成化年间蓟镇总兵李公（应指李铭）的功德。碑文 21 行，满行 44～46 字，碑文录文如下（图版五六）：

总兵都督李公边政记

总兵官都督李公边政记

署都督佥事邹平李公，自新镇蓟门之八年，当

圣天子龙飞之初，以年陈乞归老，营卫诸戎帅，下追卒旅闻之惧相率诣予强留止之，予不能遏。公固不可，从相与甚惜请

建碑纪绩，以垂将来，盖不待去而后思也。予亦不能遏，东人若曰，惟蓟之镇，起自古檀，以极榆关，内护

京师，外控夷虏，大口三十八，小口七十四，列营三十二，戎卫十六，自太傅徐公□来域，关口筑亭障，人有所恃。然久或

玩湮，自公之为总戎无间，祁寒盛暑，短衣轻骑，涉险相度，分督左右，参岁加修塞峻处或偏坡，漫处甃石壁，蜿蜒山颠，

数千里屹然一巨防也。喜峰之口，尤其称大，朵颜三卫，道是□

贡。往时既进攻山关，犹俾露宿，殊失柔远之义。公乃即关内造大屋十有八间，缭以周垣，至则居之坟山之上内险，外夷

奸黠，易以攀缘窥伺。公截立墩台，且砌石墙五百丈余，夷人感悚，益坚内向，并边耕地俱民业，我兵独资馈运。而生

日繁，家口或不给，咸困于食，公令傍垦余地以自赋。每岁夏秋之交，予檄老稚等采山菜榛橡之属计口收积，官为守

之，以备荒凶，人免流移。其贫病无倚，婚娶失时，与死丧不能葬者，又皆有措备之储，以为助。罗文峪关外四十里曰

黄门有龙潭，元世立庙，人传其神异验甚。公遇岁旱，辄遣官相祷迎水以归，雨因大注，遂庙神内地颂公功德焉。迩年以

虎出为暴，公曰是为戾气，不早殄之居人弗安，乃行边祷于山祇，于是不数月二虎毙于猎者，群虎北踰关去。选东西

路精卒万人，供待优厚，躬亲团练武艺，闲习人贾，其勇皆可一当十，其樵，苏戍守屯牧，役作者不下二万，更番授事人

均其劳，小大无怨言，此固有成规润泽之，公耳更思阅古常存景慕，遂建都督陈公景先，都宪邹公未学数先辈文□

二碑，于三屯等城，用无忘其勋绩。惟公勤整廉劲老而不衰。猎涉兵，书行军以智谋为先，遇敌坚营阵务以不可败。

为本结发，从军有志，勤王壮岁，中年树劳烈于川陕。在行伍久晓畅军情，故起小将以列都府，守重镇宜乎夷虏知名

而吾军畏爱也。兹将去不可留，其何以酬德，愿假辞执事以识之，既而公章。上

圣明方以边寄委重于公，不允辞，连营欢忭，而公不欲变，适于赴

召。将行众密祈终事，又请，乃述其言，为之记云。

成化二十三年岁次丁未十月望，通议大夫刑部右侍郎莆田彭韶书　印　印立

守备遵化□城指挥使□□□

三屯营管操指挥　吴玉□、马□

朱监□

吴　珏

千户　高暹缪□

李　从。

王　□。

（五五）明万历三年（1575 年）三屯营巩京门匾（残）

此碑位于第十三测区迁西县三屯营城碑亭内，已残缺，原为三屯营城西门的门匾。碑高 83、宽 135、厚 27 厘米。字迹也多漫漶不清。匾额的左右两端都有小字，但只存右半部，中间有大字，现仅存“巩京”二字。碑文录文如下（图版五七）：

万历三年乙亥□□□

钦差整饬蓟州□……□辛应乾

钦差□……□王之弼

□……□

□……□王一鹗立

□……□

（中间横书二大字）

巩　京。

（五六）明崇祯三年（1630 年）龙井关“真武庙记”碑

此碑位于第十二测区迁西县龙井关城西北角，保存完整。此碑为青石质，四周阴刻云纹，通高 232、宽 98、厚 27 厘米。碑文阴刻，录文如下（图版五八）：

真武庙记

重修龙井关真武庙碑记

蓟镇松棚路边墙绵亘余百里中有龙井关台，迥十寻，上构绛宇，正楹奉祀

真武玄天上帝，绎前人祠圣之旨，为此台当极冲非籍是英爽不足以镇之耳。兹因己巳冬边失守，逆从此直犯都下，震惊大内，幸惟太庙有灵□□

圣明神武，驰扫平复。于今年夏季，上简良内臣御马监王应朝、高起潜等赍上方金钱，督修此倾垣圮垒，与本镇文武外臣，仔肩厥务，比至龙井□登台恭谒

圣帝。见祠址因高而隘殿宇因颠而卑，拟充廓之，无策。且台当极冲，宜设铳炮火具，改为敌台，咸议迁祠庶可广台宇之。便也朝等求圣意于灵签，初以不许，报至再而三，

俱报如初，本不当重违圣意矣。奈议改者十九，议不改者十一，终不能以冥冥之旨夯昭昭之

论，议迁圣像于别所，台□较旧，相倍圣宜，妥灵□期，

圣帝弃旧从新断焉不允。乃起飓风，风中恍见圣像作挥手状，台宇俄崩，声轰如雷，官军震恐。远集亿万众，泥首请罪，无不敢愿钦承圣意，复逐旧台矣。即处与官后宇

成，不日官军暨众庶顶香鸣乐迎，复圣像于旧而后安焉。嗟夫，国家兴隆神明必助佑之，有所危急，神明必保护之，此天人感应之理唯有德者能□之也。岂可调杳

冥而不足凭乎，稽之明兴记典。

成祖文皇帝起靖难师，实赖圣帝从龙而翌运，以奠万世之洪基。今祀圣帝者无论武当有金阙玉□之崇奉，即京省郡邑之隆祀者，不知几千万所，何

圣帝独不肯弃荒塞旧垒，而一改易耶盖不显灵于安域而显灵于穷疆，是知圣帝明示人以保护之，永久无烦。

圣主东顾之多忧，正唯我

□德之召也。朝等谨盥沐焚香，述圣灵之赫赫，以勒诸瑱珉。

钦差乾清宫管事忠勇营正都督，督理边工御马监太监王应朝。

钦差查督边工监察御史张茂梧。

钦差总督蓟辽保定等处军务兼理粮饷、经略御倭、太子少保，兵部尚书兼都察院右副都御史张凤翼。

钦差整饬蓟州等处边备兼巡抚顺天等府地方、都察院右佥都御史□□训。

钦差巡按直隶监察御史张学周。

钦差忠勇营正提督标下中军高起潜。

钦差总理蓟镇等处粮储兼管屯种、户部主事包凤起。

钦差整饬蓟州等处兵备监军驿传饷务、山东提刑按察司佥事左应选。

钦差镇守蓟州永平等处地方兼备倭总兵官太子太师后军都督府左都督杨肇基。

钦差协守蓟镇中路等处地方分理练兵事务副总兵官都指挥佥事李秉春。协镇标下游击将军、管旗鼓事署都指挥佥事林国祚。

钦差分守蓟镇松棚路等处地方、副总兵后军都督府都督佥事李孟阳。

钦差山东都司军佥书、统领蓟镇秋班右营官军署都指挥佥事张效祖。

钦差协镇标下都司管中军事陈谔。山东右营管军千总赵永康郑文□。山东右营管工把总王希文、程国玺。

协镇中路副总兵标下督工守备张中纶。

钦差驻防龙井关、山海关龙武后营，副总兵官都督佥事蔡裕。

钦差统领蓟镇西游兵营、分守龙井关参将署都指挥佥事赵业耕。

都司佥书管潘家口关守备事署、指挥佥事张绍。

大明崇祯叁年捌月日立。

（五七）明崇祯三年（1630年）松棚路边墙楼台记碑

此碑现存于龙井关大队陆永中家。碑四边阴刻云纹，碑长79、宽56、厚16厘米。碑文阴刻，录文如下（图版五九）：

松棚路边墙楼台记

□□以守其国，盖险固为守之基，守国者胡容一日□□□哉。恭惟□□□

□□而弘□□此为据险之奇，而守者可谓曼迭，汉唐□然□□海至监□□

□□天险，阻以界夷夏。唯神京东壁，切近边城，无一关相阻，实失□□

此独踈踈耶。缘靖难后，迁宁国于豫章，移太宁于上谷，改开平于独石郡，封朵颜三

□□是守在夷也。内置三屯，练雄军四十万，分守十二路，握师中之常胜，仪震迅之威，而

□□分□岂不谓据险之奇而守者乎。柰成平日久，军恃夷守而请裁，夷瞷备踈而渝盟，昔之藩

□为向导，是以嘉靖庚戌，虏直犯

□□下，此无关险之弊，已概见矣于时，戚大将军继光，因时救弊，乃巩垣堑楼台为障蔽，斯保护

□□京之长策，延今六十余冀。设有继戚之忠悯者，因已成之势而加葺，则御虏有备，胡至客冬之长

驱，烟火照耀于

大内，残破郡邑，不一大损我国威哉。幸惟九庙有灵，

明神武兼襄谟，佐略之有人，截其巨魁余孽□□，复尔完疆，重整边务，嗟此百里倾颓，硕捍御之

□□当先，而绸缪之咏最急。

□采边臣之请

官□道诸臣，刻日鸠工，以兴是役，等拜

□□仔肩，勿惮竭蹶、胝躬出入，戴星寒暑，更侯率诸班部指昼方则，计工课绩，母虚靡

□方之金钱，劝勤奖劳，似有藉五丁之神助，谨循

服口奏成功，且共捐俸以效忠，外添龙井等处舍城壕堑，柞木绊马石，是补前人思虑之未备者。

□□也夫楼台百余，飞翚插汉，垣墙万计，屼屿界场藏机不测使声势之相连，传号有方，俾救援可

递至，斯险新于旧有堪壮皇畿，兹焕易于倾颓，足安帝念，为藩为离，版筑者或堪良弼之

屏之翰，抚御者敢拟千城，然急公输赤不过臣职之当然，何敢窃夫东山之位，燕然之铭哉。第

恐后之君子履平成而复赘，视之幸鉴，今日之焦劳亦鉴前辙而补牢也。因付之镌氏以冀不朽。

崇祯叁年捌月日立。

（五八）明崇祯七年（1634年）“龙井关桥城记”碑

此碑现存于龙井关大队朱春光家。碑四周刻云纹，碑长146、宽64、厚16厘米。碑文阴刻，计28行，录文如下（图版六〇）：

龙井桥城记

我朝定鼎于燕，蓟为左辅，而蓟东诸关，惟龙井首冲。其关东西两山峘峛，磊砢下为撒河

川，浮沙漫衍，泥丸难封。旧筑水心两台□扼之，然

孤峙，河缓急莫赖。己巳冬逆奴阑入，致腥风膻雾，几遍近畿，识者不无关门楫盗之咎，虽幸

皇□震叠， 突狼奔，旋薙宁宇，而蚕食饱飏，□胡儿卷土之譽，未化不楷 之此噫嗟未雨绸户，较亡羊补牢，孰得也。余叨

帝□抚兹严边，会

钦差监视，主同舟共济，相与图巩固吾圉，审势誉形罔地制，□议创桥城，横长十七丈，阔四丈二尺，高二丈八尺，雉垛鱼鳞可蜂屯鹳。

阵千余人，庶足□□北关，□而求资我保障之利乎。议者以为此非常之原也，是必告度支徵班率而后工，可为成可□也。是不然

分防者，有管丁在日，饩何非公□□之，唯翔衽□不暂效一臂指之力，乘□鼓稍宁，借防为修不支□□，不定限期，惟□□□，为

率要，亦通变择可之道也。询谋吓一，爰舍词以

请蒙

赐，可迺进诸劳，将统诸管兵等，吉甃墉如臂，运指甫三阅月，而巍然一面，屹后长虹□□□立桥洞者三，而水心雨□环□后右□□

□□寨，然铁骑不□测，登埤哨望，可同立马也。率胡笳若呜，则横搠折冲使无阴山之□傥，所称静待动，逸待劳，其□□乎。或□□王□

设险，众心成城□记之，以垂不朽也。余曰否□王事靡监不遑，启处是举也□也，可不记。惟是众心成城，非仅□□□足恃□不□

士沐

国厚恩务澄清相誓，砥定相期，露布奏凯，每恃其不□恃其□而吾实有以制之，毋恃其有备，恃其备而吾更时有以葺之，则是□也，不

可不记。其工经始于仲夏，落成于仲秋，维树总其成者

钦命整视王勷事者，监视□府杜□，蓟州监军道崔□，遵化监军道王□，总镇杨□，协守赵□也。董其役者□把牌刘□，南兵营

游击丁士庆，标步右营游击胡云风，松棚路副将杨德政，三屯前□□间何应□，潘家□守备王庆芝也，余付力焉。其龙之石

钦差整饬蓟州等处边备兼巡抚顺天等府地方，都察院右副部御史张撰。

管工员役中协管中军守备林进忠李成。把总窦应思、刘元勋。松棚路中军守备蒋忠、千总王懋停、崔振祖。

三屯标前营千总，守备张云明。潘家口把总张问达、张仁道。

步右营中军都司王达时。千总，守备关应麟。把总、守备余仁□、徐文胜。

南兵前营，中军都司胡学。千总，守备李忠和。把总，守备倪正策、刘泗海。

督工管□□□□余成章、李助朝、江云风、黄元聘、汪应，石匠头贾纪细、李志、王应时、刘守官。

南营百总张楚□、廖文远、陈六□、□时举、王□、周思奉、□可文、黄佐□、岳中。

田潮益、容世广、周胜勇、周应祥、邹胜、其茂葵、田应实、王胜、姚一贤、田景胜。

旗手刘三、田自荣、王之实、吴家相、杨□相、冯大虎、刘衣□、陈四、张一华、施□□□□李自荣。

崇祯七年八月日立。

（五九）龙井关门匾

现存于龙井关大队卢德才家。匾额四边阴刻云纹，高60、宽56、厚16厘米。现存部分阴刻文字，录文如下（图版六一）：

龙井□□

定州营建。

（六〇）明万历十年（1582年）长城记事碑

此碑发现于第十二测区迁西县龙井关洪山口台25号西100米处，原应在敌台内。碑四边阴刻卷云纹，碑头阴刻日月和云纹，碑长67、宽51、厚14厘米。碑文字体不甚清楚，文字11行，录文如下（图版六二）：

钦差总督蓟辽保定等处军务兼理粮饷都察院右都……

钦差总理练兵兼蓟永山海等处地方总兵官少保兼太□……□

钦差整饬蓟州等处兵备带管驿传，山西按察司副使□□□

钦差协守蓟州中路兼理练兵事务副总兵官，署都指挥佥□□□□

□□守松棚路等处地方，参将署都指挥佥事杨文通。

□监工委官□任游击□都指挥佥事□□。

钦差河□□□军政佥事署都指挥佥事成……

提调潘家口以都指挥体统行事署指挥高良

本营中军河南卫指挥佥事刘承□，督工千总夏鸣雷。

□□部千总弘农卫指挥同知王清把总弘农……

万历拾年五月吉日。

（六一）明万历三十八年（1610年）堡城李家峪记事碑

此碑现存于第十三测区李家峪大队。碑青石质，四边阴刻缠枝卷叶纹，碑长92、宽61、厚17厘米。碑文阴刻，计19行，录文如下（图版六三）：

钦差总督蓟辽保定等处军务兼理粮饷经略御倭、都察院右都御史兼讯问兵部左侍郎王貌。

整饬蓟州等处边备兼巡抚顺天等府地方、兵部□□□兼都察院右都御史刘四科。

巡按直隶监察御史乔允升。

巡按直隶监察御史金明时。

整饬密云等处兵备兼管蓟州道右参议张朴。

镇守蓟州永平山海等处地方兼备倭总兵官右军都督府都督王国栋。

协守蓟镇中路等处地方□□□□□□□副总兵官左军都督府都督佥事张国柱。

分守蓟镇喜峰路等处地方、副总兵都指挥佥事左守廉。

统领蓟镇沈阳秋班官军、游击将军署都指挥佥事刘恩。

守备李家峪关等处地方、都指挥体统行事指挥佥事梁仲□。

督工署中军事千总指挥佥事董元震。

管办料头司把总百户刘养成。

二司把头百户孟应科。

春防沈阳营，修完喜峰路地方李家峪堡城三十二丈九尺。

万历三十八年孟夏吉旦立

管工旗牌头□谦。

把总占信民。

石匠祝公谋。

泥水匠杨茂。

（六二）明万历五年（1577年）李家峪关城南门匾额

此匾原应在李家峪关城南门上，现存于第十三测区喜峰口公社李家峪大队。门匾青石质，四边阴刻云纹，长310、宽67、厚17厘米。全文如下（图版六四）：

李家谷关

万历丁丑仲秋

定远戚继光立。

（六三）明万历二十九年（1601年）重修潘家口关王庙记事碑

此碑原应在第十三测区潘家口城内关王庙内，后被栗树湾公社太阳峪大队社员运到该大队院内。此碑青石质，四边阴刻云纹，长方形，长190、宽89、厚23厘米。文字阴刻，碑阴、阳两面皆有文字，阳面27行，主要刻有重修关王庙的经过，阴面阴刻重修关王庙捐资的人名。全文如下（图版六五）：

碑阳录文如下：

重修潘家口关王庙记

赐进士第詹事府正詹纂修玉牒兼翰林院侍读学士，嘉定范醇敬撰文。

按祀典法施于民则祀之，以死勤事则祀之，以劳定国则祀之，能御大灾则祀之，能扫大患则祀之，非是族也不在祀典。柳下季言之详

矣。今方以内，为云长公尸祝地者，自

大内以及穹陬无虑亿万区公，何以得此于今日哉。公之得此于今日又宁曰一二偶合祀典哉。方公之从昭烈也，绵不绝如线之续，其忠勇

节义烂焉史册，宁直士君子悉之，即妇人女子亦能道之，顾鼎足之业，浮沈已屡当年之法，施民克勤事而劳定国也，成徂事矣，请无具

论。姑取御灾捍患者言之，今天下淂灾患者，宣大戎虏哉，索键之夫凡在行间，谁不徼公威灵以从事，不惟阴佑之功，其应如乡而显佑

之力，令天骄齿指于赤面而髯者，在上有明征焉。公之捍御宁一时一地已耶。潘家口当滦水入塞之冲，旧有公祠厄且圮，岁已亥，宋将

军来守，是关者再踰伏腊矣。将军自束发时，慕公之忠，高公之议，当奉公于齐头垣关，而拜祠下，慨然有维新，志旦夕间，所为陟降公者，

其特有常情可知，以敌天骄聪啄，无敢一马窥潘篱，一二属夷且倾心效顺，我士卒樵苏于塞下者，犹堂奥也。夫以洪涛之区，且值

伯酋蓄怨之会，竟以宁谧报髦倪归功于将军，将军曰，愚生也鄙，何功之有，赖关夫子明赐耳。遂捐俸资，以新其祠阔正殿为三楹神路

为三楹，牌坊，为三楹，钟鼓有楼，侍香火者，有室绝陬迩间，突然开一洞天哉。工启于辛丑春仲，讫于季冬，将军之资，士卒之力乡商赞

成也。然将军为不佞，手植桃李，因托以识日月焉，不佞既识之喟然叹曰，宋梁公之抚江南也，毁吴楚淫祠千八百所，独季子伍员之祠

与大禹并存，夫非嘉忠义乎，以彷于公，则瞧火之于曦阳，桔槔之于江汉也，彼一时也，吴楚间独无公祠耳，藉令有之，其褒崇又当何如

耶。以此知公之有合于祀典，祠不为淫，知将军之有意于忠勇节义，祀不为谄云。

钦差总督蓟辽保定等处军务兼理粮饷经略御倭、兵部右侍郎兼都察院又佥都御史万世德。

钦差整饬蓟州等处兵备兼巡抚顺等府地方、都察院右副都御史刘四科。

钦差总理蓟州等处粮饷兼管屯粮户部郎中胥从化。

钦差整饬蓟州等处地方兵备带管驿传、山西布政使司右参政兼按察司按佥察使杜潜。

钦差镇蓟州守永平山海等处地方兼备倭、总兵官前军都督府都督佥事尤继先。

钦差镇守蓟州中路等处地方分理练兵事务副总兵都指挥佥事等李光先。

钦差总都军门中军参将、都指挥佥事□承恩。

钦差抚院中军副总兵、后军都督府都督佥事胡承勋。

钦差统领蓟州中路南兵副总兵、都指挥佥事楼必迪。

钦差分守松棚路等处地方、游击将军都指挥佥事周应龙。

钦依守务潘家□关等处地方、以都指挥体统行事指挥佥事宋德□。

三屯标下滦阳营造锋□绍兴卫百户吴俊朋书。

万历辛丑岁季冬吉旦立。

碑阴分上下两栏，18 行。全文如下：

蓟州道监税委官，开平卫经历楼文洪。

潘家口关管台烽，南关千总王有大。

一司管台烽把总陈文。

二司管台烽把总陈守元。

龙井关管台烽南兵千总王守道。

一司管台烽把总朱应元。

二司管台烽把总李斌。

广和店抽税委官刘仲良、金进忠。

管夜不收官百户李忠。

守潘家口关百户丁守正。

守西常谷关百户李若梅。

守三台山关百户潘国忠、李宁。

守龙井关百户徐栋。

守椽八谷寨百户乔思敬周栢。

遵化卫或解元王有道。

禀膳生员张国冀、王天相、马国珍。

本府应龙宋廉廪、宋洛。

□委官原任把总乔思敬。

本府□□杨□宋朝相、李喜阳、陈得高、□□□、庞□□、万建茹、建栋□□□王应隆、宋大经、河守让、徐廷会、宋大论、茹廷松、刘实民、隋守思、君相□、宋大智、田天柱。

施财信士任景叶、万士达、彭亮、□□□□姜仲怀、刘廷佐、商天臣、乔大金、万士能、付承思、李思孝、刘钱、张文英、王进安、王进孝、汪思敬、懋世蔡、刘自新、崔应进、谈天银、谈志高、尤□□宋慧椿、陈良、肖芝良、王进忠。

本关施财会首乡耆万廷寿、尹添孙、杜大海、戴廷贵、□世祯、闹廷智、万廷祐、万氏宁、毕太义、尹添福、宋福、张仓、李虎。

施木施财客商善人李大仓、张义、□□朝、陈风翔、将大□、王守成、□天福、胡应魁、齐仲银、许安、高凤阳、卞之朝、王扑闻、张文□、张自贵、张□□、赖守万、张茂、白守忠、印照、赵强、侯天福、张天才、宋大□。

于承会、□会科、□□□、段秉□、刘进□、张烽岳、仲礼、马天益、张文登、刘守真、邓茉峰、石应春、于相、王一川、叶文龙、陈其英、莳承卯、王登科、卞之真、尉光景、朱守华、万民安、万世怀、闻沿义、张泽、杨守业、邵秉元、胡从周。

曲□□□□万世亮、陈之峰、□□□、王进淂、华大信、赵天其、何日、王春、王夏、吕朝印、张仕、张得孜、李世银、谢万仓、王当、杨青、魏守恩、王仲保、李守忠、张卿、郎应春、杨仲李、胡廷真、张一试、贾贤。

蔚威、朱之銮、刘四、霍儿思、刘成□、刘山、李海、付良、李忠、胡万银、贾盈、孙大相、宋成、邵子敬、任玉、刘管、□仁、刘大贵、谢大银、良祐荩、尚□、商庸、李进魁、江炫、赵科、陈子锐、孙朝选、张四知、同天祐。

李支、孙志义、王彪、郭□□、陈□□、李还、左光成、徐一贯、赵一大、赵希、尧□读、郭应宣、魏九环、刘东藩、范登云、谢士白、鲁逢龙、曹一伦、李时彦、孙守高、袁汤观、郭登科、张邦英、李運、薛子贵、梁云鹏、张尚李、李登云。

王新文、刘天才、王朝义、刘子贵、郭□祀、马景荣、李举、张一峰、张天佳、庞希孟、白天祐、洪天福、郭守信、杜保住、吕玄、关世春、赵贵、张九忠。

施财信官丁都新、施财信士□□□宋文銮、陈仕舜、陈□亮、□□□□得、戴大□、陈文元、□□□、蔡廷谐、邵孟□、王恩贤、施财善人李玉、程自秋。

西常谷关施财善人陶虎、荩彪、刘良、王长、李月、王敖、徐□□、徐天禄、陶臣、吴添禄、张虎。三台山施财善人马大贤、于添福、任大用、高岗、陶珠、罗承恩。

龙井关施财善人李迁阳、高尚儒、陈得□、屈承□、□□义、□明进、张守运、蔺□、张春、贺守叶、洪山□施财善人黄家柱、张勋关、相陈、彦系马、马文德、陈良、王时中、刘中峰、艾文纲、朱应容。

汉儿庄营施财善人王大广、□忠、孙平、万士□、程□洪、毛□意、林松、林栋、于忠、林相、王汝□、侯佐、柴士义、王天吉、李□、张文启、冠带商人侯维、□使、侠维屏。

本关施财家丁百总管队王大朝、高德、郭仲□□□□贺合、谷孝、朱江、黄士科、赵应元、孙应□、彭海、高□、胡承禄、张文登、郭大朝、宋仲文、张守志、柴守、李进忠、蔡宗禄、赵国忠、侯良蒯银、胡大杨、乔淂海、王断明、□□□。

邵尚礼、张傲、陈天焦、朱文忠、高会、王进春、李敖银、关坤、刘光银、王天云、万世武、张江、李时阳、付名、徐得夏、□□刘应科、荀夏、刘仲银、刘其阳、张金、程九文、周隆、刘自春、朱一河、付虎、韩廷相、邢□。

关营施财勇壮百旗队英段、安□、吴江、□□□赵甫祥、刘名、□英、张锐、万廷祥、宋钦、刘□儿、郭□岩、马文得、刘玉、李白胜、徐旺、付山二、吴进文、刘海、史伴儿、王青辛、张山、常六儿、西周成、魏初刚、张□。

郭□儿、□驱张歪头、孟牛儿、马□□、彭□□、罗□礼并成、马善、刘志朝、程三、李贤、蔡得、看闭兴、王保、同隆、杨禄、张士成、韩□管、于栾、丁五、张金梁、鸾鸾、刘九儿、张士忠、黄爵、于安儿、徐□。

王得感、王朝、梁进、马古全、王丑儿、李春、李仓、□□刘宾、李梁、徐冬魁、豆孜、郝要儿、穆大保、王宗仁、□周儿、林　崔菊、张罕辰、黄当儿、郭仁、赵忠仝、李奉益、蔡海川、丁保儿、张军僧、元喜喜、王□□。

王景、刘满仓、李月、赵□、齐宋文、张□□、刘成、元栋、吕付、秦好、李聪、陈贵、王金、尚计先、□闰儿、侯保、催儿、李青、梁振、王仲、金康狗儿、卢谷甫、张山山、薛五十、刘小三、金受一、刘约、柴俏、张□□。

邓敖海、占儿、王成、梁狗儿、邓海。

潘家□施财守台百总应□用陈九漫、谟文元、王义良、徐尚阳、陈堂、毛汝龙、夏一、鲍大奇、□希正、陈自商、楼惟鎏、王文魁、吴文龙、马文商、陈涛、叶邦涯、包守仁、何文良、陈珠、刘荣骆、彦正、徐成器、周思光、朱龙、骆思响。

冯忠、郭良栋、骆汝英、黄周子、龙俞选、□子荣、徐一元、李文元、万文良。

潘家□施财守台旗队兵包天德、刘恩、陈希芳、陈禄、王用、徐明、付元、沈伯荣、沈守仁、陈付、王云、王大明、周文龙、王应奎、俞子龙、杨文忠、王龙、蔡时忠、卢守和、王高、叶守用、金五仰、陈文华、童文华、委良能、丁道。

龚子朋、陈奇、翁天明、陈子祥、陶山、柯云、卢庆、祝廷元、张文忠、陈贵、娄通、斯守明、郑文元、呈文会、陈大元、王子高、毛龙、陈守忠、郑世安、□华、张龙、吕文龙、刘文华、叶成洪、毛知奇、龚□、雷委龙。

吴文正、陈纪孝、马文用、陈四十四叶文进、□兴邦、吕文、高吕子□、王□明、洪进、同明亮、金明聪、陈荣、清文明、叶蓬春、胡子林、叶忠、朱文龙、娄青、项道银、朱子成、陈学、孙贵、黄子忠、徐天相、董之高、胡子龙。

陈天台、王有□、娄洪□□良□志、王道□、陶守龙、张子高、胡□龙、□□□、吴安、唐相、尊文学、毛希荣、丁守柱、毛兼、金亮、徐文聪、洪文清、□成龙、何大胜、卢有明、楼清、周思智、任子忠、王文亮、楼六元。

丁□成、刘文用、王中忠、周权、朱九仰、朱满、毛儿、毛元芳、胡子忠、包大思、仇文奇、周天委、娄大受、李应春、毛子贵、何高、陈□、张礼、娄大德、朱应□、吴子龙、冯良□□□钱大纪、陈明、吴廷林、孙文亮。

钱任聪、许大胜、王□、吴庆、鲍禄、鲍茂龙、丁应时、周思忠、金龙泰、朱凤、付文通、陈启忠、□应□杨子忠、吴文元、王良岸、徐纪天、葵廿三、叶青、楼大忠、朱龙、徐天祖、孙龙、许弘贵、吴子正、杨贵、曹大元。

朱九亮、吴文□、王时雷、张云龙、刘奇、叶天福、张天禄、张天玄、方魁、楼得胜、楼太福、方龙、丁文贵、翁忠、刘达、刘文、陈忠、吴得胜、陈伯付、龙蒙龙、何元弘、□□和、张绪、何子龙、楼子銮、何文忠、王汝生。

郭文、楼国栋、陆相、朱娄、施文佐、孙子龙、毛□芳、钱荣三、陈文朝、卢风龙、陶福、楼国才、□文忠、魏付、朱太本、徐龙、朱进、□大用、沈彩、朱洪、王明四、门明、俞春、张星、屠纯高、孙龙、朱益忠。

王惟义、王左义、金文珠、汪锦、王守敬、王惟忠、孙大□、骆宁□福。

龙井关施财守台百总南兵陈子龙、杨应元、蒋文亮、汪守中、贾子义、王文亮、朱虎、周□□□□□□□□□吴元、徐洪、沈国成、成亮、朱忠、张世、吴龙、□□相、仇仲善。

椽八谷施财守台百总南兵张文明、祝彩、陈子祥、徐子堂、陈□□方时进、刘大、陈弘、□国忠、俞大高、陈□、陈龙、陈大用、唐文□、贾□、项文华、张应祥、范元铉、金仁相、王文元、沈继文、王朝用、□龙。

梁天禄、卞降、施良滏、吴良、徐子放、朱国元、朱成龙、贾义、张龙、张国用、许□□□陈龙、马龙、丁祐、王文忠、张□、楼正、俞集、商大林、姜施、杨忠、吕□河王三、骆子明、胡子理、商成龙。

吴世忠、吴□进、于子贵、朱文正。

施财助工善人常承公、张吉曹、李贵、张主、王仲贤、□仲银、陈文用、赵天宝、任文敬、陈三河、赵廷、李文、卢四、常玉川、徐会、邢举、刘仲银、孙大举、王自发、□银、时同奇、徐子敬、赵连、韩□□。

景宗吉、张仲清、黄荣、钱胜、韩五武、阳春戴、王贵、孙自然、石进忠、刘尚仁、童松、谢承思、张世雄、武世孝、张记儿、张自化、刘纪、赵文栋、□□万良、李虎、冯大聪、谢大宽、王天明、刘文礼。

塘拔总甲陈海、霍应春、马承记、张臣、孙胡举、翟仓、李大海、尚仲银、王亮、施景秋、王得时、陶应时、陶仲金、陈汉、安思武、杨贵、郭进忠、周进忠。

关营队长李景□查挥、王庆祥、王添福、□汝直、吴添禄、蔺才。黄教施财通事吴大用、王天祥。

修造各项匠后梁希云、陈自礼、贾禄、朱□单宗禹、王夏、工进、赵大金、常三省、妆应时，画匠田宇、姜福、刘仲银、田嘉兆、□文科。

云中卫信士宗时丰、麻□、陶绍□。

福建建宁府建□县施财信士张友福。

（六四）苏郎峪关残匾额

现存于第十三测区栗树湾公社苏郎峪大队侯进丰家。碑四边饰变形云纹，文字阴刻，残留文字如下（图版六六）：

□□□□谷关

□□□□拾贰年岁次癸□季秋吉旦立

□□督工委官百户雷寿

提调把总指挥同知张鸣谦、陆□。

管工委官千百户田时、胡□学。

守关百□孟相

（六五）西城峪残碑

现存于第十三测区栗树湾公社苏郎峪大队马振荣家。碑高44、面宽38、厚12厘米。文字阴刻，残留文字如下（图版六七）：

管代

营砖窑把总一员。

监工旗牌叶旺。

管工管队耿尚斌、荣明。

泥水匠刘勋。

（六六）明万历十九年（1591年）董家口关重修关王庙记

现存于第十四测区迁西县董家口城内。碑高145、宽59、厚15厘米。额题“关王庙记”四字，旁为云纹。碑文多已漫漶不清，兹将残文录下（图版六八）：

董家口关重修武安王庙碑记

夫喜路之属有董关门之守，有□提之控制者有□□长水萦带□山，□纷[愀]建瓴势也。事之先边附者，食虏患掠□土毛

腥□□地无己为屏。□□□□□武安王庙□□□，谓其能庇佑矣。自建已来，[绛]销燧灌，[犬]卧□宁，无脱巾□冠，不无暴关

之□。物阜黎康，盖有□□□□□□□庙貌飞尘，神容点垢，栋宇凋薨簷坠。擢任诸君□□者不无而易□者，□□邵麾落

俾□有志向者主帅不倡□□□□□□额际□□命□福德孙公□越而来。公都人也，素以忠义□□及停骖□□交祀，

□□睹其形，□□其□，敝公□主人□□重居，庞□□而诘□庙有关将军者，创□有几，废曰有几，而虚名不祀，及其□□

应曰□□□□□□今也，□中□□□其人公□其□□□难也。世之好事，有滛蛊为祀，有妖巫为祀，有魍魉魑魅为祀

者。纷纷□□□□王之为神也，[志][贯]日月，□满乾坤，为孤臣準为良将，则为孝子，规为仁人。矩壮心填海若胆忧天，烈夫

夫矣可无祀乎，窃观□□□□□圣神□□出稽乎封□□□而不义，却馆□□□而纲伦重，谢曹十美而女色远，轻枪重

骥而出□切，千里独行□□归汉，五关斩将□□兴刘，虎穴可栖□曹威□□□□□吴而登舟，赦曹不杀，明□

□之大义，秉烛达旦，□□之奇□□□所谓□□殊绝堂堂，瞻仰□□□□□□□□□□夫割掌□□三分□峙，侍事之余，

□□讵□□□□□□□□□□□□□□

主帅孙公□□□□□之□□□祀，□命乡耆姓者□□□者，尚仁□董□□□□皇庚寅岁夏仲，朱□□□□□□□□

而告成，□□□□□不庄者，而庄威□匪肃□□肃庙貌　备，而备□所陋，而修饰□所缺，而□□□□□□□□□□□□

□□膏舆有永寿□□□无疆，默佑董提及诸镇□□□□□□□□烟刀斗，夜停旌旆，□卷□□□□□□□□□□

天威远□龙铃□□，而

皇路诞请上祝

□□□□金瓯世世，□□苍赤皞皞，调王烛年，□□忠义之赞，□勒石为重修庙记。

皇明万历十有八年，岁次庚寅□□吉旦。原任陕西延安参军迪功郎□□张懋德。沐手□□□□

钦差分守蓟镇喜峰□等处地方，参将□都指挥佥事张守□。中路管台烽南兵千总吴朝栋、把□□

钦依守备董家□关等处地方，以都指挥体统行事佥事孙。管夜不收官张自成邓宝钦依提调董家□关等处地方以都指挥体统行事指挥同知胡一中。管操管□□

大明万历十九年，岁次辛卯夏季□□吉旦立

守门寨官□

真定□□□

□□□□。

（六七）明万历二十五年（1597年）董家口关修建石城碑记

碑存于第十四测区迁西县董家口城内。碑残缺，碑高59、残宽68、厚10厘米。碑文较完整，存19行，每行字数不一，原文抄录如下（图版六九）：

喜峰路董家口关修石城记

万历二十五年春防，奉本路蒙

督抚镇道协通行，本提派修董家口住城六丈，底阔

一丈六尺，收顶一丈三尺，城身用方面大石修，高

二丈。上接砖垛排墙五尺，高连垛口二丈五尺。东

接通津营左部工界起，西接本营右部工界止。

钦差总督蓟辽保定等处军务，经略御倭兵部尚书邢玠。

钦差整饬蓟州等处边备，兼巡抚顺天兵部右侍郎李庇。

钦差镇守蓟州永平山海等处，总兵官都督佥事尤继先

钦差整饬蓟州等处兵备，左参政兼按察司佥事赵寿祖。

钦差协守镇中路等处副总兵官都指挥使李如□

钦差分守蓟镇喜峰路等处副总兵官都指挥同知梁汶。

本提遵奉明文，开列修工官□匠役姓名于后

提调董家口关等处地方以都指挥佥事钟鸣高。

总管修砌办料委官董家口守关千户张继武。

协同管工，夜不收官乔思敬。

管烧造砖瓦窑匠林郁。

边匠张士义、周允、王亮、张彪、仝应时。

石匠张大用、张通。

（六八）明万历十三年（1585 年）石门匾（残）

此碑发现于第十四测区迁西汉儿庄城址北阁上。碑的形制似是门匾，但又不能说明是何处的门匾，据说是玄武庙碑，但又不像，残碑只存左上角，大字究竟为何字已无法辨认。碑高 68、宽 51、厚 13 厘米。残文录下（图版七〇）：

钦差镇守蓟州永平山海等处地方总兵官左军

钦差协守蓟镇中路等处地方分理练兵事务

三屯车前营坐营都司，以都指挥体统

万历十三年　岁次。

（六九）明天启三年（1623 年）修城碑记（残）

碑存于第十四测区迁西县董家口城内，残缺，仅存右上部。残高 90、宽 60、厚 18 厘米。碑额楷书“修城碑记”4 字，碑身残存碑文 18 行，碑文如下（图版七一）：

钦□……□

钦差□……□

巡□……□

钦差巡□……□

钦差整饬遵化等□……□

钦差提督蓟□……□

钦差协守蓟镇中路□……□

钦差分守喜峰路等□……□

钦差遵化标下右营都□……□

钦依提调董家口关等处□……□

遵化标下右营中军指挥佥事刘国臣千总官赵□……□

牌王仲浩、张连西、李云、周洪、丁成儿、贲应乾。

天启三年春防，奉文坐派本营官兵九百一十一名修筑喜峰□□□□□。

抚道面谕，改修河口南面头等敌台一处，遵即估议，补修□□□□□□。

分坝坝一道止该修堡城三十丈四尺，今修完一面，共长三十□□□□□□□。

起，兴工修理外面下用土衬石边，石四行，上接砖修。里面用大石□□□□□。

丈五尺。至六月十七日修完勤石为记。

天启三年六月　十七日　　立。

（七〇）崇祯间董家口精忠祠记

碑存于第十四测区迁西县董家口关内霍林彬家中。碑已残破不堪，仅搜集到12块，经拼接复原，仍缺损不全。额为半圆形，碑高约145、宽约58、厚约15厘米。碑文为行草，书法隽秀，碑文残缺不全，多数不能成句，文为（图版七二）：

碑阳录文如下：

精忠祠记

赐武进士出身骠骑将军统领蓟镇标后□

驻防董家口关，顺天殷壮猷撰并□

钦依都指挥使司佥书，守董家口关古燕贾廷章督建。

丁丑□□猷□却　□命之蓟，冬以烧荒□役出董关，见住城之颠孤独松挺，古碣犹存，询□人文此上旧有武穆岳王祠，相

□夫子，当破虏于□因而祠之以根其烈。连今垂三百年□□国初间所创立者也，追事□□□躬履其上，止存瑱珉，而无

□□□宇怪而咨之□者，告□数□□前，有人梦夫子迁坐□□□□□□朱几，而庙辄颓，大□□□□□公即于其迁坐之次，

为之建□□□□□□□□而中止，猷时欲捐资继其志，以□□□□□□□□□已夏不期谬膺□□□□□兹职，晤边守贾公，谈

及始末，公跃□乐从输助，速构□经营之，并标属及诸父老□捐金□□□锱铢，并力为之迺□□□□□□□成焉。虽不敢谓

其金碧辉煌，□庙貌聿新，实可□一方之瞻拜地，兹关之灵祐主也。□□□逆奴，狡马启疆□□□□□□□□□□饥馑之余，

人不堪□，稍壮者悉徼赴援，锦所遗者徒老羸辈，不满半千。此关居远僻，援师一时难集，惟□□□□□□□□□之卒，鼓

以忠愤，期以死御，时方昧爽，虏□五千叩前□时□□神威□□军三面齐举炮声震天□□□□□□□□□□□□三闯

而三却之。竟收匹马不入之□□□朝蒙恩加升左参□□□公晋秩都门，嗣有回乡者□□□□□□□□□□□□□□

猷等，盖□为夫子濯灵，精忠□□□□□□　其魄而寒其胆也。□称神兵者非夫子而谁欤。粤□□□□□□□□□□□□□

而盟□□誓杀金贼为己任□□□奴非金之遗孽乎。夫子不□贯于当代，又岂以异代而宽□□□□□□□□□□□□□。

不特一忠一孝一勇一死，流□终古，其立心行□无一不与□□合，此所以血食与天地□□□□□□□□□□□□□□□□□

□□夫子德□功业，人品□□，历代钜公名笔，列志□□□□□□□□逌以庸踈，武人不娴□□□何敢妄赘，以来□□□

直书耳。抑　猷尝读宋纪当夫子遇害时有狱卒隗顺者，守□其魄□□□北山之□□□孝宗，壬千岁，改葬□□□□□□□□

生盖不止诸齐安蕲王之保，金虏诸酋之孱，贺奸桧惧而改岳为纯第□不可□高宗之忍杀之以快敌□□□□□□□□

而高宗非□□之主也□□此言实为快论。呜呼夫子居于一时者小，而伸□□□古者大也。先儒有云，秉乾坤□□□□

间之完，人生不愧死，而死称贤于生者夫子之谓矣。敢因事而并叙之。时

崇祯……季春之朔。

碑阴录文如下①

原任董家口提调□万龙。

原任山海龙武营参将宋承寿。

宁山春班游击　高茂魁。

镇前营游击　高崇选。

通镇左营游击　许□。

保督左营游击　贾□□。

飞骑左营游击　贺震夷。

太平路参将　□□芝。

蓟督标中营副总兵□□武。

遵化监军兵备副使　□□□。

镇守蓟镇总兵官都督佥事□腾蛟。

蓟辽督师兵部尚书　杨绳武。

顺天巡抚右佥都御史　王文清。

镇守通州总兵官都督佥事张汝行。

左协副总兵　李　宁。

抚院中军　刘有占。

王曰谦。

喜峰路参将　周世德。

蓟镇中军参将　陈国才。

飞骑右营游击　张德禄。

飞骑左营游击　林兆星。

蓟镇振勇营游击　马魁骥。

河南春班都司佥书　梁荣丰。

李家谷关守备　米富玉。

擦崖子提调　陈玉德。

顺天府儒学生员

朱士英、张苗、李朝先、李宏大。

张鸿羽、戴秀、李化龙、王有制（下略）。

都司守备中千把总

① 碑阴记载了捐资建祠的姓名官衔、捐助姓氏。

卢鸿勋、陆永贞、于自先、文　星。

张兆斗、张岐凤、宋辅明、孙明海（下略）

董家口关居住乡耆铺（下略）

镌字石匠　　　　　　赵小科。

（七一）明隆庆五年（1571年）长城阅视残碑

碑存于迁西县青山口区榆木岭村。碑已残，存上半部首，字迹大部不存。碑残高75、宽63、厚17厘米。碑分额身两部，额上方为半圆，中间篆书“题名碑记”4字。下碑身阴刻碑文12行，碑文为（图版七三）：

题名碑记

隆庆五年孟□之吉，总督蓟□□□□

□□□□察院右佥都御史□□□□

□□□□□□□□都察院□□□□□

□□□□□□□□巡按直隶□□□□

□□□□□□□山西提刑□□□

□□□□□□□山海等处地□□

□□□□□□□路副总兵官□□

□□□□□□□□张爵抚院□□

□□徐技□□□□□营浙江都司□□

蓟镇中军都司指挥佥事开平谢惟□□□

将，渔阳杨秉忠，守备武举指挥佥事□□□

历，黄大勋，管工委官标千户，蓟州萧□□□。

（七二）长城阅视碑

碑存于第十五测区迁西县崔家堡乡榆木岭梁会亭家，原在大岭沟山脚下发现。碑残，仅存下半部，碑残高67、宽60、厚13厘米。无年款，根据碑文题名，潍县刘应节、平度王湘、泾阳王之弼等，估计此碑造于隆庆五年（1571年）至万历二年（1574年）。残文录下（图版七四）：

□□□□总督蓟辽保定等处军务兼理□□

□□□□兵部右侍郎潍县刘应节。整饬□□

□□□顺天等府地方，都察院右副都御□□

□□□监察御史平度王湘。整饬蓟州等处地

□□□政使司右参议兼佥事泾阳王之弼。总理

□□□□□□守蓟州永平山海等处地方，总兵官中军

□□□□□□凤阳戚继光。协守东路副总兵官与前史

□□□□□原任参将山海徐枝。抚院中军原任游击阳

□□□□□蓟镇中军都司海门崔经。分守太平寨等处

□□□□江都王禄。守备榆木等处地方，武举指挥渔阳

□□□□大宁统领宁山春班都司金吾刘良魁。宁山营

□□□□绍宗。督工千总胡瀚、把总严希□、高揖。

鼎建

（七三）明万历二十四年（1596年）太平寨营重建题名碑

此碑系搜集，现存于第十五测区迁西县太平寨柴家。碑额身一体，碑座已散落不存。碑额高29、宽74厘米，碑身高220、宽74厘米，碑通高249厘米。碑额两侧阴刻云纹。碑身上半部阴刻叙事文，碑文24行，每行8～32字，保存完好。下半部是题名部分，分为两排，因破损，字迹漫漶。

此碑为万历二十四年（1596年）所造，但题名中有46人为万历二十年（1592年）以前出现，还有19人为万历二十四年（1596年）以后出现的，想必为后人补刻。碑全文如下（图版七五）：

太平寨营重建题名碑记

太平寨营自永乐间建置尺籍伍符仅四百余人，㈠管操把总领之。先是以中使者

为守臣，正统末设燕河参将亦得兼制。正德十年始设本营参将，改三屯建昌，士

千人，实其伍。至嘉靖八年因廖侍御言，罢中使者，参将如故。其后辟易纷纭，或移镇

滦阳，或改设游击，无定制也。万历改元，汪司马行边，议请自白羊谷起，西抵榆木岭，

边城亘七十里统二提调，而并军至三千余，以属本寨。参将遂为甲□，□往授事者

始自张君铭，至谷君承功，凡三十人，业已镌石题记，丙子岁江右卢君述，复置一石

题名以至今日，又若干人。然二石俱立于二门之内，且规模卑小，不足以列多衔壮

观观美也。乙未冬，上谷王君承业来守是路，见而叹曰，夫题名必以记而记之，以石

者所以垂不朽也，其前人之华衮斧钺，与后人之冰鉴药石者，咸兹赖焉，必置之左

右，近习间使为将者，常目在之曰，某也贤可以为法，某也不肖，可以为戒。如古人之

座视其铭，动视其箴者，斯庶几有所警惕乎。今二记远在二门之偏，其不称甚矣，乃

摩石于堂之东壁，合前二碑之所题名者，通镌于上，而徵记□，余予谓蓟门二百年

来，以属夷为藩□□所设泥丸之具草草耳，自戚都护肇兴修守之议，频年险隘，渐

拟金汤，斯其功德不朽，乃王君自结发从戎，即□筈兵万里，为

圣天子斩楼㈡，㈢贤使幕南无王庭，此其志不在小。其宦游所至，赫有声称，楼堞旌旗，焕

然改色。兹石之题其树建大率类此，而希踪往哲，启翊后人，雄心勃勃不如此亦征

哉。籍令都护尚在，且□行视之，况其他耶。君以旧记属余读之，其中握符而登大将

之坛者，无虑十数辈，即余所睹记，如广阳马君永，抚宁周君彻，又皆一时名将。王君

倘有意都护乎，当必以此二君为提衡矣。语曰不习为吏，视已成事，是则立石题名

记也。余习之王君，因次第书之，以俟后之来者。

万历丙申孟春吉旦。

赐进士嘉议大夫礼部左侍郎兼教习庶吉士侍读学士，

国史总裁侍　经筵日讲官，北海郡人□菴　　马琦撰。

右参将

张　铭　自新都指挥佥事正德十年任升辽东副总兵。

马　永　天赐都指挥同知正德十一年任升都督佥事镇守三屯营总兵。

季　英　朝显署都指挥佥事，正德十三年任升五军营坐营。

马　恺　惟弼署都指挥佥事，嘉靖七年任升西厅参将。

高　时　天运都指挥佥事，嘉靖七年任升宁夏花马池参将。

周　睿　天象署都指挥佥事嘉靖十年任升三千营坐司。

周　彻　五峰都指挥佥事嘉靖十六年任升保定副总兵。

周　揖　宜川都指挥佥事嘉靖□□□□□□

吴尚贤　□□□□□□□佥事嘉靖十一年任升□□□□□□□

王　镗　□□山西大同□□□都指挥佥事，嘉靖二十一年任□

陆　桢　阳山永□左卫署都挥佥事，□□二十一年任升紫荆参将。

杨　栋　近河大同右卫都指挥佥事，□□二十七年辽东都司任。

张元勋　国忠□□□□卫□□□□二十七年十一月□□三十年奉

旨改分守□□□□□□。

欧　纲　□□羽林前卫都□□佥事，嘉靖三十年二月任，　三十一年四月改任。

李　意　乐山蓟州镇……都指挥佥事嘉靖三十三年任升燕河副总兵。

张承勋　□□宣府万全都指挥佥事嘉靖三十三年十二月□任嘉靖三十六年五月□□□□□□

高　金　丽泉羽林卫都指挥佥事，嘉靖□□□□年五月内任。

高延龄　龙溪辽东都指挥佥事嘉靖三十三□……□月内任

李　珍　□□榆林卫署都指挥□□□□三十年四月内任。

黑　春　字寅初□□泉辽东□□□□挥嘉靖四十年四月内任。

郭　琥　□□□□□□□□嘉靖四十年□□内任□□□□古北□副总兵。

王孟夏　□□□□□□四十一年十二月内任□□□□□□□密云标下副总兵。

马承胤　通□□□□都指挥佥事，嘉靖四十□□□月内任。

时　銮　号□□陕西□□□□嘉靖四十一年十月内任，四十三年三月□□□□副总兵。

罗　端　号西槐，直隶□□□□嘉靖四十五年三月内任，隆庆四年□□内改古北□参将。

王　禄　号慕云，直隶□山卫都指挥同知，隆庆四年十二月内任。

杨秉中　号东桥□□□□署都指挥佥事，隆庆□□五月内任□□。

王　禄　万历元年四月内复任。

谷承[功]　号东川直隶永年平卫都指挥佥事，万历二年八月内□□□□□年七□内□□古北□参将。

卢[述]　□□斋□□□□佥事，□□四年七月内任，本年九月□□□□□□

董　□　号□□□□□□□□□□万历八年二月内任，本年十一月内□……□

□　功□……□十二月内任，九年二□……□□……□

[贾][应]隆　□……□万历九年十二月

□……□。

□　仕□……□

□……□。

陈　成□……□

十月内□……□。

郭　铭□……□

□……□。

□承勋　□……□

□……□。

□世官□……□

□……□。

马　林□……□

□……□。

钱　烨□……□万历十九年二月内

□……□。

茹宗汤　号□□□□万历十九年□月内任二十年十月内调□□□□

杨万亨□……□

□……□。

李承祖□……□

二十二年□……□

郭梦畿　□……□

□……□

王承业　号明宇，开平卫都指挥同知，万历二十三年九月内任，本年十二月内更调宣镇东路参将。

方时辉　号济川，山西蔚州卫署都指挥佥事，万历二十四年二月内任，二十五年十一月内□卫降用。

刘维本　号□□，山东莱州卫署都指挥佥事，万历二十六年二月内任，本年十月内推升中路协守。

贾应隆　万历二十六年十二月内复任，二十八年十二月内革任回卫。

□登瀛　号选□，系天津卫指挥佥事，万历二十九年三月内任，三十年十二月内推升神机三营游击。

吴有孚　号□□浙江山阴□……□卫，世袭都指挥…万历三十一年二月内到任，三十二年二月□□□□副总兵。

杨仲祥　号□□浙江山阴□□□万全左卫□□□□□□□三十五年二月初八到任□□□□□□□

郭有光　号明远，□□榆林卫都指挥万历三□□□□十七年三月内任，三十九年□□□□□□□参将

□□正□……□太原前卫□……□千户万，历三十九年三月内到任，四十二年四月内回卫。

倪　宠　号□□宣府万全右卫□……□万历四十二年二月任，四十八年二月□……□副总兵

石勋　号□麟，燕山前卫后所正千户，万历四十八年三月内到任，天启二年十月内升西协副

总兵。

贾通□□……□

□……□

岳维官　号仰吾，系怀安□□□指挥□□二科武进士，天启三年八月内到任，天启四年六月奉旨更调。

王　桐　号□叔，原系湖南岳州府巴陵人，□□卫后所千户，天启四年七月初六到任，天启六年四月内推升宣府新游兵营游击。

王维城　号镇河，山西保□所千户，天启六年三月内奉旨推升西协副总兵，改推太平，本年六月任事。天启七年二月初二奉上□升南京佥书都督，次奉回藉□□□□□□

张国□　号宁宇，营州卫实授百户，天启七年三月初□日到任，本年七月内推调石门路

赵□□　□□□浙江东阳县人，己未科武进士天启七年十二月到任□……□

□自强　□□□宁夏卫百户中，丙辰科武进士，崇祯二年五月到任□□□□□□沦□□□□三年七月□□□

李□□　□□四川□□□□崇祯三年八月十五日到任，崇祯四年□□□回□□。

樊应龙　号□□大同榆林卫镇抚，崇祯五年正月到任，六年□□□□□回卫

岳维忠　号□吾，系宣府万全都司怀安卫实授百户，崇祯□□六月初一日到任。

（七四）明隆庆二年（1568年）太平寨营城门匾额

此匾长期散落在第十五测区迁西县太平寨街头，现存于太平寨公社院内，已破损，右上角和左下角都残缺，左上角破裂。根据此匾散落的地点和上书营名的推断，可能是营城南门的门匾。匾中央横书“太平营”三个47厘米的方体楷书大字；左右两侧记文武官员的官衔和姓名，最末行书树匾的年月，文字字迹工整，柳体笔法，苍劲有力，太平营三个大字镌刻时修饰过度。匾高96、宽220厘米，匾文为（图版七六）：

□□□□□保定等处军务兵部左□□□□

□□□□等处边备，巡抚右佥都御史刘应节。

□□□□□按直隶监察御史孙代。

钦差整饬蓟州兵备山西布政使司右参政罗瑶。

太平营

钦差镇守蓟州永平山海等处总兵官都督郭彪。

钦差分守太平寨等处地方参将都指挥佥事罗端

隆庆二年岁次戊辰秋七月吉日立

（七五）上营城长城鼎建残碑

现存第十四测区迁西县上营城内，残损严重。字迹多数漫漶不清。残高45、宽50、厚9厘米。碑文如下（图版七七）：

□□□□□□□□□统行事，指挥山阴茹日彰。

□□□营官军□□山营城北面，接天津秋防工起，至

□□□南面□，□工程一百五十三丈，内东面大台一座，角台二

座，□□□于本年四月内　　鼎建。

管工中军官　□楙德。

千总官　　　贺□寿。

潘□□。

靳□□。

把总官　　　□□□。

张继忠。

（七六）明万历二十年（1592年）修城记事碑

原存于第十四测区迁西县青山口区上营城，残损，原应该镶嵌在墙体上。碑为方形，碑高34、宽56、厚7厘米。碑文10行，每行字数不等，碑文如下（图版七八）：

天津营春班，左部千总边元吉

管修喜董九号合起，至本

营中部工界止，□修边城拾

壹丈柒尺。

管烧造砖灰把总一员　李方新。

管催料物把总一员　　祝登高。

管修城工旗牌一名　　修明通。

管修城工管队二名　　杨宗□。

□□□

砖□泥水石匠三名　　□□□

□九□

张二□

万历二十年四月　日吉旦　立。

（七七）上营城明长城阅视残碑

碑存于第十四测区迁西县上营城，残缺，仅存右侧一部。碑高48、残宽30、厚9厘米。残存碑文7行，每行字数不等，碑文录下（图版七九）：

钦差总督蓟辽保定等处军务兼理粮饷太子少保、兵部尚书兼都察院□□史□张□□。

钦差整饬蓟州等处边备兼巡抚顺天等府地方、都察院右副都御史邯郸张国彦。

钦差整饬蓟州等处兵备带管驿传、山西提刑司按察司副使通州顾养囮。

钦差镇守蓟州永平山海等处地方、总兵官中军都督府都督同知定辽杨四畏。

钦差协守蓟镇中路等处地方、分理练兵事务副总兵官都指挥蔚州张邦奇。

钦差分守蓟镇喜峰口等处地方、副总兵官都指挥唐山张玠。

钦差统领蓟镇天津营春班官军、游击将军都指挥□□□□□□。

（七八）明万历二年（1574 年）长城记事碑

碑存于第十五测区迁西县青山口区榆木岭村窑岭沟井沿边，碑原在西沟北楼（又名西楼）山脚下，修井时群众运回修井沿了。碑分额身两部，实为一体，碑头圆形，周刻卷云纹，碑高 115、宽 60、厚 10 厘米。额上无字，碑文 12 行，满行 22 字，碑残为两段，字迹半数磨灭不清，碑文如下（图版八〇）：

万历二年季春之吉，总督都蓟辽保定等处军务兼理粮饷、
都察院右都御史兼兵部右侍郎潍县刘应节。整饬蓟州
等处边备兼巡抚顺天等府地方、都察院右副都御史肤
施杨兆。巡按直隶监察御史平度王湘。整饬蓟州等处地
方兵备、山西布政使司右参议兼佥事□阳王之弼。总理
□□□务镇守蓟州永平山海等处地方总兵官中军都□
□□□凤阳戚继光。协守东路副总兵□□前史宸。
□……□徐枝。抚院中军原任游击阳和
□……□经分守太平寨等外地
方□……□等处地方、武举指挥渔阳□
诏修工、大宁统领宁山春班都司金伍□□□宁山营中
军官兼中部千总臧绍宗。督工把总□□□□。

（七九）明长城阅视碑

位于第十五测区迁西县崔家堡乡榆木岭村农民家中。碑为圆头，上半部和左下角残。碑周刻缠枝花叶纹。碑存长 65、宽 58、厚约 12 厘米。残文字迹清晰，计 13 行。现录文于后（图版八一）：

□□□□□督蓟辽保定等处军务兼理□□
□□□□□□兵部右侍郎潍县刘应节。整□□
□□□□顺天等府地方都察院右副都御史□
□□□□监察御史平度王湘。整饰蓟州等处地
□□□□政使司右参议兼佥事泾阳王之弼。总理
□□□□守蓟州永平山海等处地方总兵官、中军
□□□□督凤阳戚继光。协守东路副总兵官舆前史
□□□原任参将山海徐枝。抚院中军、原任游击阳
□□□蓟镇中军都司海门崔经。分守太平寨等处
□□□都王禄。守备榆木等处地方、武举指挥渔阳
□□□、大宁统领宁山春班，都司金吾、刘良魁。宁山营
□□□绍宗。督工千总胡瀚。把总严希尧、高楫。
鼎建。

（八〇）明隆庆六年（1572 年）重修九九庙碑记[①]

此碑位于第十五测区崔家堡乡榆木岭村王姓家的井台上，原立于庙中。碑为长方圆头，碑周刻缠

① 此庙名“九九”庙。

枝花叶纹，顶中阴刻龙纹。碑高120、宽62、厚12厘米。碑文20行，现录文于后（图版八二）：

重修九九庙碑记

皇朝立国，依险必择形胜之地，以为控制夷狄之所，而又随地建庙立祠，凡以壮雄图，而保斯□□□□

阴扶默相之征权也。榆木岭关之设，东邻擦崖，西拱三屯，南接太平，北连喜董，长城之险莫□□□□

要地也。昔设以提戎，今加以守府，建议者岂非以其地之重宠，以望之尊也哉。关西一里许为□□□□

道旁有嵯峨一丘，实为天作，其峰峦叠翠，岭势盘环，蓄秀含灵，古创一庙。向南则玉帝焉，向东□天仙

焉，但制度偏小，规模狭隘，不足以展崇之意。前人官此急公者或敬而远之，视以为末务，而□暇焉。

私者或亵而渎之藐，以为无益，而不行焉。抑岂知人心之敬，有所应，而神灵之感，有所待，而□耶。隆庆

辛未渔阳王君丽山以武科之英，膺督抚之命，改今御，而莅兹土，至则瞻拜，心欲改作，以时□修守为

急，沿边创建敌台数座，既已，雄镇边方，而外夷不敢萌窥伺之心矣。仍于修守之暇，阴积□□默运其

□□厥旧而更新之，于面南者，旧止一间，今辟而为三，又加以抱厦卷棚以广充拓焉。以□东者旧，亦

一间，今改而为一大间，复添一穿廊，以便瞻拜焉。是以材不乏用，而人不告劳，规模宏□，墙垣高厚，庙□

貌聿新，诚足以为一方之胜，概往来之观瞻，而能使四境之敬畏奉承也。朱夫子曰，治民事神，固学者

事然，必学之已成，而后可以仕，以行其学，若初未尝学而使之仕，其不至于慢神而虐民者，几希矣。丽山

继世胄之彦，痛先考之亡，竭慈侍之，养乃能刻苦卓立，巍掇武科，且勤厉修筑边墙，使之巩固而壮丽，

冠诸路，则治于人者备矣。协助工材庙宇，使之恢宏而金碧，加诸昔则事于神者诚矣。吾知治人备者，

人必归之，事神诚者，神必福之，幽明感格禄位，是保其必柱石之任，同边防皇□之巩固，金紫之传，其

庙貌百世之不迁矣。是之谓，昔人创造垂后之深意，而丽山重整承先之光也，呜呼伟哉谨记

大明隆庆陆年岁次壬申仲秋吉日立

赐进士出身山东参议，渔阳双坡莫瑢撰。

钦差分守太平寨等处地方、参将渔阳署都指挥佥事杨秉中。

钦依守备榆木岭等处地方、以都指挥体统行事渔阳武举指挥佥事王□□。

本关石匠蔺甫荣镌刻。

（八一）烂柴沟寨石门额

现为第十五测区迁西县阑城沟董瑢斌家一石门额，原嵌于城门上，年代为明。石匾额长方形，长44、宽32、厚约10厘米。碑文竖行两行，大字双钩，文为（图版八三）：

烂柴沟寨。

（八二）明隆庆五年（1571年）残碑

碑存于第十五测区迁西县榆木岭村胡山家门前井台上。碑头为圆形，高65、宽63、厚12厘米。由于在井台上长期磨损，只存碑文2行，现录残文①（图版八四）：

隆庆五年孟□之吉

□兵部右侍郎□□□□

（以下文字不存）

（八三）明"天限华夷"摩崖石刻

位于第十五测区城子岭东北黑山口的一个崖面上，高140、宽70厘米。上有竖行大字4个，文曰"天限华夷"，右下刻小字"都门周文炳题"。大字径35、小字径10厘米。推其时代为明（图版八五）。

（八四）明万历十五年（1587年）春防长城阅视碑

镶嵌在第十五测区迁西县大岭寨擦崖子台44号敌台内墙上，碑宽65、通高136厘米。该碑额身为一体，碑额上为圆形，周为云纹，字迹清楚，保存完好。碑文阴刻，共15行，每行9～24字，全文为（图版八六）：

名垂千古

万历十五年丁亥春防。

总督蓟辽保定等处军务兼理粮饷都察院右都御史、兵部尚书曲周王一鹗。整饬蓟州等处边备兼巡抚顺天等府地方、都察院右佥都御史重庆蹇达。巡按直隶监察御史，芮城任养心。巡关直隶监察御史聊城傅光宅。整饬蓟州等处兵备带管驿传、山西提刑按察司副史岷州朱衣。镇守蓟州永平山海等处地方总兵官、左军都督府都督同知张臣。协守蓟镇中路等处地方、分理练兵事务副总兵官都指挥北平葛绍忠。总督蓟辽保定军门、中军副总兵右军都督府都督佥事唐山张价。抚院标下中军、游击都指挥禭阳刘世桂。总镇中军都司、都指挥都门许大成。分守蓟镇太平寨等处地方、参将都指挥古檀郭铭。提调榆木岭等处地方、以都指挥体统行事指挥佥事茂山李节。中军指挥佥事关中高如松。管工千总指挥使关中吴秉懿。

① 碑头有"题名碑记"，系后人伪刻。

一司把总官关中卜梦麟。架梁千总叆阳刘尚义。把总蓟门栾
继武。开平王廷爵鼎建。

（八五）明万历三十七年（1609年）修筑擦崖子关住堡记事碑

此碑是收集品，原树碑地点不详。现存于第十五测区迁西县擦崖子城内刘刚家中。此碑宽64、高48厘米。碑文阴刻，共21行，每行字数7～24字，碑文录下（图版八七）：

万历三十七年岁次己酉春防，修筑擦崖子关住堡，一
等城工一十八丈，内□楼一座，周围一十二丈，拆城工
六丈，实修城工一十二丈，底阔一丈五尺，收顶一丈三
尺，高连垛口二丈五尺，以上二项共修城工一十八丈。
钦差总督蓟辽保定等处军务兼理粮饷经略御倭、都察院
右都御史、兼兵部尚书左侍郎王象乾。
钦差整饬蓟州等处边备兼巡抚顺天等府地方兵部尚书
□都察院右都御史刘四科。
巡按直隶监察御史李光辉。
钦差巡按直隶监察御史金明时。
钦差镇守蓟州永平山海等处地方兼备倭、总兵官右军都
督府都督王国栋。
钦差整饬蓟州等处地方兵备、带管驿传、山东布政司右参
议兼按察司佥事李芝芬。
钦差协守蓟镇中路等处地方、分理练兵事务副总兵官左
军都督府都督张国柱。
钦差分守蓟镇太平路等处地方、参将都指挥佥事郭有光。
钦差守备擦崖子关等处地方、以都指挥体统行事指挥陈策。
右部步援千总官署中军事高可进。
一司把总官百户李茂时。
二司把总官实授百户李旻　　鼎建。

（八六）明万历三十八年（1610年）修筑关堡记事碑

此碑现存于第十五测区迁西县擦崖子村王满家中，原树碑地点不详。碑长68、宽55厘米。碑文阴刻，字迹清楚，保存完好。碑文24行，每行字数4～22字，满行应为22字，全文抄录如下（图版八八）：

万历三十八年，岁次庚戌春防，修筑擦崖子关住堡，/一等
城工一十八丈，底阔一丈五尺，收顶一丈三尺，高连垛口
二丈五尺钦差总督蓟辽保定等处军务兼理粮饷、经略御倭、都察/院右都御史兼兵部尚书王象乾。
钦差整饬蓟州等处兵备兼巡抚顺天等府地方、都察院
右都御史兼兵部尚书刘四科。
钦差巡按直隶监察御史金明时。
巡按直隶监察御史乔允升。

钦差整饬密云等处兵备、带管蓟州道事兼管屯田驿传
海防、河南布政使司右参议兼按察司佥事张朴。
钦差镇守蓟州永平山海等处地方兼备倭、总兵官前军
都督府都督佥事王国栋。
钦差协守蓟镇中路等处地方、分理练兵事务副总兵官
左军都督府都督佥事张国柱。
钦差总督蓟辽保定军门、中军副总兵都督佥事张弘猷。
钦差顺天抚院、中军参将都指挥佥事朱天炜。
钦差总镇、中军都司都指挥佥事福亭竹。
钦差分守蓟镇太平路等处地方、参将都指挥郭有光。
钦依守备擦崖子关、以都指挥体统行事指挥佥事顾尚文。
太平路中军镇抚朱天爌。　管工旗牌甄肖、王亮。
步援千总榆林卫实授百户艾穆。
前司把总所镇抚吕应阳、边匠张山。
后司把总实授百户李旻、石匠高子成/鼎建。

（八七）明万历七年（1579年）长城阅视碑

此碑发现于第十五测区迁西县城子岭擦崖子台36号敌台南侧的山坡上，原树碑地址不详。碑身已残，缺左下角，周刻云纹。现存碑身通高111、宽64厘米。碑文阴刻，只13行，满行26字，录文如下（图版八九）：

万历己卯季夏吉日，总督蓟辽保定等处军务兼理粮饷、都察院□
都御史兼兵部左侍郎真定梁梦龙。整饬蓟州等处边备兼巡抚顺
天等府地方都察院右佥都御史莱阳、张萝鲤。巡按直隶监察御史
江西豊城李栻。整饬蓟州等处地方兵备、带管驿传、山西布政使司
右参政兼按察司副使安□辛应乾。总理练兵事务兼镇守蓟州永
平山海等处地方总兵官、中军都督府左都督定远戚继光。协守蓟
州中路等处地方、分理练兵事务副总兵官都指挥佥事丰□□□。
总督蓟辽保定军门中军副总兵都指挥佥事山海徐枝。抚□□□
参将都指挥佥事古谷九泉。蓟镇中军都司署都指挥佥事□□
黄宗统。分守蓟州太平路等处地方、管理参将事游击将军□□□
挥佥事江西宁都卢述。抚院监督委官镇抚昆陵吴之□。□□□□
署指挥佥事古宜马建举。提调擦崖指挥渔阳矜□□□□□□
抚广川陈子成。管工千总古郢李大谏、把总千□□□。

（八八）明修城碑

此碑是搜集品，现存于第十五测区迁西县擦崖子城内王满家中，原树碑地址不详，可能原是镶嵌在墙体上的。该碑为小方碑，周刻线纹。碑高32、宽48.5厘米。镌刻粗糙，没有年款。碑文阴刻7行，每行5字，碑文如下（图版九〇）：

把总百户姜
鹏，分修城工
一十一丈二
尺，督工旗牌
李保子。泥水
匠头王信石。
匠头赵□学。

（八九）明修城碑

此碑是收集品，现存于第十五测区迁西县擦崖子城内王满家中，原树碑地址不详。碑高32、宽48厘米。碑文阴刻6行，每行6字，字迹清秀工整，碑文如下（图版九一）：

把总百户傅柱
熊。分修城工一
十二丈五尺，督
工号头谢三三。
泥水匠头靳歪。
头石匠头张八。

（九〇）戳记印文砖

位于第十五测区迁西县城子岭擦崖子台36号楼体东墙上，文曰（图版九二）：

万历七年春主兵造

（九一）明嘉靖八年（1529年）鹰窝崖朝阳洞门额摩崖

此碑现镶嵌在第十六测区迁安县马井子村南山坡“老君堂”南门上。该匾呈“ ”形，碑文阴刻，全文如下（图版九三）：

鹰袭张桓
提调五重安等营把总直隶遵化卫指挥同知张深。
本关守关百户许堂、陶銮。
白羊峪守关千户陈锦。
管墩台官副千户白永昌。
提调擦崖子等关把总、遵化卫指挥佥事李堂。
管夜不收官、百户陈雷。
擦崖子守关百户田俊。
鹰窝崖朝阳洞
云游到此引山僧人自然、陈友。本关发心创立修造信官许堂、信士林。
阴阳严凤、木匠丘奉□、吴朝。泥水匠许和。
集会牛具周山、周林、王宝、何朋举、邵仓卫、果崔山、朱茂、许隆、陈支荀、奉申锥、马俊、董成、杨奎、赵资、赵镇、刘震、王海、胡镇、赵臣。

本关住人刘震书。

大明嘉靖八年，岁次己丑三月拾玖日立。石匠周林镌。

（九二）明长城阅视碑

此碑发现于第十六测区迁安县马井子徐流口台152号楼内。四周刻云纹，碑文阴刻，残留文字如下（图版九四）：

蓟辽保定等处军务兼理粮饷、都察院右都御

史、兵部右侍郎肤施杨兆。整饬蓟州等处边备兼

顺天等府地方、都察院右副都御史曲周王一

鄂。直隶监察御史南昌刘良弼。总理练兵事务

□□蓟州永平山海等处地方、总兵官中军都督

兼镇守定远戚继光。整饬蓟州等处兵备、山西布

[政]□参政兼按察司副使安丘辛应乾。协守蓟

□□□□地方分理练兵事务副总兵官都指挥

□□□□宸分守太平寨等处地方管理参将事

□□□□□指挥佥事卢述。统领通津营春□

□□□□□都指挥佥事涿鹿徐槐。抚院标下委

□□□□□□指挥佥事庆郡钱宏。通津营督□

□□挥张彭龄□□□。

（九三）明长城阅视碑

此碑发现于第十六测区迁安县马井子徐流口台163号敌台外侧。碑现已残，四周饰云纹，碑文阴刻，残留文字如下（图版九五）：

□……□秋之吉总督蓟辽保定等处军务兼理

□……□侍郎兼都察院右佥都御史潍县刘应

节。□□等处边备兼巡抚顺天等府地方、都察

院右佥都御史肤施杨兆。巡按直隶兼察御史晋江

□□。巡按蓟辽等处兼监察御史仁和余希周。整饬

□□等处地方兵备、山西提刑按察副使仁和徐

□□。总理练兵兼镇守蓟州永平山海等处地方、总

兵官中军都督府右都督凤阳戚继光。军门中军原

任参将署都指挥佥事蓟州张爵。协守东路副总兵

官句容胡守仁。分守太平寨管参将事游击将军武

□杨秉中。定州游击将军杨州徐行。□官中仪中卫

□□黄大勋。督工千总孙虎。把总仇汝楫。

鼎建。

（九四）神威楼石门匾

现镶嵌在第十六测区迁安县白羊峪关西侧徐流口台132号敌台门上。文字阴刻，全文为（图版九六）：

游击将军张世忠题

神威楼

万历丙申仲夏吉立

（九五）明万历甲□石匾（残碑）

此碑发现于第十六测区迁安县白羊峪关以东徐流口台116号南侧山坡上。该碑四边无纹饰，碑文阴刻，残留文字如下①（图版九七）：

万历甲□

孟夏吉日旦

通津□□□

营建

（九六）冷口口门墙上文字砖和花砖

位于第十六测区冷口口门墙上。兹记录如下：

1. 字砖：长35、宽18厘米。上面粗刻文字两行，自右而左（图版九八，1）。

二十日收过一行

二[百]三十[步]

2. 戳记印文砖：长方形，长40、宽20、厚10厘米。上有“右三司”戳记（图版九八，2）。

3. 花砖：似为墙上射孔拱门砖，砖长30、宽20、厚10厘米。拱门形，上面和左右模印缠枝花纹（图版九八，3）。

（九七）重修真武庙碑记

位于第十六测区冷口关城西北角处。四周刻云纹，文字阴刻，全文如下（图版九九）：

重修真武庙碑记

冷口住城止正北□有

玄帝庙，肇自嘉靖三十三年，平谷徐公致中，提调是关，而建也。历时既久，风雨剥残，未免於倾圮漫漶者。

万历十五年春，蓟城徐公天爵。陞是地，下车后谒庙，见其废坏。喟然曰，神依人而享祀，人赖神而保安。

玄帝神之正而尊者也，城中素所崇奉，祈禳者，于斯盟誓者，于斯捍卫庇佑，无一不仰赖於神庥者。今庙

貌如此，何以妥其灵，而崇其祀乎。遂召乡耆瞿云辈，而谕以重修意，随捐己俸赀若干，又要古北路彭

① 万历后似为甲字。

公，遵化游兵营李公，又坐营管操官仇和等，各出赀来助云。又会乡人月织若干，既而总箅之资，用颇

集。足以赡工料之废，遂卜吉兴造，拓宇开基，斩山夷道，视旧之规模，颇以恢宏，而人乐于趋事，如子来

恐后数月间厥功成。神像庙貌焕然更新矣，无几公转李家谷，其钟楼僧舍，议而未及建者，不免于有

待。今岁初马公鉴，亦自蓟城陞是地，廉公之政绩，百废悉举，所新者不独一庙，不及为者限于时耳。遂

悉究之，又见庙之前，有石已磨，耆者因曰曷不镌而立之，命云来征文，是以不辞，而与之记。时

万历十八年，岁次庚寅孟夏穀旦。建昌营儒官王擢撰。浙江绍兴府余姚李篆。掾士张大经书。

（九八）明长城鼎建残碑

位于第十六测区迁安县徐流口台48号内，残留文字如下（图版一〇〇）：

□□□年，夏孟之吉□□

□□兵部左侍郎兼都察院右佥都御史宜黄□□

□□蓟州等处，边备□□□□等□□

□□佥都御史潍县刘应节。巡按直隶监察御史□□

□□整饬永平等□□备山东按察司副使□□

杨兆。总理练兵兼镇守蓟州等处地方、总兵官□□□

□□都督府凤阳戚继光。军门中军暴以□□

□□州东路副总兵官句容胡□□

□□燕河营等处地方、参将定远史纲。统领德州

□□原任□□武定□□□□□□府通判□□张文□□

□□州营中军指挥使□□□□□□千总指挥同知乐亭

□□。把总千户桂阳李惟芳。署把总田九成　　鼎建。

（九九）明隆庆五年（1571年）长城鼎建碑

此碑现存于第十六测区迁安县白羊峪关西侧徐流口台135号敌台内。碑四周刻云纹图案，文字阴刻。全文如下（图版一〇一）：

隆庆五年仲秋之吉，总督蓟辽保定等处军务兼理

粮饷、兵部右侍郎兼都察院右佥都御史潍县刘应

节。整饬蓟州等处边备兼巡抚顺天等府地方、都察

院右佥都御史肤施杨兆。巡按直隶监察御史晋江

苏士闰。巡按蓟辽等处监察御史仁和余希周。整饬

蓟州等处地方兵备、山西提刑按察司副使仁和徐

学古。总理练兵兼镇守蓟州永平山海等处地方、总

兵官中军都督府右都督凤阳戚继光。军门中军原
任参将署都指挥佥事滦川张爵。协守东路副总兵
官句容胡守仁。分守太平寨管参将事、游击将军武
定杨秉中。定州游击将军杨州徐行。委官中义中卫
经历黄大勋。管工把总 鼎建。
壬字四十四号。

（一〇〇）太平路、燕河路长城分界碑

此碑现砌于第十六测区迁安县长城体上，也就是徐流口台122号至133号之间的边墙上。碑四边刻云纹，文字阴刻，两块碑的文字如下：

西侧碑文（图版一〇二，1）：

中协太平路东界

东侧碑文（图版一〇二，2）：

东协燕河路西界

（一〇一）明迁安县河流口西山残碑

位于第十六测区迁安县河流口村西山徐流口台43号敌台内，发现残碑3块，原为一体：第一块为碑体右上部，存4行残文。第二块可能是右下角，存残字6行。第一、二两块似可连接，但中间也有残缺，碑文不能连贯。第三块为左边下半部。没有年款，推测年代为明。现将残文录下：

第一、二两块连接抄录（图版一〇三，1、2）：

钦差总督蓟辽保定等处军务兼理粮饷、经略御倭、兵部右侍郎兼都察院右佥□□□□□球
钦差整饬蓟州等处边备兼巡抚顺天等府地方、都察院右佥□□□□安性。
巡按直隶监察御□□□□史王象恒。
辽按直隶监□……□史董元儒
□……□府左都督王威
□……□户部郎中宋继登

第三块残文（图版一〇三，3）：

□……□左部千总□……□
□……□程右部千总武举石起
□□常狗儿 李进 孟冬 刘□汉
□□闫□□杜□信赵景安□□□
□正樊廷文□……□李□荣等
□春防，建昌营军□七百六十二
□建冷尖陀子，新号一百五号台，西空
□路见修新城头起，拆修一等砖边墙二
□丈四尺，底阔一丈七尺，收顶一丈四尺
□垛口二丈五尺。
□□□□吉旦立。

边匠张守昌赵湾等。

石匠郝满仓　吕少花等。

（一〇二）明万历三十五年（1607年）修建冷板台子一等边记事碑

此碑发现于第十六测区迁安县徐流口村西北转角楼内，镶嵌在楼内墙体上。碑高80、宽101、厚15厘米。碑文22行，每行字数不等。全文录下（图版一〇四）：

钦差总督蓟辽保定等处军务兼理粮饷、经略御倭、太子太保、兵部尚书兼都察院右副都御史蹇达

钦差整饬蓟州等处边备兼巡抚顺天等府地方、都察院右都御史、兵部右侍郎刘四科

钦差巡按直隶监察御史方大美

钦差巡按直隶监察御史王业弘

钦差镇守蓟州永平山海等处地方兼备倭、总兵官右军都督府都督佥事杜松

钦差总理永平等处粮储兼管屯种、户部郎中周御

钦差整饬永平等处兵备兼管屯田马政驿传海防、山东布政使司右参政兼按察司佥事应朝卿

钦差协守蓟镇东路等处地方、分理练兵事务副总兵官、后军都督府都督佥事胡承勋。

钦差分守蓟镇建昌路等处地方、参将署都指挥同知刘一藩

钦差统领蓟镇东路南兵营、游击将军署都指挥佥事沈弘猷

钦差河南都司军政佥书、统领蓟镇秋班署都指挥佥事董□

钦依守备冷口关等处地方、以都指挥体统行事指挥佥事左懋勋

督理工程中军兼左部千总、河南怀庆卫指挥佥事陈万荣

分理工程右部千总、河南彰德卫指挥使王捷

中部千总、河南宣武卫指挥佥事何国脉

万历三十五年秋防、客兵河南营官军、原蒙派修建冷板台、子七十四号台西空

起，至鸡林山七十六号台东空止，一等边墙八十六丈一尺。下用条石，上接

砖垒砌，底阔一丈六尺，收项一丈三尺，高连垛口二丈五尺。

万历三十五年，岁次丁未孟冬吉旦立

过匠王大儒等

石匠龚彦英等

（一〇三）明万历十五年（1587年）戳记砖文拓片

位于第十七测区卢龙刘家口东侧城墙上。砖长30、宽15、厚8厘米。在砖侧有长方形戳记印文，文曰（图版一〇五）：

万历十五年德州营右部造[①]

（一〇四）明万历九年（1581年）燕河修台记事残碑

此碑位于第十七测区卢龙县燕河营城北门。该碑已残，四周刻缠枝卷草纹，上部、左部未见边

① 说明重修刘家口关东侧堡城的具体时间，比水关门为晚。

框。残存最大碑高48、宽71厘米。碑文残存如下（图版一〇六）：

自此迤北，至敌
□三十一丈，敌
台周围四丈，台
□三十五丈，共
七十丈。万历九
年春防，建昌车
□都司朱寿千。
□□思戚栋。把
总徐为善、李思
恩、满思、諒萧俊。
□□张□祖。

（一〇五）明万历六年（1578年）重建刘家口关碑

此碑位于第十七测区卢龙县刘家口关水门楼内北墙壁上。保存完好，碑为方形，边长96厘米。字迹清晰，碑文15行，每行16字，最多18字，共240字。碑文如下（图版一〇七）：

万历六年，岁次戊寅，重建刘家口关。
钦差总督蓟辽保定等处军务兼理粮饷都察
院右都御史兼兵部左侍郎真定梁梦龙。
巡抚顺天等府地方都察院右佥都御史
同安陈道基。巡按直隶监察御史历城于
鲸。整饬永平等处兵备带管驿传、山东提
刑按察司副使南海陈万言。总理练兵事
务兼镇守蓟州永平山海等处地方、总兵
官中军都督府左都督定远戚继光。协守
蓟镇东路、分理练兵事务副总兵官都指
挥佥事定远孙朝梁。分守蓟州燕河营等
处地方、参将都指挥同知秀水陈文治。保
定营游击将军都指挥同知福山王维藩。
督工原任参将张惠。桃林口提调张维豆。
中军指挥徐国祯。把总苏继文、王廷禄立。

（一〇六）明万历四十七年（1619年）刘家营城残碑

此碑位于第十七测区卢龙县刘家营村的营城南门处。碑高54、宽73厘米。碑文已漫漶不清，据文推断当为明代修建营城时的记事碑。碑文如下（图版一〇八）：

□□按燕河路工迤东，除门（关）
□□修外，西接□□□□二十
七丈，有□□□□卫指挥佥

□……□总官李顺

□……□高忠正

□……□

万历己未夏，孟吉日立石。

（一〇七）明天启七年（1627年）桃林口城南门门匾

此碑位于第十七测区桃林口关城内（图版一〇九）。

镇虏门

钦差分镇山海桃林等处、清军查饷、乾清宫打卯牌子御马监、太监杨朝立。

天启七年岁次丁卯季夏吉旦

（一〇八）明万历十四年（1586年）修桃林口桥台碑

此碑位于第十七测区桃林口关城内。碑已残损，断为两截，中间有缺损，断处不能吻合，碑长103、宽56、厚14厘米。碑文不全，兹录残碑文如下（图版一一〇）：

新建河口桥台碑

钦差总督蓟辽保定等处军务兼理粮饷都察

院右都御史兼兵部左侍郎曲周王一鹗。

整饬蓟州等处边备兼巡抚顺天等府地

方、都察院右佥都御史重庆蹇达。巡按直

隶监察御史姑苏韩国祯。巡关直隶监察

御史东聊傅光宅。整饬永平等处兵备带

管驿传屯田马□山东布政使司右参政

兼按察司佥事□善叶梦熊。镇守蓟州永

平山海等处地方、总兵官左军都督府都

督同知关中张臣。协守蓟镇东路等处地

□……□

□地方、参将□□指挥佥事□□□□□。

统领蓟镇东路南兵营、游击将军署参将

事义乌龚子敬。河南都司、统领蓟镇秋班，

署都指挥佥事大同冯大恩。督管桥工，原

任提调陈泰。委官王君锡、林应朝。提调桃

林口等关、以都指挥佥事张旆。河南中军

指挥宣武夏胤。千总指挥彰德梁焕。管台

督工千把总丁云、金顺。管工把总吴大□、

秦大仁。

万历十四年十一月吉旦立。本路管工旗

牌李自然。

（一〇九）明嘉靖三十七年（1558 年）修边城记事碑

此碑镶嵌在第十七测区卢龙县水峪村水峪沟东侧城墙上。该碑镌刻粗糙，刻字大小不一，漫漶不清。碑头自右向左阴刻“兵备道”三字。碑高 36、宽 29 厘米。其碑文竖行共 12 行，每行字数不一，录文如下（图版一一一）：

兵备道

□□□兵备副使□……□

钦差建昌等处副总兵马□……□

钦差□□等处参将□……□

□□永平□知事，闫唐□……□

调东胜右卫指挥周□……□

□……□周□……□

□……□定正□谷□□

□山□□四□边城二十丈，底阔一丈，高连垛口

二丈五尺，□□□

□……□

瓦匠张不□赵□……□

嘉靖三十七年四月□□□日立。

（一一〇）明残碑三石

此碑位于第十七测区桃林口关城内，为三块残石，皆属碑的一角，似为一宽碑打碎后的残石，但文字不能连读，现分列录文于后：

残石一：长 33、宽 18、厚 10 厘米，文为（图版一一二，1）：

石上

连垛口

俾陆敬。

□伴年，乔道儿。

宋大库、史大刚。

残石二：长 23、宽 8、厚 10 厘米，文为（图版一一二，2）：

谷九野。

陈纪。

□桃，刘家。

残石三：长 38、宽 33、厚 10 厘米，文为（图版一一二，3）：

察御史冷宗睿。

察御史姚思仁。

兵官前军都督府都督尤继先。

屯种户部郎中李守真。

布政使司右布政使兼按察司佥事顾云程。

事务副总兵官都指挥麻承训。

参将署都指挥佥事杨□。

将军署都指挥佥事叶思忠。

都司署都指挥佥事胥应征。

□□体统行事指挥佥事柴登科。

复□。

（一一一）明万历四十一年（1613年）青山口修城碑

此碑现存于第十八测区抚宁县青山口城内赵振东的亲戚家中。碑为小方碑，高44、宽28、厚8厘米。碑文共6行，满行18字，原文录下（图版一一三）：

燕河路主兵千总永平卫中后所副千户张策。

一司把总山海卫冠带总旗、□□廉。二司把总

兴武卫所镇抚狄光光。督率本路军士三百八

名，南接德州营新修城头起，北至本路四十年

旧城头止，计工一十二丈三尺，合式如法通完。

万历四十一年七月吉日立。

（一一二）重修背牛顶寺记

此碑现散落于第十九测区背牛顶峰。碑现已残破，左上角和下部残缺，通高94、宽53厘米。碑文5行，每行35～10字。碑文录下（图版一一四）：

重修背牛顶寺记

重修背牛顶寺记

余观一统志，晋西有五台，燕东有五顶，皆名山也，背牛顶五项中之一山耳，北据茶盘山，壁

立千仞，其上□豁数十丈，形势若冠，浮气若云霞，亘横若虹霓，悬崖若鼓钟编磬。联络□□

若搏风之□□鹄峙，□一线之□可通，又峻极，非攀木梯不可登而上，故名背牛顶。□□

下，南视秦皇岛，波涛之□幻，万倾汪洋，□□

□千□□，举目可见山海城西北众山，□□□

□也。旧有古刹寺禅堂五间，年久无人修葺，倾圮不堪。其分镇山海参戎谷公，因□□□

石经其地，顾盼叹息不忍去，遂损资□□鸠

工，□其□□不堪，修□□如新，又创□□□

二座，中造大铜菩萨一尊，花枝石供一张，俾游观住居者有所□依，□□□□□□□

□，而兹山之奇观若有所□□□，肇工于万历十四年五月间，至本年八月中告成□□□。

记其事，刻之石，以传永久。余惟君子之政，不必专于法要，在适其宜。君子之教不必泥于

□□□□□□也盖得矣□□□□严密之时，众力喘息□□动虞牵触，公能素今□

□……□其心之所不愧者，而无求免于俗焉。斯其非见外之轻，而中有

□……□不可不记。□□□公讳承功，号东川，永平都指挥使云。

万历十九年秋七月望日

乡进士陕西□安尹□……□纪。

（一一三）明嘉靖四十五年（1566年）“巡抚明文”修边城记事碑

此碑发现于界岭口箭杆第十九测区石碑沟台70号楼西侧的墙体上。碑身四边不规整，近似椭圆形，长57、宽38、厚9厘米。碑文为（图版一一五）：

巡抚明文

永平游兵营前哨千总指挥

刘桐，分修界岭口提调下

地方佛儿谷墩东空，拆修

完边城一十二丈。

嘉靖四十五年秋季　立。

（一一四）万历八年（1580年）香山纪寿摩崖石刻

该刻石位于第十九测区抚宁梁家湾城（中桑峪堡）峪门口，地处界岭口东。刻石原应在香山顶上，现在已滚落至香山峰下的河沟内。幸而刻字大部留在地上，少部被河沙淤没，我们尽力挖掘始得全文。滚落河沟的刻石不止此一块，还发现了另外两块刻石，可惜后两块已被社员凿为石料运走出售了。原香山之上有庙宇。现在再看香山山石已支离破碎，岌岌可危。块块巨石都崩坍欲坠，人人身临山下不敢仰视。沧海桑田之变何其速矣？四百余年之变迁，庙宇不存，山石崩坍，整个香山已似碎石堆砌，并时刻有滑落的危险。

刻石文字内容是为明代爱国名将戚继光祝寿。这里记载戚继光的寿辰为十月朔（即初一），这为考证戚继光的出生年月日提供了可靠的依据。

摩崖刻石以径尺大字书写。笔法娟秀，苍劲有力。全文如下（图版一一六）：

香山纪寿

台头守张爵镌

万历庚辰十月

朔日，少保戚公

初度之辰，为东

征至台头。闽中

郭造卿称觞，因

游击李逢时当

此而品山川，可

与少保争奇，少

保当与山川敌

寿者也。

戏下俞锺书。

（一一五）明隆庆四年（1570年）长城阅视碑

此碑是征集品，现存于箭杆岭乡罗家沟罗玉珍家中，原树碑地点无考，应嵌在敌台内墙上。碑高47、宽85、厚15厘米。因自然和人为的损坏，大部分字迹模糊，无法辨认。碑文有满行26行，每行10字，又有末行只1~2字，碑文录下（图版一一七）：

隆庆四年，夏仲之吉。总督
蓟辽保定等处军务兼理
粮饷，兵部左侍郎兼都察
院右佥都御史宜黄谭纶。
整饬蓟州等处边备兼巡
抚顺天等府地方都察院
右佥都御史潍县刘应节。
巡按直隶监察御史高安
傅孟春。□□永平等处兵
□□□提刑按察司副使
□□□□总理练兵兼镇
□□□□□地方、总兵官
中军都督府右都督凤阳
戚[继][光]。□□□□暴以乎。
□□□□□□兵句容胡
□□□□□□原任参将
□□□□□□台头参将
□□□□□□□谷承功。
□□□□□贺□。守备界
岭□等处指挥涿州王轸。
□□□□委官原任参将
□□□□□山东领班都
司□□左卫郝府。中军登
州卫指挥吴江。东三部千
把总等[宣]办料专管修台，
中部把总□□□千户李
□。

（一一六）明万历三十二年（1604年）修城记事碑

此碑是搜集品，现存于第十九测区抚宁县杆岭乡罗家沟村罗文仁家。原树碑地点不详，应镶嵌在长城墙体上。碑已断为两块，字迹多漫漶不可认。碑体长50、宽37、厚10厘米。残文录下（图版一一八）：

德州营

左部二司城工起，至

右部一司止。分修二

等边墙四丈二尺六

寸，□□□□□□□

□□□□□□□□

□□□□□事宗□

□□□□□□□□

□□□□□□尚忠

管工旗牌徐□□

管工旗牌蔡□贤

万历三十二年，仲夏吉旦。

（一一七）明弘治十七年（1504年）重建天庆寺碑

碑存于第十九测区抚宁县双岭乡张黑石村东北耕地之中，保存完好，碑四面有字，除阳面外其他三面都是善男信女捐资修庙人名。阳面碑额篆书“三山重建古迹天庆禅寺碑铭”三行12字，两旁的花纹已漫漶不清。碑文阴刻楷书，共26行，满行48字，碑文录下（图版一一九）：

大明永平府抚宁县，茶盆山迤西黑石里、古迹天庆禅寺碑铭并序

祖庭西峰庵，参学门人广化释，清才述

窃闻刳木而舟，剡木而楫，以济不通，利涉川流也。况□佛圣古今不易之道，非特川流而可侔，戒定慧学难以舟楫，而可拟□

昭昭然，充塞于天地之间，若非上根利智者，体之则喻乎□面望望然莫能涯涘。故我

大觉世尊，恩覃三界，利济八荒，指陈因果，剖析玄微，俾人人俱造乎天理之极，而不沦溺于陷穽之中，乃见至人之心也。洪惟

大明圣主，尊居大位，富有天下山川之广，世界之宽，粤有地势形胜之处，山水清明之所辄，起重楼广殿。供奉

佛仙，令黔黎勤于香火，永臻福寿之域也。兹因抚宁艮方，有山俗称曰茶盆，乃京东之胜

迹。与五台山互为对峙，东抵山海，西

至界岭口关，皆此山之来脉也。其间梵社禅庵。郁然而建之。其山迤西有古寺基，久经兵燹，湮没无存。居僧见有舂器遗，其

书曰　大辽天庆间丛刹也。自我朝

洪武间，尝有僧继续未成丛席，自今弘冶十二年兴建，至十七年工毕。其处也，北枕藩篱万里山城之险设，南视黄崖千峰拥

翠以回环，东绕三山之秀，西临古寨之奇。中间形势清幽，元是梵宫旧地，春花秋叶若锦，络囊于青山碧草，乔松似烟，衾笼

于翠嶂。其主僧祖喜，乃抚宁之盛族，俗姓李氏，九岁离尘，礼本山地方寺悦公为师，侍立巾瓶，修习禅教，虽居童卯之年，察

言动间，于同例辈迥然出色。既长，师令礼龙泉宁公，得度。更其字曰满先。师尝婴疾，寝席污秽，每拂拭见其日新之。洁□

以为常，远近里俗，无不感叹其孝行，精诚动乎一方。师以病谢事，□以寺政付之，遂领略院事，越二十六年，偶因贼虏扰境，

边镇累似不容，喜公意欲他徙，里有擅越刘仲良，与一方信善辈共议曰，今有天庆古基虚席而迎请之，喜公早觉寺地民

侵，坚不就，仲良随举于县，县君李公海知其贤，召入衙累以嘉言谕之，稽考以山间田地界相，给以公帖，不可却，随应住持

之任。自尔之后，晓夕不敢怠惰，专以行道缉理为己任，先修丈室主其中，左辟斋厨，右建禅室，山门宾舍鼎新，蔬圃园林，次

序遐迩，高明一见而骇其心目。屡以晨钟夕梵，褒赞分明，祝

尧天巩固风清，祈臣庶家居道泰，祖深祖朗脱然感慨，无以自效。欲贞片石，铭其端於悠久，庶几为林下人之始末，用纪其□。

月焉。清才见闻，孤陋枉托，交游既允来情，不遑退让，故强述其铭　铭曰

刳刻舟楫　利济不通。能仁垂教　破彼迷封。

开明至理　普度群蒙。教传震旦　永远流通。

圣明启运　大阐玄风。名山路镇　形胜灵踪。

建宫建寺　唯广推崇。京左古迹天庆禅丛。

山明水秀

四绕奇峰。久经兵燹　废弛残崩。山僧

祖喜□愿修崇。鼎新革故　启造兴隆。

祖深祖朗　同侍悦翁。

门墙内外　竭力折衡。祁寒冒暑　雅志岩松。

让人退己　推喜惟恭。欲真珉琰　铭刻前功。

垂芳悠久　永祝

皇风。千邦沐化　万国呼嵩。

大明弘治十七年，岁次甲子孟夏月上旬日造立。西峰侍者大成书篆丹。镌匠杨德山、杨德玉。

（一一八）明长城阅视碑

此碑存于第二十测区抚宁拿子峪班少星家中。碑残，长93、宽59、厚13厘米。碑面磨损严重，字迹模糊不清。尚存19行，现录文于后（图版一二〇）：

钦差总督蓟辽保定等处、□□□□经略□都察院右都御史兵部左侍郎□□□

钦差整饬蓟州等处兼顺天等府地方、兵部右侍郎都察院右副都御史□□□

钦差巡按直隶监察御史马□□

巡按直隶监察御史高举

钦差总理永平□□粮储兼□□□□□□中李开□

钦差整饬永平等处兵备兼管屯田马政驿传海防、山东提刑按察副使□□□

钦差镇守蓟州永平山海等处兼管□□□□都督府□□同知王保

钦差总都蓟□□□军门、中军副总兵官都指挥高策

钦差□□标下中军、参将都指挥□□□

钦差□……□陈霞

□……□中军□□□

□……□方

□……□等处地方副总兵官□……□

□……□都指挥陈世禄

□……□等处地方一都指挥□……□宋□□

□……□中军真定□□延平

□□□武举□□□

真定□□千户曹□□

□□□□百户高□□

（以下碑文残）

（一一九）明万历二十六年（1598年）修边墙记事碑

此碑存于第二十测区抚宁拿子峪村农民班少星家，系早年从长城上移下。碑为长方形，长99、宽60、厚10厘米。由于长城自然和人为的磨损，字迹模糊不清，不能连读。碑四周阴刻缠枝卷草纹图案，计23行。现将残文录下（图版一二一）：

钦差总督蓟辽保定等处□……□邢介

钦差□……□顺天等府地方兵部左侍郎□……□御史李　□

钦差□……□

巡按直隶监察御史　　黄纪贤

钦差镇守蓟州□□□□等处地方□……□都督府□佥事尤继先

钦差　永平等处□……□中军黎方

钦差□□永平等处□□□屯田马政驿传海防、提刑按察司□[使]□□□

钦差镇守□□□□等处地方、分理练兵事务□□□后军都督府都督佥事□□□

钦差□□□保定□……□

□……□标下中军副□□□军都督府□州□□□□

钦差分守石门路等□……□

钦差镇守□……□信

钦差□□□□东路□□□都督佥事□□□

钦差□……□民兵营□□□署□□□□□□

□□□□□□□□□等处地方□……□

□……□侯□成

千户□□□

百户□□□

旗牌[李]　[禄]

泥水匠　满　仓

张应□

张　柱

□……□

一百八十五号台西空止

□……□一十四丈□尺

万历二十六年五月　日　吉旦

（一二〇）明万历二十三年（1595 年）修台墙记事碑

此碑存于第二十测区抚宁拿子峪村班少星家，系早年长城敌台中发现后移至家中。碑体长方形，四周刻卷云纹图案，左、右下角皆残，碑长 102、宽 20、厚 11 厘米。计 26 行，现录碑文于后（图版一二二）：

钦差总督蓟辽保定等处军务兼理粮饷经略御倭、都察院□……□

钦差整饬蓟州等处边备兼巡抚顺天等处地方、都察院□……□

钦差巡抚直隶监察御史□□□

巡抚直隶监察御史□□□

钦差总理永平等处粮储兼管屯田户部郎中李□□

钦差整饬永平等处兵备兼屯田马政驿传海防、山东提刑按察司副使方□□

钦差镇守蓟州永平山海等处地方兼管备倭、总兵官后军都督府都督□羊保

钦差总督蓟辽保定军门中军副总兵官都指挥佥事高□

钦差抚院标下中军副总兵、后军都督府都督佥事陶世臣

钦差□□□处地方、兵事□副总兵官都指挥佥事陈□

钦差□守□□中军都司□□□都指挥刘养□

钦差□□□□东路副总兵官。都督佥事骆尚□

钦差分守石门等处地方□……□佥事官□□

□依□□义院□关等处地方、以都指挥体统行事指挥佥事□一□

石门路管工中军高如松

□管修千总沈□□

把总赵梁

朱恩

王家相

□□□□□

常守爵

督工旗牌赵□

边石匠头□□□

石义拿子峪一百七十五号台西空，接新城头起，至一百七十六号台□□

边墙一十九丈五尺

万历二十三年五月

（一二一）明万历三十七年（1609年）修大安口二等砖边墙记事碑

此碑位于第二十测区抚宁拿子峪村宋启平家，原存于边墙上。碑长42、宽37、厚10厘米。碑周阴刻缠枝卷草纹。文字较清晰，计11行，现录文于后（图版一二三）：

德州营秋防，左部分修石义大安口二等砖边墙，

接保定墙头□□□□□□十八丈八尺七寸。

□□千总官□□□管修砌。

一司把总官　　□汝正。

二司把总官　　□承□。

□工□□二名，于几儿、于丑驴

□□二名，赵伙儿、□蛮儿。

泥水匠二名　霍文义、董唤儿。

砖窑匠二名　于正儿、□安住。

灰窑匠二名　录海儿、姜顽儿。

万历三十七年，九月　日吉旦立。

（一二二）明万历二十二年（1594年）修一等边墙记事碑

此碑现存于第二十测区抚宁拿子峪许庆才家中，原存于拿子峪附近的砖墙上。碑为长方形，左边残损。碑四周刻缠枝卷叶纹图案。碑存长48、宽37、厚8厘米，内文字9行，现将残文录后（图版一二四）：

□□□民兵营

□□千总百户

侯鸣凤。头司把

总百户徐显忠

自北迤南分修

一等边城九丈

督工旗牌宋□古

边石匠邢□笃

万历二十二年五月吉日立

（一二三）明石门路义院口建台碑

此碑位于第二十测区抚宁县义院口台41号敌台内。碑长101、宽66、厚16厘米。碑文漫漶不清，现将碑文录下（图版一二五）：

大明万历□□年秋防□石义□□修敌台一座

□……□都察院右都御史兼兵部右侍郎□……□

□……□地方都察院□□都御史□□□

□……□铧　州　刘　忠

□……□监察御史惠安刘　□

□……□屯田马政山东提刑按察司□□□□

□……□右军都督府都督同知□州张邦□

□……□官都指挥佥事凤阳彭□德

钦差分守□□□□游击管□□参将[事]署都指挥佥事□□陈□明

□……□都司右都指挥佥事北平马□□

提调义院口关等处地方署都指挥佥事关西呼□□

石门路中军官、武举镇抚梁自□

保定车营中军官、指挥张□芳

把总官　赵□

梁 □

刘 □

（一二四）明万历三十五年（1607年）修白草洼敌台碑

此碑位于第二十测区抚宁县义院口台46号敌台顶部西侧垛口墙上。碑体完好，中断为两段。碑长82、宽65、厚16厘米。碑文计20行，现录于下（图版一二六）：

万历三十五年秋防，保定骑营，修完石义白草洼东空，创修敌台一座，周围一十三丈，高连垛口三丈五尺

钦差总督蓟辽保定等处军务兼理粮饷、经略御倭、太子太保、兵部尚书兼都察院右副都御史重庆蹇达

钦差整饬蓟州等处边备兼巡府顺天等府地方、都察院右都御史兼兵部右侍郎泾阳刘四科

巡按直隶监察御史桐城方大美

钦差巡按直隶监察御史安丘王业弘

钦差镇守蓟州永平山海等处地方兼备倭、总兵官右军都督府都督佥事延安杜松

钦差整饬永平等处兵备兼管屯田马政驿传海防、山东布政使司右参政兼按察司佥事临海应朝卿

钦差协守蓟镇东路等处地方分理练兵事务副总兵官、后军都督府都督佥事潞州胡承勋

钦差分守石门路等处地方、参将署都指挥佥事平虏李芳春

钦差统领保定骑营、游击将军署、都指挥佥事瀛海贾志谊

钦依守备义院口关等处地方、以都指挥体统行事指挥佥事东胜李文光

保定骑营中军指挥同知吕钦

左部千总正千户王继光

右部千总指挥佥事李守印

把总百户石继志

把总武举官张门政

把总正千户苏应魁

把总正千户王继光

把总百户　刘迥

万历三十五年，岁次丁未季秋吉日。

（一二五）明万历三十五年（1607 年）秋防修二等边墙碑

此碑位于第二十测区抚宁县东厂峪义院口台 47 ~ 48 号敌台之间的墙体上部，现存马道上。碑长 37、宽 57、厚 8 厘米。计 7 行。现将碑文录下（图版一二七）：

万历三十五年秋防，德州营分修

二等边墙一段长一十二丈

八尺

中军指挥佥事一员梁善

把总千户三员陈永胤

刘显官

鼡（常）养廉

（一二六）明万历三十五年（1607 年）创修井儿峪敌台碑

此碑位于第二十测区抚宁县东厂峪义院口台 48 号敌台顶上。碑较大，长 86、宽 71、厚 10 厘米。碑文 5 行，字迹清晰。现将碑文录于下（图版一二八）：

万历三十五年秋防，德州营修完石义井儿峪创修敌台一座，周围一十二丈，高连垛口三丈五尺。

钦差总督蓟辽保定等处军务兼理粮饷、经略御倭、太子太保、兵部尚书兼都察院右副都御史重庆蹇达。

钦差整饬蓟州等处边备兼巡抚顺天等府地方都察院右都御史兼兵部右侍郎泾阳刘四科

巡按直隶监察御史桐城方大美

钦差巡按直隶监察御史安丘王业弘

钦差镇守蓟州永平山海等处地方兼备倭、总兵官右军都督府都督佥事延安杜松

钦差整饬永平等处兵备兼管屯田马政驿传海防、山东布政使右参政兼按察司佥事临海　应朝卿

钦差协守蓟镇东路等处地方分理练兵事务副总兵右军都督府都督佥事潞州胡承勋

钦差分守石门路等处地方、参将署都指挥佥事平□李芳春

钦差统领蓟镇德州秋班官军，游击将军署都指挥佥事山阴赵一元

钦依守备义院口关等处地方、以都指挥体统行事指挥佥事东胜李文光

德州营中军指挥佥事梁善

千总指挥佥事俞佩

把总副千户刘□□

万历三十五年，岁次丁未季秋吉日立

（一二七）明万历三十二年（1604 年）春防修苇子峪敌台记事碑

此碑位于第二十测区抚宁县义院口台 49 号东墙券门之上 0.9 米处，如一横额，碑四周用滚砖砌出方框。碑长 107、宽 71、厚 9 厘米。碑为青石制成，周刻双线边框，内刻云形纹，保存完好，字迹清晰，为明万历三十二年（1604 年）春防碑。碑文 21 行，现全文录下（图版一二九）：

万历三十二年春防，本路主兵修完，石义
苇子峪二百六号台东空敌台一座，周围
一十二丈，高连垛口三丈五尺
总督蓟辽保定等处军务兼理粮饷经略
御倭、都察院右都御史□兵部右侍郎重
庆□达整饬蓟州等处边备兼巡抚顺天
等府地方、都察院右副都御史泾阳刘四科
巡按直隶监察御史邵阳刘应龙。巡按
直隶监察御史华亭沈时来。镇守蓟州永
平山海等处地方兼备倭、总兵官前军都
督府都督同知榆林尤继先。整饬永平等
处兵备兼管屯田马政驿传海防、山东布
政使司左布政使兼按察司副使常熟顾
云程。协守蓟镇东路等处地方、分理练兵
事务副总兵官、带管石门路事后军都督
府都督佥事潞安胡承勋。守备义院口关
等处地方、以都指挥体统行事指挥佥事
岢岚宋阳绪。管工黄土岭把总百户涿鹿
袁承文。大毛山把总千户应袭济南胡宗
胤义院口把总指挥金吾杨国权
万历三十二年，岁次申辰仲夏吉旦立

（一二八）明万历二十二年（1594年）修苇子峪墙台记事碑

此碑位于第二十测区抚宁县车厂峪义院口台51号敌台南墙石券门顶上。碑长100、宽70、厚12厘米。碑文21行，字迹多漫漶不清，但有较明确的年代。现将碑文录后（图版一三〇）：

万历二十年，□……□修完石义
苇子峪□……□敌台一座，周围
一十二丈，高□……□尺□……□
总督蓟辽保定□……□兼理粮饷经略
御倭□……□兵部右侍郎□
庆蹇[历]□……□兼巡抚顺天
等府地□……□右副都御史泾阳刘四
科巡按直隶□……□巡按刘应龙巡按
直隶监察御史□……□州永
平山海等处地方□备倭总兵官□军都
督府都督同□……□
处□……□兼管屯田马政驿传□……□
□……□左布政使，兼按察司副使常□……□

□……□协守蓟镇东各等处地方、分理练兵
事务副总兵官兼管石门路事、后军都督
府都督佥事潞安胡承勋。守备义院口关
等处地方、以都指挥体统行事指挥佥事
苛岚宋□□。管工步□千总武举永清[林]
尚武。前□把总旗永□郭三省。后□把
总千□永平张世功。
万历二十二年岁□□辰仲夏吉旦立

（一二九）明万历三十六年（1608年）真定车营右部二司修敌台碑

此碑位于第二十测区抚宁县车厂峪义院口台52号敌台顶部两头房之间的墙壁上。碑长74、宽49、厚17厘米。碑周阴刻缠枝花叶纹。碑文楷书7行，字迹清晰，现录文于后（图版一三一）：

真定标下车营，右部
二司把总官陈奕
芳，管修敌台一座
周围一十二丈，高
连垛口三丈五尺。
照式修完讫。
万历三十六年十月吉旦立

（一三〇）明万历三十六年（1608年）真定车营左部

此碑位于第二十测区抚宁县车厂峪义院口台53号敌台顶部东垛口墙上。碑长74、宽50、厚12厘米。计7行，碑体完整，字迹清晰，现录文于后（图版一三二）：

真定标下车营，左部
二司把总官马继
臣，管修敌台一座，
周围一十二丈，高
连垛口三丈五尺。
照式修完讫。
万历三十六年十月吉旦立

（一三一）明万历三十六年（1608年）修大窟窿石敌台碑

此碑位于第二十测区抚宁县义院口台55号敌台的楼顶东墙中间。碑长119、宽74、厚10厘米。碑周刻缠枝卷叶纹。碑体风化较甚，字迹漫漶不清，计14行，但基本又可释出全文（图版一三三）：

大明万历三十六年秋防，德州营修完石义大窟窿石敌台一座，周围一十二丈，下根
基石条五层，上接砌砖修，高连垛口叁丈五尺，上盖望亭三间，下盖铺房三间。
钦差整饬蓟州等处边备兼巡抚顺天等府地方、都察院右都御史兼兵部右侍郎泾阳刘四科。

巡按直隶监察御史桐城方大美。

钦差巡按直隶监察御史内黄□□。

署永平道事直隶永平府知府襄陵高邦佐。

钦差镇守蓟州永平山海等处地方兼备倭、总兵官中军都督府都督佥事蔚州马栋。

钦差协守蓟镇东路等处地方、分理练兵事务副总兵官都指挥佥事宣府黄诚。

钦差分守石门路等处地方、参将署都指挥佥事太仓李裕□。

钦差统领蓟镇德州秋班官军、游击将军署都指挥佥事真定葛盛。

钦依守备义院口关等处地方、以都指挥体统行事指挥佥事东胜李文光。

中部千总正千户马应元修砌。

泥水匠王呆砚　李建同

万历三十六年九月吉旦立

（一三二）明万历三十六年（1608 年）秋防修石义青山顶敌台碑

此碑位于第二十测区抚宁县车厂峪义院口台 56 号敌台的楼顶两头房之间的垛口墙上，现已移位于顶面。碑长 92、宽 76、厚 10 厘米。碑周刻缠枝花叶纹。碑体保存较好，字迹清晰，计 15 行。现录文于后（图版一三四）：

大明万历三十六年秋防，德州营修完石义青山顶敌台一座，周围一十二丈，下根基石条

五层，上接砌砖修，高连垛口三丈五尺，上盖望亭三间，下盖铺房三间。

钦差整饬蓟州等处边备兼巡抚顺天等府地方、都察院右都御史兼兵部右侍郎泾阳刘四科

巡按直隶兼察御史桐城方大美

钦差巡按直隶监察御史内黄黄吉士

署永平道事、直隶永平府知府襄陵高邦左

钦差镇守蓟州永平山海等处地方兼备倭、总兵官左军都督府都督佥事蔚州马栋

钦差协守蓟镇东路等处地方、分理练兵事务副总兵官都督指挥佥事宣府黄钺

钦差分守石门路等处地方、参将署都指挥佥事太仓季裕徵

钦差统领蓟镇德州秋班官军、游击将军署都指挥佥事真定葛鸣盛

钦依守备义院口关等处地方、以都指挥体统行事指挥佥事东胜李文光

左部千总正千户马应元修砌

泥水匠　王呆儿　李黑司

石匠　　张黄头　臧成儿

万历三十六年九月吉旦立

（一三三）明万历三十六年（1608 年）修石义断虏岭敌台碑

此碑位于第二十测区抚宁板厂峪义院口台 57 号敌台顶部东垛口墙内，现落于地面上。碑周刻缠枝花叶纹，长 91、宽 73、厚 9.8 厘米。字迹较清晰，计 15 行。现录文于后（图版一三五）：

大明万历三十六年秋防，德州营修完石义断虏岭敌台一座周围一十二丈，下根基石条

五层，上接砌砖，高连垛口三丈五尺，上盖望亭三间，下盖铺房三间。

钦差整饬蓟州等处边备兼巡抚顺天等府地方、都察院右都御史兼兵部右侍郎泾阳刘四科

巡按直隶兼察御史桐城方大美
钦差巡按直隶监察御史内黄黄吉士
署永平道事直隶永平府知府襄陵高邦佐
钦差镇守蓟州永平山海等处地方兼备倭、总兵官都督府都督佥事蔚州马栋
钦差协守蓟镇东路等处地方、分理练兵事务副总兵官都督指挥佥事宣府黄钺
钦差分守石门路等处地方、参将署都指挥佥事太仓季裕徵
钦差统领蓟镇德州秋班官军、游击将军署都指挥佥事真定葛鸣盛
钦依守备义院口关等处地方、以都指挥体统行事指挥佥事东胜李文光
署右部千总百户王汝正管修砌
泥水匠　□都儿、王奴□
石　匠　孙丑马、□旺儿
万历三十六年九月吉　立

（一三四）明万历三十六年（1608年）修完青石山二等边墙碑

此碑位于第二十测区抚宁县车厂峪义院口台58号敌台南58米墙体马道砖垛口墙上。碑为青石质，刻缠枝花叶纹，碑长67、宽40、厚10厘米。字迹清晰，计7行，53字。现录文于后（图版一三六）：

真定标下车营，左部
头司把总官郭矿。
管修青石山敌台
西空，本台根起，二
等边墙一十丈六
尺，照式修完讫。
万历三十六年十月吉旦立

（一三五）明万历三十六年（1608年）左部二司修建二等边墙碑

此碑位于第二十测区抚宁县车厂峪义院口台58号敌台南53米处垛口墙上。碑为青石质，四周为滚砖方框，刻缠枝花叶纹。碑长39、宽38、厚9厘米。碑文字迹清晰，阴刻6行，64字。现据碑石录文于后（图版一三七）：

秋防，德州营左部二司，修完二等边墙，东接真
定营新城头起五丈九尺四寸。
左部二司把总百户陈永胤管修砌。
泥水匠　霍文义、
　　　　董唤田。
万历三十六年九月吉旦

（一三六）明万历三十六年（1608年）右部二司修完二等边墙碑

此碑位于第二十测区抚宁县车厂峪义院口台58号敌台南70米处垛口墙上。碑青石质，周刻缠枝花草纹。碑长38、宽32、厚8厘米。字迹清晰，计6行，64字。现将碑文录后（图版一三八）：

秋防，德州营右部二司，修完二等边
墙，东接本营中部新城头起，五丈九
尺三寸。
右部二司把总百户胡臣夏管修砌。
泥水匠　韩都儿、
　　　　王奴婢。
万历三十六年九月吉旦

（一三七）明万历三十六年（1608年）真定车营右部头司修敌台记事碑

此碑位于第二十测区抚宁县车厂峪义院口台54号敌台顶部两头房中间墙体上。碑周刻缠枝花叶纹。碑长69、宽47、厚11厘米。上刻文字7行，字迹清晰。现将碑文录于下（图版一三九）：

真定标下车营，右部
头司把总官张烨。
管修敌台一座，周
围一十二丈，高连
垛口三丈五尺，照
式修完讫。
万历三十六年十月吉旦立

（一三八）明万历三十二年（1604年）春防主兵修苇子峪敌台碑

此碑位于第二十测区抚宁县车厂峪义院口台59号楼内。碑体保存完好，周刻缠枝花草纹。长方形，碑长103、宽68、厚12厘米。文字规范清秀，计21行。现将碑文录后（图版一四〇）：

万历三十二年春防，本路主兵修完石义
苇子峪二百六号台东空，敌台一座，周围
一十二丈，高连垛口三丈五尺。
总督蓟辽保定等处军务兼理粮饷经略
御倭都察院右都御史兼兵部右侍郎重
庆蹇达。整饬蓟州等处边备兼巡抚顺天
等府地方、都察院右副都御史泾阳刘四
科。巡按直隶监察御史邵阳刘应龙。巡按
直隶监察御史华亭沈时来。镇守蓟州永
平山海等处地方兼务倭、总兵官前军都
督府都督同知榆林尤继先。整饬永平等
处兵备兼管屯田马政驿传海防、山东布
政使司左布政使兼按察司副使常熟顾
云程。协守蓟镇东路等处地方、分理练兵
事务副总兵官带管石门路事、后军都督
府都督佥事潞安胡承勋。守备义院口关

等处地方以都指挥体统行事指挥佥事
岢岚宋汤绪。管工黄土岭把总百户涿鹿
袁承文。大毛山把总千户应袭济南胡宗
胤，义院口把指挥金吾杨国权。
万历三十二年岁次甲辰仲夏吉旦立

（一三九）明万历二十九年（1601年）建台碑

此碑位于第二十测区抚宁县车厂峪义院口台60号敌台顶部垛口墙上。碑周用滚砖砌出边框，刻缠枝草叶纹。碑长79、宽60、厚10厘米。碑文字迹保存欠佳，漫漶不清，计17行。现将残存碑文录于后（图版一四一）：

德州秋防□营修台一，赵郎谷，周□□□尺，高连垛口□丈□尺，厂□□间。
钦差总都蓟辽保定□……□兼理粮饷经略□……□都督巡抚兼兵部□□□王□□。
钦差整饬蓟州等处□……□都察院右□都御史王邦□
钦差巡按□□□□御史□□。
钦差整饬永平等处　屯田马政驿传海防、□□□□□□按察司佥事王编。
钦差镇守蓟州永平山海等处地方备倭、总兵官左军都督府左都督萧知薰。
钦差协守蓟镇东路等处地方、分理练兵事务副总兵官都指挥佥事刘孔胤。
钦差分守蓟州石门路等处地方、参将署都指挥佥事顾廷相。
钦差□领蓟镇德州营秋班官□……□游击将军署都指挥佥事李承勋。
□□□义院口关等处地方、以都指挥体统行事指挥佥事王藩。
中军指挥佥事梁义。
□□□□把总厉□□。
□□□□□把总□□□。
□□□□把总□□□
泥水匠□□□。
□匠□□□。
万历二十九年十月　日吉旦立

（一四〇）真定民兵营春防修平山顶、牡丹花东顶、牡丹花顶、上无梁东顶四座二等空心敌台记事碑

此碑位于第二十测区抚宁县车厂峪义院口台64号敌台顶两头房中间的墙上。碑周用滚砖镶长方边框，框中嵌石碑，碑周阴刻缠枝花叶纹一周。碑长91、宽62、厚13厘米。碑面光整，字迹清晰，计27行。现录于后（图版一四二）：

真定民兵营春防，派修石义新展平山顶、牡丹花东顶、牡丹花顶、上
无梁东顶，贰等空心敌台肆座，每座底阔周围壹拾肆丈，收顶壹拾
叁丈，高连垛口叁丈伍尺，上盖坐贰破叁望厅叁间。
钦差总督蓟辽保定等处军务兼理粮饷经略御倭、兵部左侍郎兼都察院右佥都御史汪可受。
钦差整饬蓟州等处边备兼巡抚顺天等府地方、都察院右佥都御史刘曰梧。

钦差巡按直隶监察御史潘汝祯。

巡按直隶监察御史王象恒。

钦差整饬永平等处兵备兼管屯田马政驿传海防山东按察司副使刘泽深。

钦差镇守蓟州永平山海等处地方兼备倭、总兵官中军都督府都督佥事朱国良。

钦差协守蓟镇东路等处地方、分理练兵事务副总兵官都指挥佥事杨茂春。

钦差分守蓟镇石门路等处地方、副总兵官参将事都指挥佥事任自谦。

钦差统理（领）真定等处民兵营、游击将军署都指挥佥事宋镇虏。

署义院口关守备事、石门路中军千户陈学忠。

中军指挥同知刘国柱。

管办料千总官贰员，

左哨千总百户胡栋。

右哨千总百户陈祚。

管修砌把总官肆员，

左哨头司把总百户朱□。

二司把总百户刘宜春。

右哨头司把总武举杨四维。

贰司把总正千户李大器。

石匠头肆名

曹计甫、张尚业、赵名文、赵崇德。

泥水匠头肆名

王国太、许只春、侯名冬、孟国祯。

万历肆拾陆年闰肆月　日吉旦立

（一四一）明万历四十六年（1618 年）真定民兵营春防修上无梁顶贰等敌台碑

此碑位于第二十测区抚宁县车厂峪义院口台 68 号敌台顶南垛口墙中部。碑周用滚砖镶边框，刻缠枝草叶纹。碑体长 60、宽 40、厚 10 厘米。碑面字迹自然腐蚀，但清晰可见，计 11 行。现将碑文录于下（图版一四三）：

真定民兵营春防，派修石义新展上无

梁东顶，贰等空心敌台壹座，底阔周围

壹拾肆丈，收顶壹拾叁丈，高连垛口

叁丈伍尺。上盖座贰破叁望厅叁间。

管修砌

右哨二司把总正千户李大器。

石匠头

赵□德。

泥水匠

孟国。

万历四十六年闰四月　日吉旦

（一四二）明万历四十年（1612 年）二等修边城记事碑

此碑镶嵌在第二十测区抚宁县板厂峪义院口台 134 ~ 135 号楼之间长城内侧的墙体上。碑高 47、宽 69 厘米。碑文录下（图版一四四）：

真定民兵营春防，修完二等边城，长
九丈三尺□□一丈五尺，垛口五尺。
分为四工，西接山头起，俞朝斗修头
工，张维翰修二工，张振武修三工，陈
三策修四工，接口山头止。
中军官百户 刘大臣。
千总官指挥 □国柱、刘□□。
督工把总官 陈三箣、
俞朝斗、
张维翰、
张振武。
督工旗牌官 杜　降、
路　□。
石 匠　李思英。
泥 水 匠 侯鸣冬。
万历四十年五月　日仝立

（一四三）明万历五年（1577 年）修建窟窿山台记事碑

此碑位于第二十一测区板厂峪村以东黄土岭台 141 号楼内。碑额圆角，周阴刻单线圈边，中间阴刻云纹；碑身四周阴刻两条单线圈边，二单线中间刻缠枝花纹。碑通高 110、碑额高 19、碑身高 91、宽 59 厘米。碑文 13 行。录文如下（图版一四五）：

大明万历五年，季秋之吉，修完石义窟窿山台一座。
总督蓟辽保定等处军务兼理粮饷、都察院右都御史兼兵
部左侍郎关中杨兆。整饬蓟州等处边备兼巡抚顺天等府
地方、都察院右佥都御史同安陈道基。巡按直隶监察御史
德化蔡廷□。整饬永平等处兵备带管驿传、山东提刑按察
司副使南海陈万言。总理练兵事务兼镇守蓟州永平山海
等处地方、总兵官中军都督府左都督凤阳戚继光。总督军
门、中军、副总兵山海徐枝。协守东路副总兵官榆林孙明梁
抚院中军参将古北口谷九□。总理练兵中军都司金华黄宗。
□。分守石门路副总兵□□□拱立。统领蓟镇德州秋班官
军，游击将军署都指挥佥事□安尹湘。义院口提调永平刘
文瀚。本营中军指挥刘忠□。□官千总百户高元吉。把总千

户崔世显。管修台百总王安仝鼎建。

（一四四）明万历二十四年（1596 年）修台记事碑

此碑发现于第二十一测区抚宁县板厂峪黄土岭台 163 号楼内。碑已残破，碑头刻云纹。碑的尺寸已不可得。碑文残缺，可辨 19 行，字迹漫漶，极目辨识，仅录兹文（图版一四六）：

新建样台

钦[差]□……□

钦差□……□

钦差巡□……□

巡□……□

钦差巡□……□

钦差镇守蓟州永□……□

钦差总理永□……□

钦差总理永□……□

钦差整饬永平等处兵备兼□……□

钦差协守蓟州东路等处□……□

钦差总督蓟辽保定□……□

钦差巡抚直隶□……□中军□……□

钦□……□

钦□……□

钦□……□

钦差□理真定等处民兵营□□□□

钦依 守备义院口关等处地方□□

民□□□□□中

左□□□□

修完石义分界岭西[空]，一百二十九号□□。

万历二十四年六月/……

（一四五）明万历元年（1573 年）阅视碑

此碑现存第二十一测区抚宁县板厂峪黄土岭台 130 号楼内。碑已残损，左上角残缺，因石质不好，腐蚀剥落严重，碑文难以辨认。残存碑文 13 行，满行 20 字。碑文如下（图版一四七）：

万历元年九月阅视蓟辽保定等处边务、兵部右侍

郎兼都察院右佥御史歙县汪道昆。总督蓟辽保

定等处军务兼理粮饷、都察院右都御史兼兵部右

侍郎潍县刘应节。整饬蓟州等处边务兼巡抚顺天

等府地方、都察院右佥都御史肤施杨。兆巡按直隶

监察御史平度王湘。整饬永平等处兵备、山东按察

司副使潞安宋守约。总理练兵兼镇守蓟州等处地
方总兵官中军都督府右都督凤阳戚继光。协守东
路副总兵定远□纲。分守石门等处地方、参将署
都指挥佥事张掖张拱立。山东秋班都司定州刘沛。
□……□将张□……□蓟州
□……□知□……□中军
宋宾管料把。

（一四六）明万历二十三年（1595 年）修墙台记事碑

此碑位于第二十一测区抚宁县董家口黄土岭台 72 号楼内。碑头为半圆，纹饰已不清。碑通高 120、宽 58、厚 16 厘米。碑文阴刻，共 12 行，满行 33 字。碑文如下（图版一四八）：

大明万历二十三年秋防，德州营修完石□困闾峪七十八号台西空起，至西山□止。
拆修二等边墙四十丈，创修三等边墙五丈，敌台一座。
钦差总督蓟辽保定等处军务兼理粮饷经略御倭、都察院右都御史兼兵部右侍郎
余姚孙□。整饬蓟州等处边备兼巡抚顺天等府地方、都察院右副都御史余干
李頫。巡按直隶监察御史安邑陈遇文。巡按直隶监察御史贵州马文卿。整饬永
平等处兵备兼管屯田马政驿传海防、山东提刑按察司副使华亭方应选。镇守
蓟州永平山海等处地方兼管备倭、总兵官后军都督府都督同知榆林王保。协
守蓟镇东路等处地方、分理练兵事务副总兵官都指挥佥事大同陈霞。分守石
门路等处地方参将署都指挥佥事安东管一方。统领蓟镇德州秋班官军，游击
将军署都指挥佥事高山张栋。提调大毛山口关等处地方、以都指挥体统行事、
指挥佥事镇朔周应乾。德州营中军指挥使张三才。千总指挥佥事梁自售。把总
千百户向孟元、高平胡、聂承□、□应兆、张润、刘应魁仝建。

（一四七）修建城台碑记[①]

此碑位于第二十一测区抚宁县董家口黄土岭台 85 号楼内。碑的右上角缺残，分为碑额、身两部分，碑额上、左、右三面，外以双线内以单线圈边，二线中间刻绘缠枝花纹，正中部有“碑记”二字，字两侧饰云气纹，下以单线与碑身分开，碑身下、右、左三面，外双线内以单线圈边，二线中间饰以缠枝花纹。碑文 16 行，满行 21 字。录文如下（图版一四九）：

□□□□□，仲夏之吉，修完石大小水门五十五号台，
□□□□□四号烽，应建台一座。
□□蓟辽保定等处军务兼理粮饷、都察院右都御史
□兵部右侍郎真定梁梦龙。整饬蓟州等处边备兼巡
抚顺天等府地方、都察院右佥都御史同安陈道基。巡
按直隶监察御史历城于鲸。整饬永平等处地方兵备、

① 注：此碑因右上角缺损，年号不存。根据碑文中的官衔和官员的姓名推断，此碑文应是万历十一年（1583 年）以前戚继光主蓟时所做。

带管驿传、山东提刑按察司副使南海陈万言。总理练
兵事务兼镇守蓟州永平山海等处地方、总兵官中军
都督府左都督凤阳戚继光。总督蓟门中军副总兵山
□徐枝。协守东路副总兵官榆林孙朝梁。抚院中军参
将古北谷九皋。总理练兵中军都司金华黄宗统。分守
石门路副总兵甘州张拱立。真定标营参将定州胡懋
功。督委官原任参将遂平赵竭忠。提调官永康景良忠。
□□千总百户真定王如邦。把总百户保定辛大相。武
举镇抚武邑闫金皋。石匠耿周等。边匠田周等。木匠张
□□等。窑匠陈良增等。铁匠王志高等鼎建。

（一四八）明万历十四年（1586 年）修台碑记

此碑镶嵌在第二十一测区抚宁县董家口黄土岭台 73 号楼内墙壁上。碑刻保存较好，高 53、宽 98 厘米。碑文 19 行，每行字数不一。碑文如下（图版一五〇）：

钦差总督蓟辽保定等处军务兼理粮饷都察院右都御史兼兵部右侍郎王一鹗。
钦差整饬蓟州等处边备兼巡抚顺天等府都察院右佥都御史蹇达。
巡按直隶监察御史韩国祯。
钦差巡按直隶监察御史傅光宅。
钦差整饬永平等处兵备带管屯田马政、山东布政使司左参政兼按察司佥事叶梦熊。
钦差镇守蓟州永平山海等处地方、总兵官左军都督府都督同知张臣。
总督军门中军副总兵都督佥事张□。
钦差协守蓟镇东路等处地方、分理练兵事务副兵官都指挥杨绍勋。
抚院□军□□□□□世桂。
钦差分守石门路等处地方、参将都指挥佥事王□。
总□府中军□□□□许大诚。
钦差真定车营游击□军都指挥佥事董□□
钦依提调大毛山口关等处地方、以都指挥体统行事指挥佥事□□□。
石门路中军官武□……□
真定车营口中军武□……□
督工千总□……□
管工把总□□□□户□□□□
万历十四年季秋之吉，修□……□台壹座。

（一四九）明万历三十四年（1606 年）修大毛山长城记事碑

此碑镶嵌在第二十一测区抚宁县董家口测区黄土岭台 82 号楼内南壁上。右下角残缺，碑高 65、宽 65 厘米。碑文抄录如下（图版一五一）：

钦差统领真定标下车营游击将军署都指挥佥事□□□
钦依提调大毛山等处地方以都指挥体统行事署都指挥佥事刘裕□

真定标下车营，中军神武右卫百户刘应龙。

左部千总官、真定卫百户王来□。

左部千总官、定州卫百户杨世管。

左部头司把总、武举官郭旷。

左部二司把总、神武右卫百户马继臣。

右部头司把总、神武右卫百户王松寿。

右部二司把总、神武右卫副千户陈奕芳。

真定标下车营秋防，兵□修完石门路大毛山断虏

墩八十九号台起，至九十号台西空止，二等砖边

墙六十丈六尺，高连垛口二丈，底阔一丈六尺，收顶

一丈三尺。

万历三十四年□月　日立石

（一五〇）九门口台7号楼残碑

此碑发现于第二十二测区抚宁县九门口台7号楼内，仅存残碑一角，残文如下（图版一五二）：

□□□□□□□□□乔

□□□□□台，修边□□

□□□□修完边城

□□□□□□王立。

□□□□匠李不成学修□□□

□□□□□⊞士□□□□□□□。

（一五一）九门口台8号楼残碑

此碑发现于第二十二测区抚宁县九门口台8号楼内，仅存残碑一片。碑文如下（图版一五三）：

□□□□□处军务兼理粮饷、兵部左□

□□□□□饬蓟州等处边备兼巡□

□□□□□刘应节。巡按直隶□军御史

□□□□□□□整饬永平等处兵备、山

□□□□□镇守蓟州永等处地方、总兵官

□□□□□东路副总兵官句容胡守□。

□□□□□击将军宁远刘□。督工□□

□□□□□阳刘承恩。广宁宋承□□□□

□□□□□元陈夔

右　鼎建。

（一五二）明万历十七年（1589年）修边城碑

此碑在第二十二测区九门口关城内城东门城墙上。保存完好，字迹清晰，碑近方形，高42、宽48厘米。碑文如下（图版一五四）：

保定车营，把总武举官王度。
秋防，管修自把总于跃工接头
起，至圈城西角止，修完边城
长七丈六尺。
万历十七年十月　立

（一五三）明万历元年（1573 年）长城碑

此碑现藏于青龙县文保所，由山神庙乡东沟大尖洼山坡上收回，原树碑地点不详。碑的右上角和右下角各有残缺，分碑额和碑身两部分，中间以阴刻单线分开，碑额为半圆形，满刻卷云纹，碑周阴刻双线，中间饰云纹。碑通高 142、碑身高 109、宽 64、厚 16 厘米。阴刻碑文 13 行，满行 20 字，末行 19 字，末有“鼎建”二字，全文共 261 字。但字迹清楚。碑文录下（图版一五五）：

万历元年九月，阅视蓟辽保定等处边务。兵部右[侍]
郎兼都察院右佥都御史歙县汪道昆。总督蓟辽保
定等处军务兼理粮饷、都察院右都御史兼兵部右
侍郎潍县刘应节。整饬蓟州等处边备兼巡抚顺天
等府地方都察院右佥都御史肤施杨兆。巡按直隶
监察御史平度王湘。整饬永平等处兵备、山东按察
司副使潞安宋守约。总理练兵兼镇守蓟州等处地
方、总兵官中军都督府右都督凤阳戚继光。协守东
路副总兵官定远史纲。分守石门等处地方、参将署
都指挥佥事张掖张拱立。山东秋班都司定州刘沛。
提调同安陈忠。原任参将张爵、刘揖。听用游击蓟州
薛经。守备张沛。阅工卢龙知县峰县潘愚。管修中军
太嵩王一心。千总莱州刘注东。把总胶州魏荣儒。
鼎建。

（一五四）明隆庆三年（1569 年）长城鼎建碑

此碑原在擦崖子口正关门上，为青龙县文保所收集、保存。碑已碎为三块，青褐色，石质，高 90、宽 63、厚 12 厘米。字迹多数清楚，个别字有残缺。碑文 12 行，满行 21 字，末行 5 字，左下角有“鼎建”二字。全文如下（图版一五六）：

[隆][庆]三年夏孟之吉。总督蓟辽保定等处军务兼理粮
饷、兵部左侍郎兼都察院右佥都御史宜黄谭纶。整饬
蓟州等处边备兼巡抚顺天等府地方、都察院右佥都
御史潍县刘应节。巡按直隶监察御史汝阳房楠。巡按
直隶监察御史上饶周以敬。整饬蓟州等处地方兵备、
山西布政司右参政兼按察司佥事益都杨锦。总理练
兵兼镇守蓟州等处地方、总兵官中军都督府右都督
凤阳戚继光。军门中军大宁都司杭州暴以平。协守东

路副总兵官句容胡守仁。分守太平寨参将署都指挥
佥事凤阳罗瑞。原任游击将军定州高廷相。管工丰润
□典史吕子贤。蓟州卫经历柴澡擦崖子提调王杰。管
工委官陈忠 鼎建。

（一五五）明万历二十四年（1596年）修台记事碑

此碑原树在鲶鱼洞俗名车楼子的敌台外，现藏青龙县文保所。碑为青石质，通高114、宽57、厚10厘米。碑身上端没有巨大的碑头，只在碑身上方留有12厘米高的楣额，两边抹角，额间刻鳞纹饰。碑身四周刻双线圈边，双线内刻缠枝纹，中为碑文，碑文为（图版一五七）：

大明万历二十四年□夏月，建完敌台一座。
总督蓟辽保定等处军务兼理粮饷经略御倭、都察院右都御史兼兵
部左侍郎余姚孙□。整饬蓟州等处边备兼巡抚顺天等府地方、都察
院右副都御史龙津李颐。整饬永平等处兵备带管驿传屯田马政海
防、山东提刑按察司副使蒲城樊东谟。镇守蓟州永平山海等处地方
兼管备倭、总兵官后军都督府都督同知榆林王保。协守蓟镇东路等
处地方、分理练兵事务副总兵官都指挥云中陈霞。分守蓟镇燕河路
等处地方参将都指挥佥事崃州刘继本。□府入卫游击将军都指挥
范江。统领蓟镇德州□班官军，游击将军署都指挥佥事定兴薛论道。
提调青山口等处地方，□都指挥□统行事都指挥佥事潞阳焦时雍。德
州营中军卫，镇抚广川□绍祖。右部千总官广川王嘉宾。二司把总官
林棠、赵擢。督工旗牌□□锺桂。管队锺谷元。石匠张伦仝建。
本路架梁把总官崔□□、陈时忠。

（一五六）明万历四十四年（1616年）修二等边墙记事碑

此碑为青龙县文保所提供，原为定州营修边小方碑，应嵌在大马平村新城子边墙上的。碑体边长为38、厚9厘米。碑文楷书7行，满行8字，末行3字，共51字，碑文为（图版一五八）：

定州营右部，头司把
总官晏天福。万历四
十四年秋防，分修二
等砖边城八丈五尺。
督工旗牌马大祥，泥
水匠头靳歪头，石匠
头张八。

（一五七）明万历二十年（1592年）修盘道子敌台边墙记事碑

此碑文由青龙县文保所所长王云瑞同志提供，抄自其长城资料记录本。碑存于东椵树洼南坡长城北墙上，碑上文字风化严重，字迹多有不清。碑文曰：

万历二十年秋防，德州营修完石义盘道子，一百三十三号台，□
□空起，三等边墙七十九丈。
总督蓟辽保定等处军务兼理粮饷兵部右侍郎□□□□右佥
都御史□州□□□□□蓟州等处边备兼巡抚顺天等府地方、都
察院右佥都御史□□李颐。巡按直隶监察御史孟□□□□□巡
□……□永平□□□备带管驿传□……□
□……□按察司副使□□白带□□守蓟州永平山海□□□
等处地方、□□□军都督府都督同知□……□协守蓟镇
东路等处地方分理练兵事务总领蓟镇都指挥佥事凤阳□
□德分守石门路等处地方□……□指挥佥事大同
樊崇讳统领蓟镇东路□□游击将军署都指挥佥事□……□
□……□德州秋班官军游击将军署都指挥僉事真定□松
□守备义院口关等处地方□都指挥□统行事指挥同知□□
□……□/德州秋班官军游击将军署都指挥佥事真定□松
□守备义院口关等处地方□都指挥□统行事指挥同知□□
□□德州营中指挥史□三才□□□…李恩□梁自□□□
□把总千百户俞□□士胡、张其□王思、桑汝桂、刘□□等。

（一五八）明万历五年（1577年）长城鼎建碑

此碑原散落在青山口山上，可能原镶嵌在敌台内的墙壁上，现为宽城县文保所收集、保存。该碑已残断为三块，碑上端为半圆形的碑额，额饰阴刻卷云纹。碑身周刻双线圈边，两线中间饰缠枝纹。通高92、宽60、厚11厘米。右下角缺字，碑文阴刻，书写工整清秀，共15行，每行22字，15行后有“鼎建”二字，碑文全文为（图版一五九）：

万历丁丑，仲夏吉日。总督蓟辽保定等处军务兼理粮饷、
都察院右都御史兼兵部右侍郎肤施杨兆。整饬蓟州等
处边备兼巡抚顺天等府地方、都察院右佥都御史□□
王一鹗。巡按直隶监察御史南昌刘良弼。整饬蓟州等处
地方、兵备带管驿传、山西布政使司右参政兼按察司副
使安丘辛应乾。总理练兵事务兼镇守蓟州永平山海等
处地方、总兵官中军都督府左都督定远戚继光。协守蓟
州中路等处地方、分理练兵事务副总兵官都指挥佥事
丰润史宸。总督蓟辽保定军门中军副总兵都指挥佥事
山海徐枝。抚院中军参将都指挥佥事古檀谷九皋。蓟镇
中军都司义乌黄宗统。抚院标下委官听用协同署都指
挥佥事庆郡钱宏。分守太平寨等处地方、管理参将事游
击将军署都指挥佥事宁都卢述。提调榆木岭等处地方
署指挥佥事榆林王英。本路中军武举、署指挥佥事古宜

马建举。调度总委、千总百户暖阳周时祚。把总榆林潘仁
鼎建。

（一五九）明崇祯八年（1635年）拆修李家峪长城记事碑

此碑原可能镶嵌在墙体上，后因年久脱落散失，宽城县文保所发现于李家峪北山上，现藏宽城县文保所。碑为青石质，方形，高65、宽92、厚21厘米。此碑记载了当年山东春班左营来蓟镇修边的工程数量、质量，以及军队人数、管理施工的官员等，是长城记事碑中内容可贵的碑文之一，但因长时间散落，风侵雨蚀，碑石剥落，字迹多已漫漶不清，难以辨认。碑文共30行，每行字数不等，文字不清的则无法确指，全文抄录于后（图版一六〇）：

山东春班左营，崇祯八年分见来修工军二千三百一十五名，奉文派修喜峰口路李
家峪关□里□等处，拆修石边墙二百四十丈三尺六寸，又修二十一号□实心台一
座折工一十八丈，又修上年寄工一十九丈七尺五寸，共工二百七十八丈二尺。底阔
一丈五尺，收顶一丈一尺五寸，高连垛口一丈八尺，每台空盖更铺
三间，自二月十六日食粮兴修起，如法垒砌，纯灰灌抿，于六月十九日
修完□讫。
钦差监视蓟镇，中协粮饷，兵马边墙，抚赏事务，军门王□□。
钦差监视蓟镇，中协粮饷，兵马边墙、抚赏事务，太府杜□□。
督工太监　李□□。
关□□。
史□□。
钦差总督蓟辽保定等处军务兼理粮饷经略御倭、兵部右侍郎兼都察院右副都御史丁□□。
钦差整饬蓟州等处边备兼巡抚顺天等府地方、都察院右佥都御史、加俸一级张□□。
钦差总理蓟州等处粮储兼管屯种、户部主事徐□□。
钦差敕□蓟州等处兵备监军驿传饷务、山东提刑按察司副使崔□□。
钦差□□□遵化等处监军兵备兼管屯田清军督饷、河南布政使司右参议兼按察司□□王□□。
钦差镇守蓟镇永平山海等处地方、总兵官左军都督府都督同知杨□□。
钦差协守蓟镇中路等处地方、分理练兵事务副总兵都督赵□□。
钦差分守蓟镇喜峰路等处地方、副总兵官章□□。
钦依守备李家峪 关等处地方、都指挥体统行事指挥佥事陈。
钦差山东都司加升游击将军、统领春班左营官军署都指挥佥事王守义。
督工中军指挥一员　缪从正。
管工千总指挥五员　裴大生、刘□奇、
吴希□、唐文焞、
郑国彦。
管工把总三员 刘振基、杨梦鲤、张□武。
管工旗牢陆朝臣、丁方兴、陈有功、
吕尚科□□□

宫秉喜、张元增、韩月、张□□。

□边匠头孙光头、张国珍、□□□□□。

崇祯八年六月十九日□完讫。

（一六〇）明万历三十三年（1605年）秋防修台记事碑

此碑位于第二十测区抚宁县义院口台20号楼内。碑正面四周刻忍冬纹图案，碑长58、高45、厚7厘米。文字9行，字迹大部分漫漶不清，现将已识出文字录下①（图版一六一）：

秋防，德州营，分修石义□□一百八十一号台，西

□□□□伍□一十八丈□□十二，边墙一十□□

□尺四寸。

□……□中□……□使张三才

□……□魏调元。

□司□……□司把总千户谦

□……□百户□忠

□……□记。

□……□二奴□

万历三十三年孟冬吉□

（一六一）明万历十一年（1583年）修石门⿰足各一百四十四号台记事碑

此碑位于第二十测区抚宁县义院口台22号楼橹内，后被人移到楼下。碑为青石质，碑周刻卷云纹图案，碑长90、高70、厚12厘米。阴刻文字自右而左存16行，碑文为（图版一六二）：

大明万历十一年，季夏之吉，修守完石门□

边一百四十四号台一座。

总督蓟辽保定等处兼理粮饷、兵

部左侍郎兼都察院右佥都御史天津

周冰巡抚顺天等府地方都察院右佥

都御史闻喜星秀裳。巡按直隶监察御

史□同李□。整饬永平等处兵备带管

驿传、山东提刑按察司副使夷陵□

以仁。镇守蓟州永平山海等处地方、总

兵官中军都督府右都督□□□

总督军门中军副总兵官□……□

海徐枝协守东路□……□

抚院中军副总兵□……□

兵中军都司杭州□……□

游击官参将□……□

① 文字后半部记载多为人名。

调永平□……□

（下缺）

（一六二）明万历元年（1573年）长城阅视碑

此碑位于第二十测区抚宁县义院口台28号北墙体上。碑为花岗岩，右下角刻损。碑上部为圆头，碑额刻云纹，四周刻忍冬纹图案。碑高112、宽62、厚13厘米。文字楷书，自右而左竖刻13行，碑文为（图版一六三）：

万历元年九月，阅视蓟州保定等处边务，□□□□
□知都察院右佥都御史歙县汪边昆。都督蓟辽□
□……□兼理粮饷都察院右都御史兼兵部右
侍郎潍县刘应节。整饬蓟州等处边备兼巡抚顺天
等□地方、都察院右佥都御史肤施杨兆。巡按直隶
监察御史平度王湘。整饬永平等处兵备、山东按察
司副史潞安宋守□。总理练兵兼镇守蓟州等处地
方、总兵官中军都督府右都督凤阳戚继光。协守东
路副总兵官定远史□。分守石门等处地方、副总兵
官都指挥佥事张掖张拱立。大宁秋班都司、东安尹
□……□安、陈忠。管工原任参将张爵、张揖。原任游
□……□原任守备张沛。阅工卢龙县知县峄县
□愚。德州营□□总指挥马□才。把总李仙　鼎建。

此碑文首行年号漫漶、但可看出为万历，而不是隆庆，因隆庆元年戚继光未任蓟镇总兵官，所以只能以“万历元年”。

（一六三）明万历十一年（1583年）分修边墙界碑

此碑发现于第七测区墙子路台54号西侧水门洞墙体上。碑为花岗岩青石质，长68、宽45、厚12厘米。字体保存极差，文字漶漶不清，碑文为（图版一六四）：

山东□□分修，墙工二百五十丈北界。
钦差□□□分守墙子路、参将都指挥□。
钦差防守城□、大同□参将□。
钦差□……□
钦差□□山东□……□
□。
左部官□
中部官□。
右部官□。
管粮官□。
左部官□。
中部官□。

右部官□。

钦□。

万历拾壹年伍月□拾日立

（一六四）明万历四十年（1612年）长城碑

此碑镶嵌在抚宁县板厂峪第二十一测区黄土岭台134号的楼橹内墙上。碑高60、宽98厘米，碑文为（图版一六五）：

钦差总督蓟辽等处军务经略御倭、太子太保、兵部尚书王象乾。

钦差整饬蓟州兵备等处地方、巡抚顺天都察院都御史吴崇□。

钦差巡按直隶监察御史

巡按直隶监察御史汤兆京

钦差整饬永平等处兵备兼管屯田马政兼□察司佥事□之□。

钦差镇守蓟州永平山海等处地方兼备倭、总兵官都督□如□。

钦差协守东路等处地方、分理练兵事务副总兵都指挥刘孔□。

钦差分守石门路等处地方、参将□□□。

钦差　统理真定等处民兵营、游击将军□都指挥佥事□□□。

钦依守备义院口等处地方、以都指挥体统行事指挥佥事□藩。

真定民兵营中军百户刘大臣。

千总指挥同知□国柱。

指挥佥事　刘□性。

把总实授百户　陈三策。

俞朝斗。

张维翰。

张振武。

万历四十年五月　　　　日。

管工旗牌官 杜 □。

路　□。

石　匠　李思英。

泥水匠　候鸣冬。

木　匠　王存良。

仝立。

（一六五）明万历六年（1578年）砖文拓片

砖文发现于第三测区二道梁台28号内墙上，是用印模印于砖的侧面的一种戳记。周有长方边框，砖长32、厚8、宽18厘米，文为（图版一六六）：

万历六年墙子路造

（一六六）明万历十二年（1584年）砖文拓片

砖文发现于第二十三测区山海关东罗城。砖文戳记很多，据初步统计有11种之多，基本都是明万历十二年（1584 年）砖包城墙时砖上的戳记，一般砖长 36、宽 18、厚 9 厘米。已拓录的砖文拓本五种（图版一六七）：

1. 万历十二年德州营造
2. 万历十二年抚宁县造
3. 万历十二年真定营造
4. 万历十二年建昌车营造
5. 万历十二年燕河路造

三　明蓟镇边墙石刻续目

除了河北省长城考察队直接搜集到的160方蓟镇长城碑刻外，散存在已发表的书刊中较有价值的有关蓟镇的碑文还有62方，现将其作为蓟镇长城整体碑刻续目附之于后。

续目中的碑刻多有明确的发现地点，甚至有具体的城址、敌台，有极重要的学术价值。

相信随着长城考古工作不断深入开展，定会有更多有价值的碑刻、文字被发现，俟后来学者再补续其目。

（一）明边墙题名碑①

此碑位于第三测区二道梁台31号（京编西路台13号）敌台内。此碑青白石质，有方座，上半部已残失。碑阳刻字，四周有阴线刻卷草纹。碑文12行，每行残存5～6字。录文如下：

□……□郎恒阳梁梦龙。」□……□中陈道基。巡按」□……□处地方总兵官」□……□耀整饬密云等」□……□挥佥事关中李」□……□饷、河间府同知」□……□统分守古北口」□……□都指挥佥事关」□……□挥佥事杨贤」□……□百户曹安戴」□……□掾张臣、赵定」□、□□□鼎建。

（二）明万历六年（1578年）长城题名碑②

此碑位于第三测区二道梁台32号（京编西路台12号）敞亭内。此碑白石质，碑阳阴刻一周双钩卷草纹带，背面未加工。碑高74.5、宽36、厚约11厘米。碑文无题，楷书，竖行12行，每行30字。录文如下：

万历六年（1578年），岁次戊寅，仲夏之吉。总督蓟辽保定等处军务兼理粮饷、都察院右」都御史兼兵部左侍郎恒阳梁梦龙。整饬蓟州等处边备兼巡抚顺天等府地」方、都察院右佥都御史闽中陈道基。巡按直隶监察御史历城于鲸。总理练兵」事务兼镇守蓟州永平山海等处地方、总兵官中军都督府左都督定远戚继」光。总理密云粮饷、户部郎中长泰戴耀。整饬密云等处兵备右参政、临汾徐节。」协守蓟州西路等处地方、副总兵官都指挥佥事关中李如樌。总督军门中军、」副总兵署都指挥佥事山海徐枝。密云驻扎管饷、河间府同知阳城卫重鉴。抚」院中军、参

---

① 晋宏逵：《司马台长城》，北京燕山出版社，1992年。
② 晋宏逵：《司马台长城》，北京燕山出版社，1992年。

将密云谷九皋。总理中军都司金华黄宗。分守古北口等处、参将」署都指挥佥事孤竹谷承功。统领密云振武营游兵、游击将军署都指挥佥事」关中徐从义。司马台守备刘从武。密云左营中军陈世爵。古北路中军戚金本。」营督工中军正千户神其。千总武举石宗瀛。指挥田汝经加衔千总和国、王良」奇、鹿会宾。把□囸梢、翟采、程默、张平聚、黄守印、施廷相。旗牌张信、李胜鼎建。

（三）明隆庆四年（1570年）题名碑[①]

此碑位于第三测区二道梁台37号（京编西路台7号）楼内。碑已裂为三大块，青白石质，背面未经细加工。高74.5、宽约45厘米。碑文未损，无题，楷书，竖行10行，每行22字。录文如下：

隆庆四年，夏孟之吉。总督蓟辽保定等处军务兼理粮饷、」兵部左侍郎兼都察院右佥都御史宜黄谭纶。整饬蓟州」等处边备兼巡抚顺天等府地方、都察院右佥都御史潍」县刘应节。巡按直隶监察御史高安傅孟春。整饬密云等」处兵备、山东布政司右布政兼按察司副使太仓凌云翼。」总理练兵兼镇守蓟州等处地方总兵官中军都督府右」都督定远戚继光。协守西路副总兵官鄱阳李超。分守古」北口等处地方、副总兵官崞县董一元。延绥游击将军延」安杨经。管工营州后屯卫经历临潼焦尚福。中军千总李」钟秀、白濂。管司指挥高时通。千户张国用　鼎建。

（四）明隆庆五年（1571年）题名碑[②]

此碑位于第三测区二道梁台45号（京编东路台2号）楼内。碑白石质，背面未经细加工，碑阳阴刻一周单结卷草纹带。高61.5、宽91.5、厚约13厘米。碑文无题目，楷书，竖行21行，每行9字。录文如下：

隆庆伍年，孟夏之吉。总」督蓟辽保定等处军务」兼理粮饷、兵部右侍郎」兼都察院右佥都御史」潍县刘应节。整饬蓟州」等处边备兼巡抚顺天」等府地方、都察院右佥」都御史肤施杨兆。巡按」直隶监察御史高安傅」孟春、仁和余希周。整饬」密云等处兵备、山东按」察司副使兴乐王惟宁。」总理练兵兼镇守蓟州」等处地方总兵官中军」都督府右都督定远戚」继光。协守西路副总兵」官鄱阳李超。分守古北」口等处地方、参将定远」罗端。中军官完县刘坤。提调故城潘一麟。把总」□县周添禄　鼎建。

（五）明隆庆四年（1570年）题名碑[③]

此碑位于第三测区二道梁台47号（京编东路台4号）楼内。碑刻青白石质，背面未经细加工。高76、宽48、厚约12厘米。碑文无题目，楷书，竖行11行，每行22字。录文如下：

隆庆四年，夏孟之吉。总督蓟辽保守等处军务兼理粮饷」兵部左侍郎兼都察院右佥都御史宜黄谭纶。整饬蓟州」等处边备兼巡抚顺天等府地方、都察院右佥都御史潍」县刘应节。巡按直隶监察御史高安傅孟春。整饬密云等」处兵备山东布政司右布政兼按察司副使太仓凌云翼。」总理练兵兼镇守蓟州等处地方总兵官、中军都督府右」都督定远戚继光。协守西路副总兵官鄱

① 晋宏逵：《司马台长城》，北京燕山出版社，1992年。
② 晋宏逵：《司马台长城》，北京燕山出版社，1992年。
③ 晋宏逵：《司马台长城》，北京燕山出版社，1992年。

阳李超。分守古」北口等处地方副总兵官崞县董一元。延绥游击将军延」安杨经。管工营州后屯卫经历临潼焦尚福。中军李钟秀。」千总指挥同知刘晖。千户陈勋。管司委官指挥时通（千户）王勋」鼎建。

（六）明嘉靖三十七年（1558年）重修真武庙残碑①

现存于黄崖关村，碑残。录文如下：

蓟州后学守拙子余渊

渔阳迤北五十里许，有关曰黄崖口，辅弼两山，形势峭……青秀，林木险阻，幽间清涟。其逵达之道路，东接辽海，西连……漕运，北枕长城。貔貅之师旅于此而屯集，乃……藩北门之要地也。关北境内大阜之处，旧建……天真武玄天上帝左右侍神祇，东西两庑合祀圣众，自昔迄今……久矣。栋宇塑，壁毁坏不茸之，日渐凋谢，其绩废坠。兹蒙备蓟州黄崖口等关营，都知监左少监，屈让同前。正德……寅春，擢推平谷中屯卫挥仕张寿，继而有本卫千兵（总）张友，迨今镇……卫挥仕孙镗，接踵荣膺是关。睹胜地之遗墟，效脩崇之制作，与同……刘胜、张铉、王鉩等备资，命工备建，焕然一新，庙貌由是而吉成。……征文以彰尊崇之盛典，晨香夕火，祝……疆恒奠燕山之石……赞神功而不朽，常清海瀚之波，肃清边患，扫荡妖氛。凡我黎元……光天化日之下，各躬安妥，俱措春莹，玉烛之中如斯，立石以……

……戊午月吉日立

通州王文学镌石。

（七）明隆庆四年（1570年）建空心敌台碑②

现藏于黄崖关长城博物馆。录文如下：

隆庆四年春季之吉，总督蓟辽保定等处军务兼理粮饷、兵部左侍郎兼都察院右佥都御史宜黄谭纶。整饬蓟州等处边备兼巡抚顺天等府地方、都察院右佥都御史潍县刘应节。巡按直隶监察御史高安傅孟春。整饬蓟州等处兵备、山西布政使司右参政兼按察司佥事益都杨锦。总理练兵兼镇守蓟州等处地方、总兵官中军都督府督凤阳戚继光。协守西路副总兵官鄱阳李超，军门中军官大宁都司潞州暴以平，抚院中军原任参将沐阳张功。总理中军大宁都司临淮谢维能。督工、原任参将杨林李信。分守蓟州马兰谷等处地方、参将署都指挥佥事翼城杨鲤。委官蓟州卫经历章丘柴藻。黄崖口提调指挥佥事滁州陈世爵。委官易州于光祚。凤阳岳世忠。泰州陈恩祺。旗牌朱环。

（八）□□二年建空心敌台残碑③

现存于小平安村。录文如下：

二年夏孟之……」左等郎兼都……」边备兼巡抚……」应节。巡按直隶……」处兵备、山西布政司……」理练兵兼镇守蓟州……」督凤阳戚继光。协……」谷等处地……」州。……

---

① 方放：《天津黄崖关长城志》附录二，天津古籍出版社，1988年。
② 方放：《天津黄崖关长城志》附录二，天津古籍出版社，1988年。
③ 方放：《天津黄崖关长城志》附录二，天津古籍出版社，1988年。

（九）建空心敌台残碑[1]

现存于兴隆县快活林村。录文如下：

指挥佥事潞…………」都指挥佥事翼城杨鲤。管……」和州官麒。黄崖口提调指挥……」尧臣太平吴泰州陈……

（一〇）建空心敌台残碑[2]

现存于黄崖关村。录文如下：

黄谭纶整………」

察院右佥都御史……」周以敬整饬蓟州等……」察司佥事益都杨锦部……」兵官中军都督府左都……」鄱阳李超分守马兰……」城杨鲤原任游击定……」中镇朔卫经历朱……」张忠江陵庞汉泰州……

（一一）建空心敌台残碑[3]

现存于黄崖关村。录文如下：

保定等处军务粮饷兵……」史宜黄谭纶。整饬蓟州等处……」察院右佥都御史潍县刘应节。……」楠整饬蓟州等处兵备山西……」□益都杨锦。总理练兵兼镇……」都督府右都督凤阳戚继光。……」军六中军官大宁都司署都……」州马兰谷等处地方参将署……」□□□□□思忠指挥同知……

（一二）明万历十五年（1587 年）黄崖正关匾额[4]

现藏于黄崖关长城博物馆。录文如下：

黄崖正关

万历十五年六月吉日建。

（一三）黄崖口关额匾[5]

现藏于黄崖关长城博物馆，碑残。录文如下：

钦差口关……」钦差总督蓟辽军门太子少保兵部尚……」钦差……天等府右副都御……」……直隶监察御……」钦差巡按直隶监察……直

……蓟州粮储户部……」钦差整饬蓟州兵备山东提刑……」钦差镇守蓟州等处总兵□都督张□振

……守蓟州等处副总兵□□春。

……总兵左都督……」……指挥佥事潘光启。

……

---

① 方放：《天津黄崖关长城志》附录二，天津古籍出版社，1988 年。
② 方放：《天津黄崖关长城志》附录二，天津古籍出版社，1988 年。
③ 方放：《天津黄崖关长城志》附录二，天津古籍出版社，1988 年。
④ 方放：《天津黄崖关长城志》附录二，天津古籍出版社，1988 年。
⑤ 方放：《天津黄崖关长城志》附录二，天津古籍出版社，1988 年。

（一四）明万历十九年（1591 年）修边墙刻石[①]

现藏于黄崖关长城博物馆。录文如下：

河南营都司徐时雍万历十九年春防，分建自马黄大□□百四十七号台，东空接十□□河南营新修城头起，中部□工计修二等边城二十二□□尺，四月二十日修完。

南阳卫指挥潘体仁。

河南卫指挥詹继曾。

河南卫指挥李崇嗣。

□户张邦彦。

（一五）明万历十九年（1591 年）修边墙刻石[②]

现藏于黄崖长城博物馆。录文如下：

河南营都司徐时雍。万历十九年春防，分建自马黄安口一百四十四号台西空起，中部二工，计修二等边城一十四丈九尺七寸，闰三月二十五修完。

总理总（中）军南阳卫指挥佥事潘体仁。

管工中部千总、河南卫指挥詹维曾。

管粮千总兼一司把总、河南卫指挥李崇嗣。

二司把总嵩所。副千户张邦彦。

（一六）明万历二十四年（1596 年）重建关王庙记[③]

现存于黄崖关村，碑残。录文如下：

记称，凡祭有其举之，莫敢废也。又曰能捍大患……神龙韄囊，人所宜崇尚，故重祀肃瞻景也。黄崖关隶有旧庙，于玄帝……耳。上谷方将军时挥，□增廓而未遂也。及东鲁广川朱将军家臣，来守斯……烽，千把百总王思明、应廷喜、沈文标等，感将军义，举督率南人……关，居人刘纶、尉善礼、李全、张丛高等亦各佐助有差。时方将军再建……慨而捐募，以副凤□工乃告，暨而更次，其余资置地拾亩有奇，以世□享祀。□马盖风雨，今且栋宇轮奂，始□聊属香灯，今且仪卫羽列，隐曜威灵，瞻仰寅肃，祀兹上方，弹兹骄虏，福德无疆，其功懋矣。□甫竣而朱将军俄有大宁专阃之命，方将军亦迁擢太平，神之昭格殆桴哉，继是……胜灼耀者盖浸浸乎发轫于是。矣兹缘创建……鲤义固于史传眉列之矣。何容赘矣。

万历丙申岁，春二月上。

钦差抚院下，统领遵化左营参将都指挥佥事方时辉。

钦依提调黄崖关等处地方、以都指挥体统行事指挥佥事朱家臣、王汝式。

南兵千总王思明

---

① 方放：《天津黄崖关长城志》附录二，天津古籍出版社，1988 年。
② 方放：《天津黄崖关长城志》附录二，天津古籍出版社，1988 年。
③ 方放：《天津黄崖关长城志》附录二，天津古籍出版社，1988 年。

把总应廷喜

东浙四明人魏宗臣撰

督造委官刘纶、尉善礼、李全。

（一七）黄崖关子孙庙碑[①]

现存于黄崖关村，碑残。

调黄崖口关等处地方

俯仰间所称最灵爽者、惟以善应也。又谒其下，不以私眷物，亦不失物，因万汇而隐。孙庙寄数椽于玄帝殿之西庑，备人为重，主俦服必需于祠所，感之谊甚。

人刘纶、刘大伦、姚邦庆、王云等咸将军之……

（一八）明万历二十二年（1594年）分修一等边墙九丈碑[②]

此碑位于抚宁县驻操营镇拿子峪村潘启发家。碑文为：

真定民兵营，左哨千总、武举镇抚周通。二司把总千户曹文献。自北迤南分修一等边城九丈。

督工旗牌孙二国。边石匠赵仓等。

万历二十二年五月吉旦

（一九）明万历四十三年（1615年）修石黄一片石关头等极冲河桥碑[③]

此碑现藏于辽宁省九门口长城文保所，后迁移至万家镇石碑地秦汉遗址发掘工地。于1986年6月20日修复九门口城桥时发现。碑为青石质，长方形，高117、宽77、厚12厘米。因系据抄录本行距不清，有错讹。碑文为：

万历四十三年春防，石门路主兵，原派修工军士柒佰柒拾壹名，□修石黄一片石关头等」极冲河桥。自河南岸起，至北第叁洞岸中止，应□修贰洞半伍，总计长贰拾丈」券门肆丈，分水尖贰折□陆丈壹尺，连南头帮券洞壹□□陆尺，共折头」尖边以贰拾伍丈，高连垛口叁丈贰尺，底阔肆丈，收顶叁丈陆尺，分水尖高壹丈贰尺。

钦差总督蓟辽保定等处军务兼理粮饷经略御倭、兵部左侍郎兼都察院右佥都御史定海薛三才。」钦差整饬蓟州等处边备兼巡抚顺天等府地方、都察院右都督御史宁阳吴崇礼。」巡按直隶监察御史……」钦差巡按直隶督理蓟昌保定关务清军、监察御史荣河李高。」钦差镇守蓟州永平山海等处地方兼备倭、总兵官左军都督同知上谷张国栋。」钦差总督永平等处粮储兼管屯种户部郎中霸州张云雅。」钦差整饬永平等处兵备兼管屯田马政驿传海防、山东提刑按察司副使临潼武之望。」钦差协守蓟镇东路等处地方分理练兵事务副总兵官都指挥使都门王弘爵。」钦差分守石门路等处地方参将署都指挥佥事白登任□谦。」钦差提调黄土岭关等处地方、以都指挥体统行事署指挥佥事合肥徐垣。」石门中路□□佥事、」石门路步□千总官秦应麟。」□司把总官谭九德。」

① 方放：《天津黄崖关长城志》，天津古籍出版社，1988年，第113页。

② 沈朝阳：《秦皇岛长城》，北京方志出版社，2002年，第365～394页。

③ 沈朝阳：《秦皇岛长城》，北京方志出版社，2002年，第365～394页。

后司把总官李一桂。」义院口把总官李承福。」大毛山把总官□应魁。」黄土岭把总官李维声。」管工旗牌李祥。」□工写字宋□□。」边匠伍名沈万淮、筱世臣、戴兴吉、」仁海□、李兴。」石匠伍名刘庭节、宁仝、母进、」刘成、马大军。

(二〇) 新修边墙二十丈四尺碑[①]

此碑位于青龙满族自治县东三道河南山城上。碑文已残断，只存左下部一角及碑体西侧边外水波纹。碑文为：

年新修……边墙二十丈四尺底……垛口二丈五尺。次庚申季夏吉旦立边石。

(二一) 兼理粮饷碑[②]

此碑位于迁西县擦崖子村侯云成家。碑为青石质，长方形，高0.8、宽0.95、厚0.18米。原碑共15行，200余字。碑文为阴刻楷书，个别字已漫漶不清。碑文为：

钦命总监中西□兼理粮饷兵马边墙事务，军门邓。分守中西二协、整理粮饷兵马边墙防缉私事务军门林。」钦差总督蓟辽保定等处军务兼理粮饷经略御倭、兵部左侍郎都察院右佥都御史□。」钦差整饬蓟州等处边备兼巡抚顺天等府地方、都察院右都督史陈。」钦差整饬遵化等处粮饷兵备兼管田□军粮饷、河南提刑按察司副史李。」钦差镇守蓟镇中协等处地方兼备倭、总兵官左军都督府都督陈。」□□协守蓟镇中路等处地方、分理练兵事务副总兵官都督韩。」□□理矿务兼理工程太府高。」蓟镇太平路等处地方、副总兵官指挥张。」监督官擦崖子关守备事、指挥同知陆世魁。中协太平路中军官梁二弟。」□□□」□□□」□□□」丁丑孟秋吉旦立。

(二二) 明万历十八年（1590年）修擦崖子正门及第一边墙碑[③]

此碑现存于迁西县擦崖子村村民侯云成家院落内。碑为青石质，碑周边阴刻卷草纹。高0.8、宽1、厚0.18米。碑文为楷书阴刻，共22行，414字，文中有明显错讹，碑文为：

万历十八年，岁次庚寅春防。通津营分修太平路擦崖子正门,」东□城十九号台东窗（空）□□起，迤西一等边墙一十六丈，合式如法修完勒名□□□。」钦差总督蓟辽保定等处军务兼理粮饷都察院右都御史兼兵部右侍郎邯郸□国彦。

钦差整饬蓟州等处边备兼巡抚顺天等处地方、都察院右都御史□□□□□□州王□祥。」钦差巡按直隶监察御史江陵陈□。」钦差巡按直隶监察御史临□□□。」钦差整饬蓟州等处地方兵备兼管驿传、山西提刑按察司□历□□于达□。」钦差镇守蓟州永平山海等处地方、总兵官左军都督府都督同知太尉张邦荣。」钦差协守蓟镇中路等处地方、分理练兵事务副总兵官右军都督府都督佥事北平高绍忠。」总督蓟辽保定军门中军都□都指挥朱士元。」抚院标下、中军参将署都指挥佥事丰润史良。」总镇都督府标下、中军都司都指挥迁安魏□□。」钦差分守蓟镇太平路寨等处地方、参将署都指挥佥事右尉马林。」钦差统领蓟镇通津春班官军、游击将军都指挥佥事彭城滕统。」提调擦崖等处地方、以都指挥体统行事指挥佥事渔阳卢纯正。」通津营、中军指挥史

---

① 沈朝阳：《秦皇岛长城》，北京方志出版社，2002年，第365～394页。
② 沈朝阳：《秦皇岛长城》，北京方志出版社，2002年，第365～394页。
③ 沈朝阳：《秦皇岛长城》，北京方志出版社，2002年，第365～394页。

陈朵云。」千总指挥佥事夏椿。」把总副千总姚继先鼎建。

（二三）河流口粮饷残碑①

此碑位于迁安县河流口一村民家中。碑残，青石质，残宽0.4、高0.64、厚0.13米。碑文为楷书阴刻，上半部残文为：

钦差总督蓟辽保定等处军务兼理粮……」钦差整饬蓟州等处边备兼巡……」巡按直隶……」钦差巡按直隶……」钦差镇守山海关应援蓟辽等处……」钦差总理永平等处粮……」钦差整饬永平等处兵备兼管屯田马政……」钦差协守蓟镇东路等处地方分理……」钦差分守蓟镇建昌路等处……」钦差统领蓟镇东路建昌车……」钦差守备冷口关等处地方以……」督……」分……

（二四）兼理粮饷碑②

此碑断裂成两截，青石质，碑宽0.64、高0.97、厚0.14米。原碑共12行，残存212字。碑文为楷书阴刻，残文为：

……仲秋之吉总督蓟辽保定等处军务兼理……」……侍郎兼都察院右佥都御史维县刘应节。……」……等处边备兼巡抚顺天等府地方都察……」……御史肤施杨兆。巡按直隶监察御史晋江……」……巡按蓟辽等处监察御史仁和余希周。整饬……」……等处地方兵备、山西提刑按察司副使仁和徐……」……古总理练兵兼镇守蓟州永平山海等处地方、总兵官中军都督府右都督凤阳戚继光。军门中军原任参将署都指挥佥事滦州张爵协守东路副总兵官句容胡守仁

分守太平寨参将事游击将军武定杨秉中。定州游击将军杨州徐行。委官忠义中卫

……黄太勋。督工千总孙虎把总倪汝楫鼎建。

（二五）建昌营御马监石碑③

此碑现存于迁安县建昌营镇一居民家中。碑为青石质，碑文为楷书阴刻，原碑共11行，217字。残文如下：

钦差守备山海石门等关营、御马监右监承王直。」钦差守备刘家口等关营、都知监奉御刘添俊。」钦差守备台头等关营、御马监右监承卢安。」钦差守备永平太平寨等关营、御马监右监承王鸿升。」钦差分守密云古北口等处地方、御马监右监承许宣。」钦差分守燕河营等处地方、右参将署都指挥佥事朱卿。」钦差守备密云古北口等处地方、右参将署都指挥佥事詹免。」钦差守备遵化滦阳等关营、御马监右监承杨世英。」钦差守备鲇鱼石等关营、司设监右监承尹升。」钦差守备黄崖口等关营、内官监奉御张文进。」钦差守备峨嵋山等关营、都知监奉御王承堂。

（二六）台头营创建营房碑④

此碑位于抚宁县柳各庄村东500米处的庙岭路旁，后因扩展路面，暂存于该村柳虎春家，原树立在一自然石上，无碑首、碑座。碑高0.95、宽0.67、厚0.12米。两面刻字，碑文内容各异，年代又

① 沈朝阳：《秦皇岛长城》，北京方志出版社，2002年，第365～394页。
② 沈朝阳：《秦皇岛长城》，北京方志出版社，2002年，第365～394页。
③ 沈朝阳：《秦皇岛长城》，北京方志出版社，2002年，第365～394页。
④ 沈朝阳：《秦皇岛长城》，北京方志出版社，2002年，第365～394页。

相差久远，一为大明万历年间，一为中华民国年间（略）。

万历年间碑刻文字为：

台头营创建营房记

永平东北七十里为台头营旧额比伍军三百余人抚镇，岁委材官长，部之曰管□□则燕河守将也。隆庆改元，北虏逼界岭关，守者不戒，遂使闯入百余里，虏我人民□□疚怀。乃议以永平游兵三千改屯兹地。增参将一员，裒界岭关青山二提调属之。守□□墅不足以蓄众，先任谢君惟能，请于诸当事者辟地，为卜筑计，不二载兴屋舍千□□以事去。范阳张君爵代之，念惟君先事之劳，已居什五，复踵其基，绪而缔构。无中□五骈延，如栉生聚，日底繁衍。余赴张君，期来舍此君间，邀余视营舍，指点谓余曰，□侪虽执经营审役，顾曲台势，程物量事期，实主帅公，监司使者。总之余侪□□门，频年经略，首之垣，次城，再次则营舍也。故谈者谓营舍□□急似矣。乃不知土，若从召募之众。多背井，而充壁垒，曾不得聚庐而托处焉。奈何不役徒者日相寻也。□雉无悬殊职此故耳。然上之有计谋，则下必当只□始之，有今缮则终，必责程功，故□劳焉。张君又谓余曰，兹役不但已年来士卒安堵，俨然新立，向孑然一身者，今有孙矣。以是人日多，舍日不足，将奉当事者檄，更欲增疑度焉。余日朝廷有道，边境谧宁，及兹时为桑土之计，俾戍卒林林总总，乐土重迁，毋□仗地利□诺之。万历七年，岁在己卯孟冬吉。进士第中宪大夫陕西等处、提刑按察副使、前奉整饬固原靖虏等处边备兼理粮饷、都人刘效祖撰。差分守台头营等处地方、参将都指挥佥事范阳张爵创建。

（二七）明隆庆丁卯万历丙辰《傍水崖帝庙僧田豁粮记》碑①

此碑位于关帝庙左第三碑。碑为青石质，碑身和碑首联为一体，碑身已倒塌，碑座也无。其中碑首透雕二龙戏珠，篆额天宫上刻篆书“豁粮之记”4字。通高2.65、宽0.77、厚0.19米。碑文为：

盖闻

关帝，为诸天护法之神灵，应捷于桴响，海内外靡不崇而祀之。傍水崖者，距骊治一，由旬而遥，旧无帝庙。隆庆元年虏从罗汉洞入寇，夜渡骊城，望旌旄冉冉，若有备者，遂从间道攻营州。时营辟坚，诸人畜逃未入城者，多为所剽卤，已而闻。我师援至，虏遂溃而迷其归路，嗟一骑前导，若神在云端，插汉帜，截诸酋，而蹂于泽中者尸相籍也。是役也，大将榆林张公讳臣，经以重兵，尾其后，不费一矢，虏无一生还，获其驼马兵甲无算。捷上，两台违其事，请即崖树关帝庙祠以祀之。坐营徐承功，给田一百五拾亩，以供焚修。岁久山空，孤僧香积之资半为风沙所妒，今悉举而归之矣。有然余籍，尚存征呼者，趾尝错于山门也，僧有朝投而暮徙者矣、丙辰夏兵宪 宛陵，张公以巡边抵崖阅视，入庙肃褐因备询巅末，深嘉神之精英，灵彩散于穷荒，施微有以张国威，又悯僧之灶突寒，烟累于行，持道乞而显，无以承神贶，因谋所以赡僧者以安神也。时台承之骊治，查有额外，积凑下地三百亩，属在虚悬，请割其半以补此庙，冲压虚粮之数。盖虚凑与旧额两抵，而不至于绪累至便也。维时太守扶沟刘公梅，据县申，转祥如议，报可。命立石以垂永，勿贻以□□神力，御灾而□灵，□以□□神之□□□临边，而沙弥奉以绩伊蒲之。撰山之荣，落僧之去，留地之云，后皆神之。然□其机，而□指其后□□□□□□□禁其□□然，授以从林□□□里以修伏□□广施给孤得祝发者得以衍传衣之钵，或未而□土得位锡

① 沈朝阳：《秦皇岛长城》，北京方志出版社，2002年，第365～394页。

者，得以免飘遥之患。□□□将振于球林，□□□□□□□□□□神光之，而庙礼延□□□而行□□□诸天护法□□灵之。爰书以勒之贞珉，万历岁在丙辰，菊月谷旦

碑阴刻32字：

隆庆丁卯岁秋九月

榆阳东山张大将军战胜遗迹

榆阳白慎修立

长安王再伸书

（二八）张大将军傍水崖建功碑铭并序[①]

此碑位于关帝庙正殿南6米处。碑为青石质，碑首与碑身联为一体，碑身长方形，通高2.72、宽1.01、厚0.2米。碑身圭角，宽、厚与碑首同，碑上部线刻浮雕双鹿灵芝图，碑身两侧阴刻线纹。碑座为长方形圭角座，长1.15、宽0.65、高0.37米。碑文为：

粤考蓟门，砺山带海，控上谷，引榆辽天险甲天下。乃数舍许即逼虏穴。繄我明列圣相承，德威旁洽，酾酋延颈款塞，初终，罔替。嘉靖末，

穆宗庄皇帝践祚，酋长土蛮狡焉，启疆乘间肆逆，逦界岭、永昌胥蹂躏，所民弗堪。时东山张大将军讳臣，尚职延绥，入卫。游击将军誓不与酋生。出奇奋勇，帅所部卒三千扼酋，吭酋，北道穷，我兵追益迫，斩馘无算。迄石门之傍水崖，崖深若千仞，酋不暇择地兢奔，堕崖死者数万计，酋痛哭戒勿犯，遂大创去。裔环蓟宴如

圣天子玺书褒公功，蓟士女愿立公祠尸祝焉。隆庆丁卯，史录烂焉，者余以水天校史，暇尝慷慨。缰场事不

惟其官，惟其人，曾口占一绝。十万单于遁石门，水崖血战石头殷。只今想见累累骨，夜月悲风泣虏魂。用是恨不亟见公，既询公动履以都。督悬车年八十有，奇益矍铄其长君。望峰讳承胤业，秉钺延镇，又公傍水崖捷之，它年载有甘州水泉之捷，土人亦尸祝之，史不乏书。庸讵非公大有造于东若西亶，膺天纯暇也，祝宜尔也。然余闻蓟祝之修，公不居功、归之武安王神，为王筑殿庑，诸君子创传记，垂贞珉不朽，公功益彰第，猝不得肖公像，不宁缺典欤。余莫逆鹤沚，姜公东巡，因人望复葺公祠，肖公像于武安王侧，意忠勇即义勇，俾从祀春秋，请余言以志，余喜昔读史击，节公功意而后乃今始惬也。用思崇德报功，严像斯肇，标铜勒石，匪名奚存。铭曰奕世之张，繄迈种德。唯德馨闻，于昭上国。蓄极而流，爰诞我公。英风烁灼，岳峙云从。提师古北，誓灭群丑。指挥风雷，鹰扬虎吼。兼程载趣，海月平明。斩将搴旗，秣马砺兵。虏北水崖，狼奔鸟喙。蹀血成川，奇功震世。

帝念厥庸，畀节登坛。名垂竹帛，威慑可汗。锲人去思，筑庑崇祀。公不居功，伊神之赐。栋宇崔嵬，纪载烂然。丞尝勿替，祝史是蠲。罔逮尸公，众志攸缺。于兹肖像，永怀耄耄。百岁期颐，天禄靡垠。駪駪龙种，尚念蓟门。天骄渐肆，杞忧诩诩。愿言匹休，万祀安堵。

赐进士第、翰林院太常侍卿、管国子监祭酒事定襄傅德顿首拜撰。

钦差整饬蓟州等处边备兼巡抚顺天等府地方都察院右佥都御史郑延、王邦俊题额。

钦差镇守蓟州永平山海等处地方兼备倭、总兵官右军都督同知金明、萧如薰书丹。

---

① 沈朝阳：《秦皇岛长城》，北京方志出版社，2002年，第365～394页。

钦差左军都督府都督同知、管协守蓟州镇东路等处地方、副总兵官事榆阳姜显祚勒石。

（二九）隆庆丁卯岁榆林张大将军建功处碑[1]

此碑位于关帝庙西侧约50米处要道上。碑为青石质，碑首和碑身联为一体，高3.02、宽1.01、厚0.21米；碑座为赑屃鳌座式，长1.16、宽0.81、高0.68米，坐上雕刻仰覆莲瓣纹。碑文为隶篆体“隆庆丁卯岁榆林张大将军建功处”14个大字，没有篆刻时间、撰额人。

（三〇）明万历三十八年（1610年）关武安王庙重修记碑[2]

为关帝庙右侧第一碑。碑为青石质，碑首与碑身联成一体，总高2.9、宽0.93、厚0.2米。碑座已湮埋土中，外形为长方形圭角座，尺寸不详。碑左右两侧有花朵兼“S”形长线线刻花边，边宽5厘米。碑文为：

太祖高皇帝，驱逐胡元。

成祖文皇帝，三犁虏庭。于九边重镇各设督抚，镇兵以弹压之。独于蓟镇三边尤为吃紧以其外控辽左，内护京陵，较他镇为至重也。钱谷之储，士马之盛，亦较他镇为至备也。陕西宣大入卫戍兵，分防要害，棋布星列，碚然奠安磐石之势矣。隆庆丁卯，值土蛮袭庚戌之辙，纠集大虏，从界岭口入犯，抢永平、攻昌黎、滦东一带，掳掠大空，荼毒甚惨。时督抚会调，延绥入卫官兵应援。而榆林东山张公，以游击将军分防古北口，闻调即率所部三昼夜星驰七百余里，薄虏会蓟辽，二帅方议战守良久不决，面面相顾。张公观二帅主战之的谋，眦裂发指，挺身而前曰，将帅享国家爵禄，二百余年，用在一朝，此何时也，尚作儿女之态乎，保躯之士何众，殉国之士何鲜也，倘若复有庚戌之变，能保他日无身家之累，死荣生辱，在此一举。遂集众曰汝多士受

朝庭豢养之恩，不思图报于今日乎，众士厉声曰欲。

以死从将军，东山公锏然，跃马持戈，挥霍手刃数酋，虏从披靡，千人奋勇，无一不当百，所谓风声鹤唳，皆为晋兵者。追至傍水崖，投鞭断流之酋，尽歼于悬崖，巨浸矣。河水为之不流者十日。谢康乐淝水之捷，当不右于此也。竟有乙其首功者，耆旧相率而献牛酒曰，自庚戌至今十有八年，百姓不闻兵火，原野遂幸，桑麻不意今岁遭此大劫，若非仗将军神威，一方赤地矣。今日苍颜白发，得苟延残喘于一日者莫非将军之所赐，愿为将军立祠，尸祝

香火，以申崇报，将军敛衽而谢曰，不佞何武而劳诸君郑重。实藉

高皇帝在天之灵，

今上如天之福，神明默佑，幸获此捷。若贪天之功而为已有，或其不然，诸父老缓颊而进曰，礼以义起者也，祠以礼兴者也愿以将军不伐之德，移于关武安王何如，夫幽显一理，神人一心，王义贯金石，公忠精日月，所谓异世同神，旷世相感，关即公，公即关也。关之香火，千百祀不绝，公之勋业千百世不朽矣。公怡然曰，惟举是从，嗣后公历镇甘州，卜扯二酋首，最称桀骜，率众常内侵。公约诸士曰，授予节钺，权不为不专。锡于蟒玉、威不为不重。讵傍水崖千夫长比哉，不犁其庭不已也。于是大获水泉之捷，二酋重创而归。洮河西宁两地始安耕牧，至今犹有张将军战胜处之碑存。此与勒石燕然，标铜新息者，相今古也。今公且请告休沐矣，其令嗣承

① 沈朝阳：《秦皇岛长城》，北京方志出版社，2002年，第365～394页。
② 沈朝阳：《秦皇岛长城》，北京方志出版社，2002年，第365～394页。

胤，且晋延绥大都护矣。彤弓白玉之赉，载躅庭芳，奚啻曹武；惠之蝉联云。而东西拮据王事之劳瘁，司功者竟不入之时。疏中冯唐易老，李广难逢，自古然矣。将军豁达沉毅，毫无扼腕。每念关祀而叹曰，丁卯迄今四十余年矣，其春秋香火，耆旧相继，而论落矣。岁易人，非庙貌倾圮，谁复振之，时贰师白公，自保宁移节北平，且以兼才，慑协镇符。公走使曰，石门傍水崖，君之提封也，有关武安王祠，乃四十年前本土父老所建，昭神明而扬人事者也。公其首倡勿废勿坠，公之公德不浅矣。白公即捐资犹不自居，请于大都护而共成之，不日而告竣矣。群策毕谐，百物咸集，大彻陈构，具起新增，堂庑门坊，鲸轰夔吼，霍霍燿燿，无不宏丽，京然壮观矣。由是而冠盖相过，瞻礼庙貌，抚今追昔。因事考实，将军之奇功伟烈、不廓然于宇宙哉。大都护肖公讳如薰、姜公讳显诈，贰师白公讳禛修，俱榆林人，法皆得书，照宣干劳云。　昔

万历三十八年，岁次庚戌仲夏之吉，赐进士第通议大夫，吏部右侍郎兼翰林院侍读学士掌院事冯栩秉白，王图撰。

玉堂　王图

学士　之印

钦差分守蓟镇燕河路等处地方副总兵管参将事署都指挥佥事榆阳白慎修勒石。

（三一）明万历三十八年（1610 年）都督东山张公蓟甘两镇血战奇捷记碑[①]

为关帝庙右侧第二碑。碑为青石质，碑首与碑身联为一体，总高 2.16、宽 0.98、厚 0.21 米。碑两侧线刻水波纹及“S”形长线阴刻纹，宽约 0.05 米。碑座已湮埋于土中，形制及尺寸不详。碑文为：

北夷之患，自古记之。我

国家设为九边，建牙列戍防御备至。蠢兹丑虏，宜俯首以奉款贡，乃跳梁跋扈，时躏入而为边境患。则折冲御侮之臣，始足为世重，若余乡都督东山张公，蓟甘两镇之战功，洵可录也。公斌性忠勇，谋略绝伦，以束发从戎，凡建四大钺，其诸战建功，更仆未易，悉数论其著者。蓟门虏患，自嘉靖庚戌朵颜夷酋、董狐狸勾引东西之虏入古北口，犯都城。虔剜我生民、伤残我士卒、蓟滦之间，岁无宁宇。虏竞得志，去曾未有一挫其锋者，浸于丁卯受害不为不久矣。时公经延绥游戎，分防古北口。虏酋土蛮纠众，大举从界岭入犯，抢掠永平、昌黎一带，荼毒甚惨。公奉抚督檄，提兵应援，三昼夜星驰七百里，遇虏所掠牲畜辎重，盈途男女，哭声载道，公一见愤激，矢剪灭地而朝食。会辽帅之入援者，与蓟议战不决，且阻挠之。公直前曰，虏凶斥如此，尚尔按兵简书之谓何，于是奋不顾身，率所部千人，冲突其中，无不以一当十，斩获多级。虏众披靡追奔，走至傍水崖，争路出口，自相挤跌，填崖而死者以万计。委弃辎重如山，几令其只轮不返。盖自虏犯以来未有遭此挫衄者。嗣是虏相诫谓，蓟镇天险，不惟难于入，而甚难于出，故四十余年不敢大举入犯。即前年河流口随旋踵而遁者孰非此一创之余威所震慑耶。后公之镇甘肃也，俺答以迎佛为名，扯力艮驻牧西海，肆行抢掠，两河已遭涂炭矣。吉囊复率众西来，匈谋叵测，当其时人心汹汹，未知其祸之所底止也。公乃统兵巡边，屡遣官通谕之，彼肆其桀骜，从永昌宋家庄墩空，溃边入犯，势甚猖獗，公不胜忿怒，挥兵夹攻，乃亲犯其锋，手斩数级，三军争奋，虏乃败北。卜酋带箭奔逃，大获水泉之捷矣，此一战也。扯酋闻之，啮指丧胆，离海渡河而

① 沈朝阳：《秦皇岛长城》，北京方志出版社，2002 年，第 365 ~ 394 页。

遁去，西宁两地，始获更生、孰非此水泉一创之力欤。嗣焚仰华寺而抚道勒碑于水泉营曰，张将军战胜地。迄今西河老稚念不绝口，不犹赫赫有余威耶。呜呼，夷虏犹犬，豕彼其所以敢入犯者，以无以惩创之也，有如公之两战，一则击其惰，归一则遏其散掠，皆堂堂正正出奇制胜于鏖突之间，斩获无算，真足以褫膻裘之魄，而贻中国，以数宁之安，诚北门之锁钥，万里之长城也。昔

汉文帝拊髀颇牧而曰，岂忧匈奴藉令。今九塞之握符制阃者，而皆如公，其今抑何患夷虏之猖狡哉。今公疏乞里居，年有八十有二，而长公望峰，坐镇延绥，客冬挫摆彦太沙计之锋，威名大振，嗣为名将，其勋业未易涯量也。非其忠勇传家畴克当之，然则公之两战奇功，虽未获分茅懋赏，而后嗣峥嵘若此，彼苍之极施，为无负矣。余奉命守石门，每过傍水崖窃叹公之功，为蓟门之所永赖也。于是并及甘镇水泉之捷，而勒石以垂不朽云。

万历三十八年，岁次庚戌仲夏吉旦。

钦差分守石门路等处地方参将署都指挥佥事榆林袁登撰并书。

（三二）明□□庚戌春《创建张将军破虏碑记》碑①

为关帝庙右侧第三碑。此碑为青石质，碑首和碑身联为一体，总高3.02、宽1、厚0.21米。碑顶端已残，两侧阴刻水波和“S”形长线线刻纹，宽0.5米。碑座湮埋于土中，形制及尺寸不详。碑文为：

创

我

高皇帝驱逐胡元后即经略边政，遴选材官，不肯一日忘虏者盖知虏性矣，具贪狼也，其暴虎也，其反复无常，小嵬□□□也。非得真将军□未见长城可恃者。迨后大宁之割，河套之捐，岂真龙而锡之，一时细抑无人，不得已而弃之耳。即己巳之变，庚戌之危，岂中国之长技尽诎哉。缘承平曰，将惰士驰有刃未淬，有弓未调，士马仅供迎送，旌旗仅是夸诩，人人高枕可幸无事。而突然羯鼓一震，胡骑常驱，以髀肉久生之士，见飞尘走马之奴，则以为虏尽万人，敌不敢进，故未接刃而先走矣。兼之全躯保妻子之念，重免纵鼓舞而前，又虑不得生还，辄踌躇却步矣。夫将惟气耳，怵于害则馁，贪于利则馁甚矣。真将军之难也，有真将军，而忍使将略不昭揭于中天，百姓且共惜之。

穆皇帝元年，有真将军东山张公讳臣，家榆林，起自卒伍，中以首功累授游戎，恒思以智勇报

天子，未得展其用。适朵颜影克入犯界岭口罗汉洞，凡永平、抚宁、昌黎、卢龙、榆关处皆虏放马之所。辽阳诸路兵不下百万，莫敢犯镝锋，虏以二十万横行汉地，如无人境，斯时也，需真将军

亟而，张公，奉

天子命，捧军门檄，率健儿伸以大义，皆奋不顾身，誓决死战，初与虏接，即夺虏锐气，

我师始振，遂连战连捷，虏乃谋遁。公尾至石门寨斩获十余级，追至傍水崖，崖之东西巉岩绝壁，鸟飞不渡，北临大泽，南逼我师。虏归路穷，乃据崖之巅以守，公轻骑掩至，仰公崖上，

① 沈朝阳：《秦皇岛长城》，北京方志出版社，2002年，第365～394页。

虏素谓我师怯去。见此以为神公，拔刃先登，虏仓皇无计，悉委泽中，死者数万，尸骸林藉，几与崖齐，其幸脱

者，号恸北去。自入犯以来未有如斯之挫衄者，四十路莫破之，敌公破之二百年未伸之气公伸之。

堂堂天朝，委靡不振之威公振之，元元老幼流离未雪之恨，公乃真将军哉。

天子嘉公功，百姓亦宜尸祝公矣。越二十年，公巡关至石门，诸黄白以建祠请，公不允，请不已，公命祠头壮缪候，以前功归之神都下，刘公有记矣。又越二十六年，榆林肖园官公来守蓟东，父老犹口道公事，官公又素知公之巅末也，以请于抚台，刘公咸走书不佞曰，张东山功在史册者，边民不习见，在碑记者又竟以归之神公功，几泯矣。行且勒石于破胡处，实为公功，非以谀神也。乞一言，张大之余不佞曰，旨哉，归之神也。兵法有云，以上攻下势如破竹，公乃仰而破之。又云归师勿掩，穷寇勿追，公乃迫而灭之。盖公洞悉虏情，志在女子，粮畜一掠，于乎无心恋战可以袭而取矣。且素玩视我师，一褫其魄，其军自乱。横冲直撞，无不如意，公所谓用兵如神也，安得不归之神耶。公左臂中箭不为却。即今公，其子讳承胤者，又总戎延绥，玉带麟袍，金章虎节，将世世不衰，岂非神祐□耶。以斯言勒之

庚戌春吉旦。

林院庶民吉士梅之焕撰　　之梅

公长

焕印

蓟州等处边备兼巡抚顺天等府地方、兵部尚书兼都察院右都御史刘四科。

蓟镇东路等处地方兼理练兵事务副总兵官都指挥佥事官李忠。

（三三）抚宁县明万历四年（1576 年）季秋城工碑[①]

此碑发现于抚宁县境长城敌台内。碑面风化较重，左下角残缺。碑为石灰岩质，卧式方碑，周边阴刻 5 厘米宽卷草纹边框饰。碑长 98、高 52 厘米。阴刻楷书，竖式 19 行，每行字数不一，全文 312 字，字径 2 厘米，其中 44 字残损，无法辨认。碑铭录文（图版一六八）：

钦差总督蓟辽保定等处军务兼理粮饷都察院右都御史兵部右侍郎□……□。」钦差整饬蓟州等处边务兼巡抚顺天等府都察院右佥都御史蹇达。」巡按直隶监察御史□桢。」钦差巡按直隶监察史□光□。」钦差整饬永平等处兼管屯田马政山东布政使司右参政兼按察司佥事叶□□」钦差镇守蓟州永平山海等处地方后军都督府都督同知张臣

总督军门中军、副总兵都督佥事□□。」钦差协守蓟镇东路等处地方、分理练兵事务副总兵官都督指挥杨□勋。」院掌□军、游击将军刘世桂。」钦差分守□□等处地方、参将都指挥佥事王□。」总府中军许大诚。」钦差真定□营□□□军都指挥佥事黄棋。」钦差□□□□等处地方□□□统行事指挥佥事□□。」石门路中军官武举□□。」真定车营中军武□□□杨□□。」督工总镇□□□。」管工把总□户□□□。」万历四年季秋之吉修完。」□台一座。

① 河北省文物局长城资源调查队：《河北省明代长城碑刻辑录》，科学出版社，2009 年，第 3 页。

（三四）抚宁县明万历十年（1582年）修完石义苇子谷段城工碑[①]

此碑发现于抚宁县境长城敌台上。碑石风化严重，石灰岩质，卧式方碑，周边阴刻5厘米宽卷草纹边框饰。碑长98、宽68厘米。字迹磨蚀，碑文阴刻楷书，竖式21行，满行16字，全文317字，可辨识153字，字径2.3厘米。碑铭录文：

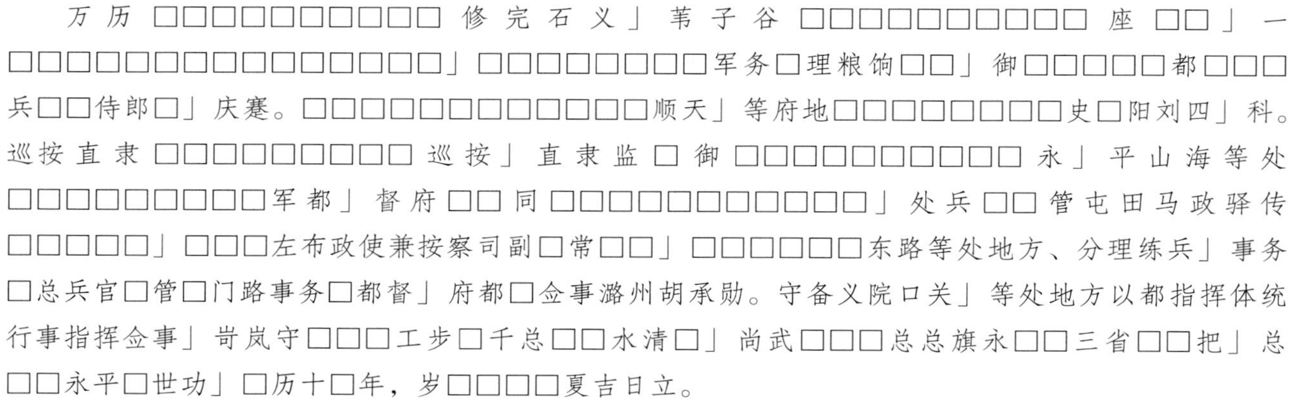
万历□□□□□□□□□□修完石义」苇子谷□□□□□□□□□□座□□」一□□□□□□□□□□□□□□□」□□□□□□□□军务□理粮饷□□」御□□□□□都□□□兵□□侍郎□」庆蹇。□□□□□□□□□□□□顺天」等府地□□□□□□□□史□阳刘四」科。巡按直隶□□□□□□□□□巡按」直隶监□御□□□□□□□□□□永」平山海等处□□□□□□□□□军都」督府□□同□□□□□□□□□□□」处兵□□管屯田马政驿传□□□□□」□□□左布政使兼按察司副□常□□」□□□□□□东路等处地方、分理练兵」事务□总兵官□管□门路事务□都督」府都□佥事潞州胡承勋。守备义院口关」等处地方以都指挥体统行事指挥佥事」岢岚守□□□工步□千总□□水清□」尚武□□□总总旗永□□三省□□把」总□□永平□世功」□历十□年，岁□□□□夏吉日立。

（三五）抚宁县明万历十八年（1590年）秋防创修边城工界碑（一）[②]

此碑现藏于抚宁县板厂峪博物馆。碑刻保存完整，砂岩质，方形，周边阴刻单线边框。长、宽各38厘米。阴刻楷书，竖式5行，每行字数不一，全文46字，字径2.5厘米。碑铭录文（图版一六九）：

万历十八年秋防，定州营」左部头司把总□□□下，」自立界石起，至二司把总」黄喜文工界止，创修三等」边城六丈二尺。

（三六）抚宁县明万历十八年（1590年）秋防创修边城工界碑（二）[③]

此碑现藏于抚宁县板厂峪博物馆。碑为石灰岩质，方碑，周边阴刻单阴线边框饰。长、宽各38厘米。阴刻楷书，竖式5行，满行10字，全文48字，字径3厘米。碑铭录文（图版一七〇）：

万历十八年秋防，定州营」左部二司把总黄喜文下，」自立界石起，至三司把总」缪世元工界止，创修三等」边城二十二丈四尺。

（三七）抚宁县明万历二十四年（1596年）秋防分修石义老岭城工碑[④]

此碑现藏于抚宁县板厂峪博物馆。碑刻完整，青石质，卧式方碑，周边阴刻4厘米宽卷云纹边框饰。长86、宽55厘米。碑文阴刻楷书，竖式23行，每行字数不一，全文450字，字径2厘米。其中6字辨认不清，碑铭录文（图版一七一）：

钦差总督蓟辽保定等处军务兼理粮饷、经略都察院右佥都御史兼兵部右侍郎孙矿。」钦差整饬蓟州等处边备兼巡抚顺天等府地方、兵部右侍郎都察院右副都御史李颐。」钦差巡抚直隶监察史马文卿。」巡按直隶监察御史高举。

---

① 河北省文物局长城资源调查队：《河北省明代长城碑刻辑录》，科学出版社，2009年，第10页。
② 河北省文物局长城资源调查队：《河北省明代长城碑刻辑录》，科学出版社，2009年，第14页。
③ 河北省文物局长城资源调查队：《河北省明代长城碑刻辑录》，科学出版社，2009年，第16页。
④ 河北省文物局长城资源调查队：《河北省明代长城碑刻辑录》，科学出版社，2009年，第21页。

钦差总理永平等处粮储监管屯种户部郎中李开芳。」钦差整饬永平等处兵备监管屯田马政驿传海防、山东提刑按察司副使樊东谟。」钦差镇守蓟州永平山海等处地方兼管备倭、总兵官后军都督□□□王保。」钦差总督蓟辽保定军门中军、副总兵都指挥高□。」钦差巡抚标下中军、参将都指挥郭孟征。」钦差□□蓟镇东路等处地方、分理练兵事务副总兵官左军都督府都督陈霞。」钦差镇守标下中军、都司王养贤。」钦差统领蓟镇东路南兵营、游击将军都指挥李自芳。」钦差分守石门路等处地方、副总兵官都指挥管一方。」钦差统领镇定标下车营、游击将军都指挥陈世禄。」钦依守备义院口关等处地方、以都指挥体统行事指挥佥事万民英。」镇定标下车营中军真定卫指挥佥事关延年。」千总神武右卫武举官张文隽。」真定卫前所千户曹继业。」把总神武右卫、右所百户高进义。」神武右卫、武举官崔明离。」神武右卫、前所百户刘承祖」管工棋牌官冯世万。」万历二十四年秋防、分修石义老岭一百二十七号台西空敌台一座。

（三八）抚宁县明万历二十五年（1597年）建干涧堡城碑①

此碑现存于抚宁县台营镇干涧村，为抚宁县文保所长城调查时记录。阴刻楷书，全文438字，其中113字缺损。碑铭录文：

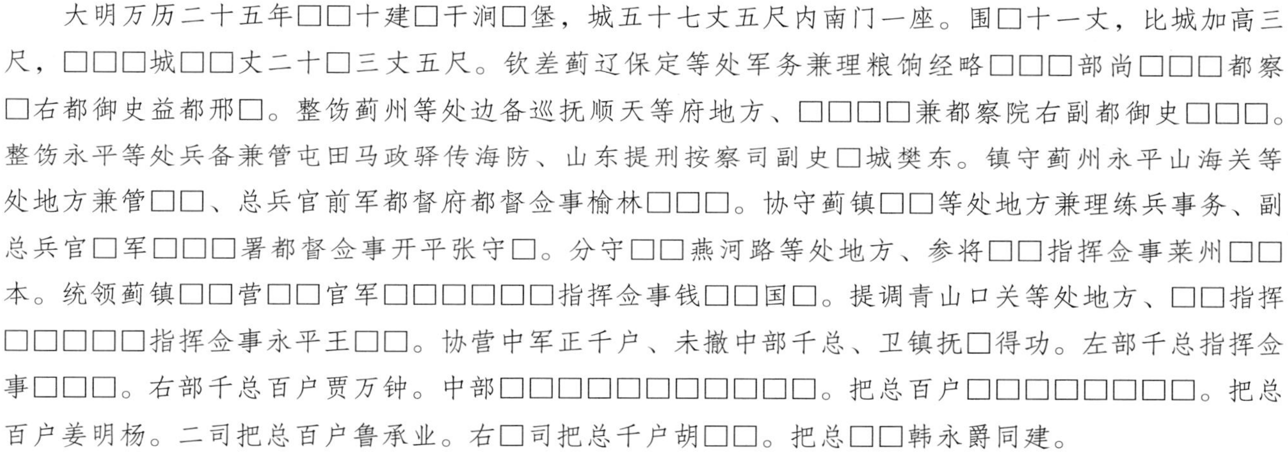

大明万历二十五年□□十建□干涧□堡，城五十七丈五尺内南门一座。围□十一丈，比城加高三尺，□□□城□□丈二十□三丈五尺。钦差蓟辽保定等处军务兼理粮饷经略□□□部尚□□□都察□右都御史益都邢□。整饬蓟州等处边备巡抚顺天等府地方、□□□□兼都察院右副都御史□□□。整饬永平等处兵备兼管屯田马政驿传海防、山东提刑按察司副史□城樊东。镇守蓟州永平山海关等处地方兼管□□、总兵官前军都督府都督佥事榆林□□□。协守蓟镇□□等处地方兼理练兵事务、副总兵官□军□□□署都督佥事开平张守□。分守□□燕河路等处地方、参将□□指挥佥事莱州□□本。统领蓟镇□□营□□官军□□□□□□□指挥佥事钱□□国□。提调青山口关等处地方、□□指挥□□□□□指挥佥事永平王□□。协营中军正千户、未撤中部千总、卫镇抚□得功。左部千总指挥佥事□□□。右部千总百户贾万钟。中部□□□□□□□□□□□□□。把总百户□□□□□□□□□。把总百户姜明杨。二司把总百户鲁承业。右□司把总千户胡□□。把总□□韩永爵同建。

（三九）青龙县明万历三十五年（1607年）秋防德州营分修二等边墙碑②

此碑发现于青龙县满族自治县境内长城敌台上。碑为青石质，方碑，周边阴刻卷云纹边框饰。长40、宽37厘米。碑面风化磨蚀，碑文阴刻楷书，部分字迹漫漶不清，竖式7行，每行字数不一，全文共51字，字径2厘米。碑铭录文（图版一七二）：

万历三十五年秋防，德州营分」修二等边墙一段，长一十二丈」八尺。」中军指挥佥事一员梁善。」把总千户三员陈永胤。」刘显官。」常养廉。

（四〇）青龙县明万历三十五年（1607年）秋防德州营石义白草洼西空创修敌台碑③

此碑发现于青龙县境内长城敌台上，现藏于青龙满族自治县文物管理所。碑左下角残缺，基本完

① 河北省文物局长城资源调查队：《河北省明代长城碑刻辑录》，科学出版社，2009年，第24页。

② 河北省文物局长城资源调查队：《河北省明代长城碑刻辑录》，科学出版社，2009年，第61页。

③ 河北省文物局长城资源调查队：《河北省明代长城碑刻辑录》，科学出版社，2009年，第63页。

整，青石质，卧式方碑，周边阴刻3.5厘米宽卷云纹边框饰。长95、宽71厘米。碑文阴刻楷书，竖式15行，每行字数不一，全文374字，字径1.5厘米，缺损16字。碑铭录文（图版一七三）：

万历三十五年秋防，德州营修完石义白草洼西空，创修敌台一座，周围一十二丈，高连垛口三丈五尺。」钦差总督蓟辽保定等处军务兼理粮饷经略御倭、太子太保兵部尚书兼都察院右副都御史重庆蹇达。」钦差整饬蓟州等处□□□□□□□等府地方都察院右副都御史兼兵部右侍郎泾阳刘四科。」巡按直隶监察御史桐城方大美。」钦差巡按直隶监察御史安丘王业宏。」钦差镇守蓟州永平山海等处地方兼备倭、总兵官右军都督府都督佥事延安杜松。」钦差整饬永平山海等处兵备兼管屯田马政□传海防、山东布政使司参政兼按察司佥事临海应朝卿。」钦差协守蓟镇东路等处地方、分理总兵事务副总兵官后军都督府都督佥事路州胡承勋。」钦差分守石门路等处地方、参将署都指挥佥事平虏李芳春。」钦差统领蓟镇德州秋班官军、游击将军署都指挥佥事山阴赵一元。」钦依守备义院口等处地方、以□指挥体统行事指挥佥事东胜李文光。」德州营中军指挥佥事梁喜。」千总副千户王吉士。」把总百户□□□。」万历三十五年，岁次丁未季秋吉日立。

（四一）迁西县明万历十四年（1586年）秋防沈阳工程碑[①]

此碑现存于迁西县太平寨擦崖子村。碑体已断裂，但可拼合，碑为石灰岩质，卧式方碑，周边阴刻缠枝花卉纹边框饰。高64.5、宽81、厚各13厘米。碑面有磨刻痕迹，应是原城工碑翻刻而成，碑文阴刻楷书，竖式27行，每行字数不一，全文共245字。录文不全，有错行、丢字的情况。碑铭录文（图版一七四）：

万历十四年秋防，沈阳工程记。」一蒙派修太平寨擦崖子，一等边」墙五十丈，续奉加修十丈，共长」六十丈，用军二千五百名。」一段修完太擦五十四号台起，至」五十五号台止，边墙三十一丈，」一段修完太擦五十五号台起，至」五十六号台止，边墙二十九丈。」钦差管遵化辎重中营游击署、太平」路参将都指挥朱先同，防」钦差抚院标下左营，管游击事副总」兵官署都指挥李如梗。」钦差统领蓟镇标下右营、游击将军」署都指挥佥事李贯实。」钦差统领蓟镇沈阳秋班、游击将军」署都指挥佥事金一清。」钦依提调擦崖子关等处地方、以都指」挥体统行事指挥高万里。」沈阳营中军、千总指挥董应臣。」把总千百户张鳌、曹永昌、王世卿、许耀、高时用、」贾据德、贾万钟、李思忠、周永寿。

（四二）迁西县擦崖子明万历十八年（1590年）春防城工碑（一）[②]

此碑现藏于迁西县文物管理所，发现于迁西县太平寨镇擦崖子村。碑大理石质，卧式方碑，周边阴刻卷草纹边框饰。高56、宽27、厚9.5厘米。碑文阴刻楷书，竖式20行，满行15字，全文296字。碑铭录文（图版一七五）：

万历十八年，岁次庚寅春防。」总督蓟辽保定等处军务兼理粮饷、都」察院右都御史兼兵部右侍郎邯郸张」国彦。整饬蓟州等处边备兼巡抚顺天」等府地方、都察院右佥都御史万全王」致祥。镇守蓟州永平山海等处地方、总」兵官左军都督府都督同知古蔚张邦」奇整饬蓟州等处

---

① 王书珍：《迁西石刻》，百花文艺出版社，2007年。转引自河北省文物局长城资源调查队：《河北省明代长城碑刻辑录》，科学出版社，2009年，第70页。

② 王书珍：《迁西石刻》，百花文艺出版社，2007年。转引自河北省文物局长城资源调查队：《河北省明代长城碑刻辑录》，科学出版社，2009年，第72页。

地方兵备带管驿传」山西提刑按察司副使历城于达真。协」守蓟镇中路等处地方、分理练兵事务」副总兵官右军都督府署都督佥事永」平葛绍忠。分守蓟镇太平寨等处地方、」参将都指挥佥事古蔚马林。提调擦崖」子等处地方、以都指挥体统行事指挥」佥事蓟门卢养正。中军百户迁安刘尚」义。管工千总指挥佥事山海傅国忠。把」总总旗丰润刘真。百户蓟州徐承义等。」创修完太擦东稍城四十九号台西空，」一等边墙一十一丈二尺，底阔一丈六」尺，收顶一丈三尺高连垛口二丈五尺。

（四三）迁西县榆木岭城工碑①

此碑发现于迁西县榆木岭南山。碑石灰岩质，圆首碑，无额，碑首阴刻卷云纹，碑边阴刻卷草纹边框饰。残高100、宽164、厚15厘米。碑文阴刻楷书，残存碑文176字。年款已残坏。碑铭录文（图版一七六）：

□……□蓟辽保定等处军务□……□」兵部右侍郎兼都察院右佥事御史潍县刘应□。……□」州等处边备兼巡抚顺天等府地方、都察院右□……□」肤施杨兆。巡按直隶监察御史高安傅孟春。巡□……□」处监察御史仁和余希周。整饬蓟州等处地方、□……□」提刑按察司副使仁和徐承祖。总理练兵兼□……□」平山海等处地方、总兵官中军都督府右都□……□」光。军门中军原任参将署都指挥佥事□……□」路副总兵官句容胡守仁。分守太平寨参将□……□」事易州王禄。督工原任游击都指挥佥事□……□」遵化委官、忠义中卫经历黄太勋。管工千□……□。

（四四）迁西县明万历三十年（1602年）滦阳营春防城工碑②

此碑现存于迁西县滦阳老城。碑石基本完整，青石质，竖式方碑，周边阴刻卷草纹边框饰。高54、宽86、厚16厘米。碑文阴刻楷书，竖式21行，满行14字，全文29字。碑铭录文（图版一七七）：

万历三十年岁次壬寅，滦阳营春防」城工，总督蓟辽保定等处军务兼理」粮饷经略御倭、兵部右侍郎兼都察」院右佥都御史山西万世德。整饬蓟」州等处边备兼巡抚顺天等府地方、」都察院右都御史泾阳刘四科。镇守」蓟州永平山海等处地方兼备倭总」兵官前军都督府都督佥事榆林尤」继先。整饬蓟州等处地方边备带管」驿传、山西提刑按察司按察使高唐」杜潜。协守蓟镇中路等处地方、分理」练兵事务副总兵官都指挥彰德李」光先。统领三屯标下，滦阳营游击将」军署都指挥佥事燕山胡梦士。本营」中军、千户应袭青州陈振。坐营官武」举阳谷王家柱。选锋千总官、总旗蓟」州杨学颜。备兵千总官实授百户蓟」州张承基。选锋把总官镇抚忠义吴」应芳。备兵左司把总官试百户绥德」陆通霄。右司把总官镇抚应袭鄞县」陆斌。奉文派修完本营城工□十丈。

（四五）迁西县擦崖子明万历四十四年（1616年）秋防城工界碑③

此碑现存于青龙县凉水河乡，发现于迁西县太平寨镇擦崖子村。碑下部残缺，基本完整，青石

① 王书珍：《迁西石刻》，百花文艺出版社，2007年。转引自河北省文物局长城资源调查队：《河北省明代长城碑刻辑录》，科学出版社，2009年，第77页。

② 王书珍：《迁西石刻》，百花文艺出版社，2007年。转引自河北省文物局长城资源调查队：《河北省明代长城碑刻辑录》，科学出版社，2009年，第81页。

③ 王书珍：《迁西石刻》，百花文艺出版社，2007年。转引自河北省文物局长城资源调查队：《河北省明代长城碑刻辑录》，科学出版社，2009年，第90页。

质，方形碑，无边框饰。高、宽均30，厚10厘米。碑文阴刻楷书，竖式7行，满行8字，全文共54字，其中2字缺损。碑铭录文（图版一七八）：

定州营右部，三司把」总指挥李国昌。万历」四十四年秋防，分修」二等砖边城十丈□」尺五寸。督工旗牌冯」十八，泥水匠头李六。」石匠头贺均祥。

（四六）遵化市修建马兰路鲇鱼石正关边墙碑[①]

录文摘自遵化县文物管理文物档案。

钦差河南都司军政佥书、轮领蓟镇春班都指挥佥事熊□□工程事。万历十三年二月十七日抄蒙，钦差总督军务兵部尚书张宪，票前事分派本营修建，马兰路鲇鱼石正关一等边墙，东自桥工起，长二十五丈五尺，□阔四丈，收顶三丈，高连垛口三丈六尺。办料完足于四月初三日动工，拆墙间，看得正关台东角起，至西角止，长五丈四尺，东西北三面，彼时修台身根基，俱是创建。惟南面台身就压墙顶三尺，而筑墙在前，建台在后，止知工完固便砌垒。今拆旧墙一二尺，城顶铺地砖显有裂缝况，墙心又是河光石块沙土，筑垒不坚。本职会同本路副总兵陶提调，龚委官石，再三面看，均称不敢拆毁。随丈量台上地基，南面至旧墙，阔三丈，欲便临台量留数尺，巩固台基，其拆出贰丈余尺，亦照见修墙工筑垒，而似涉苟，兰若尽拆至底，筑打根脚，尤恐台身重大，见今三面俱有裂缝，南面见压墙身，万一坍塌，罪累匪细。若不预为呈禀，诚恐不利于台，临时难辩，合无批行。本路查议妥当，上请定夺，以便遵守，庶无垂永久，以兑后累矣。等因于本月初四日，具呈钦差镇守总兵官都督张处，照祥蒙批。仰马兰路从长议妥，务求两便，以垂永久。此缴本路议，令本营将正关台基留数尺，再于本台东西贰角迤南各筑阔一丈，巩固台基。缘由本道知会、缴除遵依修完外，彼有余料，接连西边城工多修一丈七尺，又多修台上照壁一座，东西厢房六间。看得本台原是潘阳营修建，彼时南面座于旧城，故此不坚，今派本营筑墙，勉强修完，但旧台未奉明示，不敢拆毁。另建抱歉于衷，恐日后高贤，奉委修理此台，不知愿情，视为草率。故此凿石，候明公拆修灼见，本营无偷工欺蒙之弊也。览毕碎之。

万历十三年，四月　吉　日。归德、槐亭、熊世锦。中军　夏鸣雷。　千总　张度、将经、王度。把总　陈善言、吕尧卿、王度、毛恩忠、黄宗孝、宋显。

（四七）宽城县明天启三年（1623年）城工碑[②]

现存于宽城县碾子峪乡艾峪口村赵振和家。碑砂岩石质，方形，周边阴刻2.5厘米卷草纹边框饰。碑高46、宽50、厚6厘米。碑文阴刻楷书，竖式11行，每行字数不一，全文137字，字径1.2厘米。碑文为（图版一七九）：

钦差遵化标下右营，游击将军署都指挥佥事周梦麟周洪印。」中军官一员刘国臣。」千总官二员赵邦治、左云龙。」把总官六员」王继爵、刘之源、刘国柱、杜朝登、」薛大臣、龙之翰。」遵化右营，修工军士九百一十一名，自三月十二」日起兴工，至六月十七日，修完二等堡」城三十五丈，底阔二丈一尺，收顶一丈」二尺，高连垛口二丈五尺，西界。」天启三年，六月十七日立。

---

① 河北省文物局长城资源调查队：《河北省明代长城碑刻辑录》，科学出版社，2009年，第105页。

② 河北省文物局长城资源调查队：《河北省明代长城碑刻辑录》，科学出版社，2009年，第109页。

（四八）抚宁县明隆庆四年（1570年）仲夏谭纶、刘乾鼎建碑①

此碑现藏于抚宁县文保所，发现于抚宁县台营镇乌龙沟段长城。碑体保存完整，灰岩质，竖式方碑，周边阴刻5厘米宽卷草纹边框饰。高98、宽56、厚13.5厘米。碑文楷书阴刻，竖式12行，满行22字，字径3厘米。碑铭录文（图版一八〇）：

隆庆四年仲夏之吉，总督蓟辽保定等处军务兼理粮饷、」兵部左侍郎兼都察院右佥都御史宜黄谭纶。整饬蓟州」等处边备兼巡抚顺天等府地方都察院右佥都御史潍」县刘应节。巡按直隶监察御史高安傅孟春。巡按直隶监」察御史仁和俞希周。整饬永平等处兵备、山东按察司副」使肤施杨兆。总理练兵兼镇守蓟州等处地方、总兵官中」军都督府右都督凤阳戚继光。军门中军官暴以平。抚院」中军官原任参将莱州张功。协守蓟州东路副总兵官署」都指挥佥事句荣胡守仁。署遵化遊兵营事、原任参将署」都指挥佥事滦州张爵。永平府同知临汾贺溱。蓟镇中军」官开平谢惟能。本营中军坐营千把总陕西徐从义、李秉」钧。定远孔世卿、渔阳刘乾　鼎建。

（四九）抚宁县明万历三年（1575年）春山海卫中右所百户鼎建碑②

此碑发现于抚宁县境内长城敌台旁。碑石灰岩质，碑为圆首，碑首右侧及碑身下方左右角断残，碑首阴刻朵云纹，碑身周边阴刻3厘米宽卷草纹边框饰。高94、宽54厘米。磨蚀严重，碑文阴刻楷书，竖式12行，满行21字，共233字，有21字无法辨认。字径3厘米。碑铭录文（图版一八一）：

□历三年，春孟之吉，阅视蓟辽保定等处边务、兵部□」□郎兼都察院右都□□□□□□□总督蓟辽保定」等处军务兼理粮饷□□□右都御史兼兵部右侍郎」潍县刘应节。整饬蓟州等处边备兼巡抚顺天等府地」方都察院右副都御史肤施杨兆。巡按直隶监察御史」平度王湘。整饬永平等处边备山东按察司副使路安」宋守□。总理练兵兼镇守蓟州等处地方、总兵官中军」都督府左都督凤阳戚继光。协守东路副总兵官□□」史宸。分守石门寨等处副总兵官张掖张拱立。督工永」平卫经历乔安已。义院口提调福建永宁卫署指挥□」事陈忠。平山□管操委官山海卫中右所百户□□□」鼎建。

（五〇）抚宁县把总靖海郑印鼎建碑（残）块③

此碑发现于抚宁县境内长城敌台上。仅存左下角，碑为石灰岩质，卧式方碑，周边阴刻4.5厘米宽卷草纹边框饰。碑长55、宽48厘米。碑文阴刻楷书，竖式11行，每行残存9字，可辨识71字，字径3厘米。年款残缺。碑铭录文（图版一八二）：

□□□□□□□□□□□□□□□□□□□□□□顺天」□□□□□□□□□□□□□□肤施杨兆。巡按直隶」□□□□□□□□□□□□□□平等处兵备山东按察」□□□□□□□□□□□□□□兵兼镇守蓟州等处地」□□□□□□□□□□□□□□凤阳戚继光。协守东」□□□□□□□□□□□□□□门等处地方、参将署」□□□□□□□□□□□□□□秋班都司定州刘沛。」□□□□□□□□□□□□□刘楫听用游击蓟州」□□□□□□□□□□□□□县峄县潘愚。管修中军」□□□□□□□□□□□□□□把总靖海郑印」鼎建。

① 河北省文物局长城资源调查队：《河北省明代长城碑刻辑录》，科学出版社，2009年，第161页。
② 河北省文物局长城资源调查队：《河北省明代长城碑刻辑录》，科学出版社，2009年，第165页。
③ 河北省文物局长城资源调查队：《河北省明代长城碑刻辑录》，科学出版社，2009年，第167页。

（五一）卢龙县明万历五年（1577 年）六月鼎建碑[①]

此碑发现于卢龙县境内长城上。碑为石灰岩质，卧式方碑，周边阴刻 5.5 厘米宽卷草纹边框饰。碑长 101、宽 66 厘米。碑文阴刻楷书，部分字迹残损。竖式 21 行，满行 13 字，存字 166 字，字径 2 厘米。碑铭录文（图版一八三）：

万历五年六月吉日，总督蓟辽保」定等处军务兼理粮饷、都察院右」都御史兼兵部左侍郎肤施杨兆。」整饬蓟州等处边备兼巡抚顺天」等府地方都察院右佥都御史曲」周王一鹗。巡按直隶监察御史南」昌刘良弼。整饬永平等处兵备、山」东提刑按察司副使南海陈万□。」总理练兵事务兼镇守蓟州永平」山海等处地方、总兵官中宫都督」府左都督定远戚继光。协守□□」东路副总兵官临海杨文□□中」军副总兵官山海□□□□□□」参将□□□□□□□□□□□」□□黄宗□分守燕河等处地方」参将都指挥同知□水陈□□□」等□□□□都司□□□□□□」□□□薛经。旗牌□□□□提□」□□□督工中军官高阳杨炫。千」总官□眙王□管修把总官潍县」王□　鼎建。

（五二）迁安县仲秋之吉刘应节、黄太勋等鼎建（残）碑[②]

碑为青石质，残高 97、宽 64、厚 14 厘米。碑身断为两截，年款缺失。碑文阴刻楷书，竖式 12 行，全文存 212 字。碑铭录文：

□……□仲秋之吉，总督蓟辽保定等处军务兼理□……□」□……□侍郎监督察院右佥都御史潍县刘应节。」□……□等处边备兼抚顺天等府地方都察□……□」□……□御史肤施杨兆。巡按直隶监察御史晋江□……□」□……□巡按蓟辽等处监察御史仁和俞希周。整饬□……□」□……□等处地方兵备山西提刑按察司副使仁和徐□……□」□……□古总理练兵兼镇守蓟州永平山海等处地方总兵官中军都督府右都督凤阳戚继光。军门中军原任参将署都指挥佥事滦州张爵。协守东路副总兵官句荣胡守仁。」分守太平寨管参将事游击将军武定杨秉中。定州游击将军扬州徐行。委官忠义中卫□……□」□……□黄太勋。督工千总孙虎。把总倪汝楫」鼎建。

（五三）迁西县明隆庆三年（1569 年）擦崖子敌台鼎建碑（一）[③]

发现于迁西县擦崖子关长城脚下。碑为青石质，竖式方碑，周边阴刻勾云纹边框饰。高 80、宽 68.5、厚 14.5 厘米。碑文阴刻楷书，竖式 12 行，满行 19 字，全文共 225 字。碑铭录文（图版一八四）：

隆庆三年夏孟之吉，总督蓟巡保定等处军务兼」理粮饷、兵部左侍郎兼都察院右佥都御史宜黄」谭纶。整饬蓟州等处边备兼巡抚顺天等府地方、」都察院右佥都御史潍县刘应节。巡按直隶监察」御史上饶周以敬。整饬蓟州等处地方兵备、山西」布政司右参政兼按察司佥事益都杨锦。总理练」兵兼镇守蓟州等处地方总兵官中军都督府右」都督凤阳戚继光。军门中军暴以平。

① 河北省文物局长城资源调查队：《河北省明代长城碑刻辑录》，科学出版社，2009 年，第 169 页。

② 沈朝阳：《秦皇岛长城》，北京方志出版社，2002 年。转引自河北省文物局长城资源调查队：《河北省明代长城碑刻辑录》，科学出版社，2009 年，第 174 页。

③ 王书珍：《迁西石刻》，百花文艺出版社，2007 年。转引自河北省文物局长城资源调查队：《河北省明代长城碑刻辑录》，科学出版社，2009 年，第 178 页。

协守东路副」总兵官句容胡守仁。分守太平寨参将署都指挥」佥事凤阳罗端。原任游击将军定州高廷相。延绥」游击将军仁和张拱立。管工兴州前屯卫经历赵」升。丰润县典史吕子贤。把总李锜重　鼎建。

（五四）迁西县明隆庆三年（1569年）擦崖子敌台鼎建碑（二）①

发现于迁西县擦崖子关长城脚下。碑为青石质，竖式方碑，周边阴刻卷草纹边框饰。高62、宽46、厚11厘米。碑文阴刻楷书，竖式12行，满行21字，全文共242字。碑铭录文（图版一八五）：

隆庆三年夏孟之吉，总督蓟巡保定等处军务兼理粮」饷、兵部左侍郎兼都察院右佥都御史宜黄谭纶。整饬」蓟州等处边备兼巡抚顺天等府地方都察院右佥都」御史潍县刘应节。巡按直隶监察御史汝阳房楠。巡按」直隶监察御史上饶周以敬。整饬蓟州等处地方兵备、」山西布政司右参政兼按察司佥事益都杨锦。总理练」兵兼镇守蓟州等处地方总兵官中军都督府右都督」凤阳戚继光。军门中军大宁都司杭州暴以平。协守东」路副总兵官句容胡守仁。分守太平寨参将署都指挥」佥事凤阳罗端。原任游击将军定州高廷相。管工丰润」县典史吕子贤。蓟州卫经历柴藻擦崖子提调王杰。哨」总杨相总。督委官冯瀚」鼎建。

（五五）唐山市明隆庆三年（1569年）潘家口敌台鼎建碑②

现藏于唐山市民俗艺术馆，发现于迁西县潘家口附近长城。碑为石灰岩质，卧式方碑，周边阴刻卷草纹边框饰。高52、宽93、厚9厘米。碑文阴刻楷书，竖式，全文296字，3字缺损。碑铭录文：

隆庆三年秋季之吉，总督蓟巡保定等处军务兼理粮饷、兵部左侍郎兼都察院右佥都御史宜黄谭纶。整饬蓟州等处边备兼巡抚顺天等府地方、都察院右佥都御史潍县刘应节。巡按直隶监察御史汝阳房楠。整饬蓟州等处兵备、山西布政司右参政兼按察司佥事益都杨锦。总理练兵兼镇守蓟州等处地方、总兵官中军都督府右都督凤阳戚继光。协守东路副总兵官句容胡守仁。总督军门中军都指挥暴以平。松棚谷路游击署都指挥佥事马邑张惠。延绥□□入卫游击将军都指挥佥事甘州张拱立。监散钱粮总委官、蓟州卫经历章丘柴藻。提调龙井儿等处地方都指挥佥事蓟州李从善。延绥营督工右哨千总指挥佥事榆阳汪柟。松棚谷路监工旗牌王锐。管工把总指挥佥事陈阶。千户张沂山。委官李帖木、贾廷章、白江、张虎、夏铎、车元、万敖　鼎□。

（五六）遵化市明万历十五年（1587年）阅视碑③

发现于遵化县段长城上。碑身已碎为五块。碑为石灰岩质，碑身周边阴刻草叶纹边框饰。圆首碑，碑额，竖式，碑文阴刻楷书“碑记”二字。碑文阴刻楷书，竖式12行，存155字。碑铭录文：

万历十五年□□春防，总督蓟辽保定等处军务兼理粮」饷都察院右都御史兵部尚书曲周王一鹗。整饬蓟州等」处边备兼巡抚顺天等府地方都察院总右佥都御史重」庆蹇达。巡按直隶监察御史芮城任养心。巡抚两关监察」御史聊城□……□史兼兵部□……□兵部带管驿传」山西

① 王书珍：《迁西石刻》，百花文艺出版社，2007年。转引自河北省文物局长城资源调查队：《河北省明代长城碑刻辑录》，科学出版社，2009年，第180页。

② 王书珍：《迁西石刻》，百花文艺出版社，2007年。转引自河北省文物局长城资源调查队：《河北省明代长城碑刻辑录》，科学出版社，2009年，第186页。

③ 河北省文物局长城资源调查队：《河北省明代长城碑刻辑录》，科学出版社，2009年，第189页。

提刑按□……□抚顺天等府□……□平山海等」处地方总兵□……□直隶兼监察御史□……□协守□」镇中路等处□……□宅整饬蓟州等□……□挥佥事」永平葛绍忠。□……□同副史岐州朱衣。镇守□□都指挥」佥事太原□……□右军都督府都督同知、□□□□□」统行事署□……□理练兵事务副总□□□□□□□」戴志芳把□□□□□□□□□□□□□□□□□□□□□□□。

（五七）遵化市冷咀头鼎建（残）碑[①]

此碑发现于遵化市冷咀头东高山长城一敌台旁边。碑青石质，竖式方碑，周边阴刻勾云边框饰。残长40、宽53、厚20厘米。碑文阴刻楷书，竖式13行，全文残存95字。款识残缺。碑文为：

□……□侍郎兼□……□」□……□蓟辽保定等处军」□……□佥都御史关中杨」□……□等府地方、都察院右」□……□兼监察御史灵宝张宪翔。」□……□使司右参议兼佥事泾阳」□……□等处地方、总兵官中军都」□……□中西路□□大榆林张宦分。」□……□抚院□□□□将军顺义王」□……□通西□统领河南秋防班都司」□……□李风池。河南营中军指挥」□……□同天□……□」□……□建。

（五八）宽城县明万历五年（1577年）仲夏鼎建碑[②]

此碑发现于宽城县榆木岭段长城敌台内，于宽城县文保所早年抄录。录文共309字，其中12字不清晰。碑铭录文：

万历丁丑仲夏吉日，总督蓟辽保定等处军□□□□□□□□□□□□、都察院右都御史兼兵部侍郎肤施杨兆。整饬蓟辽等处边备兼巡抚顺天等府地方、都察院右佥都御史曲周王一鹗。巡按直隶监察御史南昌刘良弼。整饬蓟州等处地方兵备带管驿传、山西布政使司右参政兼按察司使安丘辛应干。总理练兵事务兼镇守蓟州永平山海等处地方、总兵官中军都督府左都督定远戚继光。协守蓟州中路等处地方、分理练兵事务副总兵官都指挥佥事丰润史宸。总督蓟辽保定军门、中军副总兵都指挥佥事山海徐枝。抚院中军参将都指挥佥事古檀谷杲。蓟镇中军司义乌黄宗统。抚院标下委官、听用协同署都指挥佥事宁都睿述。提调榆木岭等处地方、署指挥佥事榆木岭王英。本路中军武举署指挥佥事古宜马连举。调度总委千总百户瑷阳周时祚。一把总榆林潘仁鼎建。

（五九）宽城县明万历六年（1578年）鼎建碑[③]

此碑现存于宽城县艾峪口村民褚永田家。该碑已断为三段，其下部缺两个小角。碑为砂岩石质，卧式方碑，碑身周边阴刻3.5厘米宽卷草纹边框饰。碑高52、宽9、厚7厘米。碑文阴刻楷书，竖式24行，满行12字，全文273字，字径1.8厘米。碑铭录文（图版一八六）：

万历六年孟夏之吉，」总督蓟辽保定等处军务兼理」粮饷、都察院右佥都御史兼兵」部左侍郎真定梁梦龙。整饬蓟」州等处边备兼巡抚顺天等府」地方、都察院右佥都御史同安」陈道基。巡按直隶监察御史历」城于鲸。整饬蓟州等处地方兵」备带管驿传、山西布政使史司右」参政

---

① 河北文物研究所：《河北明长城碑碣石刻文字辑录》，1983年。转引自河北省文物局长城资源调查队：《河北省明代长城碑刻辑录》，科学出版社，2009年，第192页。

② 河北省文物局长城资源调查队：《河北省明代长城碑刻辑录》，科学出版社，2009年，第193页。

③ 河北省文物局长城资源调查队：《河北省明代长城碑刻辑录》，科学出版社，2009年，第194页。

兼按察司副使安丘辛应」乾。总理练兵事务兼镇守蓟州」永平山海等处地方、总兵官中」军都督府左都督定远戚继光。」协守蓟州中路等处地方、分理」练兵事务副总兵官都指挥佥」事北平史宸。分守喜峰口等处」地方、游击将军管参将事署都」指挥佥事同安陈忠。统领蓟镇」天津营春班、游击将军署都指」挥佥事关中刘龙。提调董家口」关指挥使上郡李秉德。督工委」官曲芳。中军指挥佥事天津张」行中。千总张应鹍。把总张涛」鼎建。

（六〇）滦平县明隆庆三年（1569年）戚继光、吴汶鼎建碑①

此碑收藏于滦平县博物馆，发现于滦平县巴克什营二寨南沟长城。碑体保存完好，青石质，竖式方碑，单阴线边框。碑长73.1、宽51厘米。碑文阴刻楷书，竖式12行，满行22字，全文258字，字径2.5厘米。碑铭录文（图版一八七）：

隆庆三年孟夏之吉，总督蓟辽保定等处军务兼理粮饷、」兵部左侍郎兼都察院右佥都御史宜黄谭纶。整饬蓟州」等处边备兼巡抚顺天等府地方、都察院右佥都御史潍」县刘应节。巡按直隶监察御史上饶周以敬。整饬密云等」处兵备山东布政司右参政兼按察司副史太仓凌云翼。」副史曲周王一鹗。总理练兵兼镇守蓟州等处地方总兵」官中军都督府右都督凤阳戚继光。协守西路副总兵官」鄱阳李超。分守古北口等处地方参将署都指挥佥事定」远朱绍文。军门标下游击将军霍邱李如槚。河南领班都」司沂州王邦宪。原任副总兵宁夏逄登以。都指挥会稽章」延廪。管工霸州判官固始王建。三河县县丞洛川刘爱。中」军官福山王维藩。把总吴汶　鼎建。

（六一）滦平县明隆庆三年（1569年）谭纶、王稻鼎建碑②

现藏于滦平县博物馆，发现于滦平县金山岭东方台。碑石保存完整，碑为青石质，竖式方碑，单阴线边框饰。长74、宽55厘米。碑文阴刻楷书，竖式12行，满行22字，全文254字，字径2.5厘米。碑铭录文（图版一八八）：

隆庆三年夏孟之吉，总督蓟辽保定等处军务兼理粮饷、」兵部左侍郎兼都察院右佥都御史宜黄谭纶。整饬蓟州」等处边备兼巡抚顺天等府地方、都察院右佥都御史潍」县刘应节。巡按直隶监察御史上饶周以敬。整饬密云等」处兵备山东布政司右参政兼按察司副史太仓凌云翼。」副史曲周王一鹗。总理练兵兼镇守蓟州等处地方总兵」官中军都督府右都督凤阳戚继光。协守西路副总兵官」鄱阳李超。分守古北口等处地方参将署都指挥佥事定」远朱绍文。军门标下游击将军霍邱李如槚。河南领班都」司沂州王邦宪。原任副总兵宁夏冯登以。都指挥会稽章」延廪。管工霸州判官固始王建。三河县县丞洛川刘爱。中」军官福山王维藩。把总王稻　鼎建。

（六二）滦平县明隆庆四年（1570年）戚继光、张永安鼎建碑③

此碑现藏于滦平县博物馆，发现于金山岭段长城敌台。碑右上角残折，青石质，卧式方碑，无纹饰。长83、宽64.5厘米。阴刻楷书，竖式17行，满行13字，全文214字，字径2.5厘米。字迹尚清晰可辨读。碑铭录文（图版一八九）：

---

① 河北省文物局长城资源调查队：《河北省明代长城碑刻辑录》，科学出版社，2009年，第204页。
② 河北省文物局长城资源调查队：《河北省明代长城碑刻辑录》，科学出版社，2009年，第206页。
③ 河北省文物局长城资源调查队：《河北省明代长城碑刻辑录》，科学出版社，2009年，第210页。

隆庆四年夏孟之吉，总督蓟辽保」定等处军务兼理粮饷兵部左侍」郎兼都察院右佥都御史宜黄谭」纶。整饬蓟州等处边备兼巡抚顺」天等府地方都察院右佥都御史」潍县刘应节。巡按直隶监察御史」高安傅孟春。整饬密云等处兵备」山东布政司右布政兼按察司副」使太仓凌云翼。总理练兵兼镇守」蓟州等处地方总兵官中军都督」府右都督定远戚继光。协守西路」副总兵官鄱阳李超。分守古北口」等处地方副总兵官崞县董一元。」山东领春班都司定远戚继美。管」工营州后屯卫经历临潼焦尚福。」委官中军指挥山阳钱沂署。把总」张彦洪、张永安　鼎建。

附录一　金山岭长城砖垛口发现的古残碑

郑立新

1981 年 10 月，在滦平金山岭明长城的砖垛子口一侧发现一块残碑①，残长 64、宽 35、厚 13 厘米。该碑正面、侧面坑坑洼洼，是经过长期风雨的侵蚀和人为的凿刻所造成，碑上文字多漶漖不清，但有些文字可以识别出来（图版一九〇）。现据拓片录其文字如下：

都□上仪同刘恭从□□□□□东城西幽州别将李康燕乐县都主阵[宗]□□□

九十二步幽州都主阵都督丁善[本]领主阵张迁贵杨春文

幽州大都督路显和

次东一百十步幽州都主阵惜春舒领丁主阵刘仩李同段恒□和□漕□

次东一百卅四步幽州都主阵都督刘寅领丁主阵杨□贵

燕乐县令司马长寿

鲜于奉仙王子宝金子升

燕乐县丞□□□

上城东十六步已东一百五十四步幽州都主阵□立张才达领丁主阵□陁

官睿韩宸仁王怀

□□领□仪同□□□

开[皇]十七年九月造使燕乐潞□□□□

残碑的一侧面尚有文字 6 行，因严重漶漖不清，已难辨识，但尚可看出的部分文字为：

……东界……长城……卅一□东界……

……已东五十步……已东五十一步□州……

……卌二步……

……卌九步……主阵……别将……

下面对上述文字作一考释。

正面碑文第 1 行“上仪同”和第 11 行“□仪同”为职官名，“上仪同”为武职“上仪同三司”的简称，或称仪同将军，据《隋书・百官志》，“上仪同三司”为从四品。

第 3 行“幽州大都督路显和”，按《魏书・地形志》，“幽州治蓟城”，即今北京。隋初高祖维新朝政，开皇三年（583 年）“遂废诸郡”，即隋朝初年仍沿用北齐、北周时期的州辖郡、县制度，炀

① 此残碑发现后被长城内侧密云县砖垛子村的村民移走，当时只留下一纸并不太清晰的拓片。

帝嗣位以后“寻改州为郡”[①]，故这里的幽州应是隋炀帝改州为郡以前的幽州。隋文帝采后周之制置上仪同三司、大都督、都督等职，皆武职，可见“上仪同”为文帝所设，碑文中出现此官职，可确定为隋文帝杨坚时期。[②]

第1行“燕乐县”，第6行“燕乐县令司马长寿”，第8行“燕乐县丞”的“燕乐”，乃北魏以来之建置，一直沿用到隋唐，唯所置地不同，有的为侨治。据《隋书·地理志》：“安乐郡，旧置安州，后周改为玄州，开皇十六年州徙，寻置檀州，统县二：燕乐、密云”，可知燕乐治于安乐郡檀州。从此残碑的出土地点分析，应是隋开皇所置的燕乐。隋初延北周建置，王仲荦《北周地理志》云：“燕乐，今北京密云东北70里。”恰与残碑发现地点相近。[③] 燕乐县有令、丞。

第1行有“燕乐县都主帅”，第2、4、5、9行有“幽州都主帅”，“都主帅”可能有两层含义，“都”应即为一军职名，即“都头”的省称，隋唐以来一部军队为一都，都头为这一部军队的长官，如称某军、某部，“帅”为“帅”的别字。幽州和燕乐县都主帅，即幽州、燕乐一部军队的长官，残碑中在“都主帅”名字之后多有“领丁主帅”的名字，领丁主帅即率领丁男（民工）的头儿。

残碑第12行“开皇十七年九月造使燕乐潞……”是碑文落款，其中第2个字虽漶泐较甚，但仍可认出为“皇”字，可知此碑刻于隋开皇十七年（597年）。“造使”是承造工程的责任者，从前文可推知具体执行者为燕乐县和潞县的令、丞。潞在通县东，幽州渔阳郡治潞。[④] “潞”字下有数字，不清，可能还有其他县造使的名字。

通观此残碑文，记载的应该是隋开皇十七年（597年）朝廷命上仪同三司幽州大都督率部队都主帅、领丁主帅及丁男（民工）进行大规模修筑工程的史实，由于该碑发现于明长城沿线接近山脊处，所以它不可能是修筑其他城池或沟渠的纪事。由碑文中“城西”、“九十二步”、“次东一百十步”、“次东一百卅四步”、“上城东十六步”、“已（以）东一百五十四步”，侧面碑文中的“东界”、“长城”、“卅一”、“已（以）东五十步”、“卌二步”、“卌九步”等，可以看出此碑是隋代修筑长城的记事碑。由上仪同、幽州大都督、幽州都主帅、燕乐县都主帅，燕乐县（由于碑文文字缺失，可能还有其他县的官民参加修筑）令、丞等率领丁主帅以及丁男（民工）等分段负责修筑长城，自西向东顺序进行，最后由燕乐、潞等地造使负责管理并勒铭记事。

这块残碑反映了一段很重要的史实。

1. 隋朝修长城于燕山确有其事，残碑文提供了真实的证据，据《隋书》记载，隋文帝杨坚于开皇三年（583年）破高宝宁于黄龙（今朝阳）后开始重视北部边防，修筑长城以防突厥和契丹犯边，“六年二月丁亥，发丁男十一万修筑长城，二旬而罢”、“七年二月发丁男十万余修筑长城，二旬而罢”。[⑤] 隋炀帝大业三年（607年）丙子“发丁男百余万筑长城，西距榆林，东至紫河，一旬而罢”，四年秋十月“发丁男十二余万筑长城，自榆谷而东”。[⑥]《隋书·地理志》记载，涿郡昌平，安乐郡燕乐、密云，渔阳郡无终，北平郡卢龙皆有长城。[⑦] 此外，《隋书》中的一些人物传记及《资治通鉴》中也有多处关于隋修长城的记载。隋修长城见于文献记载，但缺少考古方面的证据，这块残碑填补了

① 《隋书·地理志上》，中华书局标点本，第807页。
② 《隋书·百官志下》，中华书局标点本，第781页。
③ 王仲荦：《北周地理志》，中华书局，1990年，第1007页。
④ 王仲荦：《北周地理志》，中华书局，1990年，第1000页。
⑤ 《隋书·帝纪一·高祖上》，中华书局标点本，第23页。
⑥ 《隋书·帝纪三·炀帝上》，中华书局标点本，第71页。
⑦ 《隋书·地理志中》，中华书局标点本，第858、859页。

这一空白，而且它或可证明，现今古北口到山海关一线的明长城基本上是沿隋长城的路线、走向在燕山山脊上修筑的。同时，对抚宁北到墙子里一带发现的石边墙可能为隋朝所建提供了更大的可信性。[1]

2. 从开皇二年（582 年）到大业四年（608 年）的 26 年间，曾有数次大规模的长城修筑工程见于文献，而碑文中记载为开皇十七年（597 年）的修筑，证明平时的维修工程也未曾间断，且规模不小。

3. 隋长城的分段修筑，一般 100 余步为一段，画地授工，由地方官员和各地征调的官兵、丁男（民工）承担。据了解，在明长城内侧有一道与之并行的名为“旧边”或“老边”的土、石长垣，从高空俯瞰极为清晰，与明长城有分也有重叠，这可能就是隋长城的残迹了。

4. 隋长城从古北口到山海关段，是沿北齐、北周长城的底线而修筑的。隋初的燕乐位置在今密云东北 35 千米，约当古北口附近，碑文所记从燕乐向东沿燕山山脊崎岖东行到渤海岸边，这条线恰是北齐长城所经。古北口是历史上著名的蚯蝓塞，是北齐长城从北京西、北向东行的要塞，一种认为，北齐长城应从蚯蝓塞东北行，沿北齐、北周幽、安、营三州北界，即今北京密云，河北丰宁、隆化、承德，内蒙古宁城，辽宁朝阳的北魏之广长堑一线，但这只是推论，至今未见到有关遗迹[2]；另一种意见认为，从古北口到山海关一线的早期长城为北齐、北周所建，目的是防范突厥和契丹。北齐天保七年（556 年），西自河西总秦戍，东至于海，前后所筑长城“东西凡三千余里”[3]；天统元年（565 年），“自库堆戍东拒于海，随山屈曲二千余里，其间二百里凡有险要，或斩山筑城，或断谷起障”[4]。这两次所修实为同一道长城。[5] 北周大象元年（579 年），“诏（于）翼巡长城，立亭障，西自雁门，东至碣石，创新改旧，咸得其要害”[6]，实际是在北齐长城的基础上对要塞之地创新、改旧、草修、加固而已。其实天统元年和大象元年的两次维修工程量都不大，及至隋开皇二年（582 年），由于高宝宁寇平州，突厥入长城[7]，又开始修筑古北口到山海关这一线的长城，可以说隋长城是在北齐、北周长城的基础上延续的未竟工程，动员的人力多、工期短，可见也不完全是拆旧创新。

残碑的发现还证实了燕乐是隋东线长城的所经之地。

5. 过去一般研究者都把古北口到山海关一段明长城底线、城内外远离明长城的旧边墙认为是单一的北齐长城，显然忽视了隋修这段边墙的史实，此残碑的发现纠正了这一误解。

原载《文物春秋》2011 年第 1 期，编入本报告有改动。

---

① 张立敏《秦皇岛市境内的古长城》，《文物春秋》2001 年 3 期，第 49 页；康群：《秦皇岛市内古长城考》，《辽海文物学刊》1990 年 2 期，第 85 页。

② 韩嘉谷：《天津黄崖关志》，天津古籍出版社，1988 年，第 14 页。

③ 《北齐书・文宣帝纪》，中华书局标点本，第 63 页。

④ 《北齐书・斛外律金传附子羡传》，中华书局标点本，第 227 页。

⑤ 李文信：《中国北部长城沿革考》，《李文信文集》，辽宁人民出版社，1992 年，第 234 页。

⑥ 《周书・于翼传》，中华书局标点本。

⑦ 《隋书・帝纪一・高祖上》，中华书局标点本，第 23 页。

附录二　明长城等级碑刻试释

郑立新

明代长城遗留下来的大量碑刻中，以记载边墙修筑情况的为最多。边墙是明长城工程中的主体，结构非常复杂，所需研究的内容也非常多，如墙体结构、种类、等级及其附属设施等。本文仅就有关边墙等级的碑刻作一试释，并谈谈自己的看法。

《明实录》等正史中有关边墙工程的记载较多，但未见有边墙等级之说，明人徐日久的《五边典则》卷三“蓟辽总”中，仅以“各墙原分三等”一语带过，而未细言，但在碑文中却有大量的存在，如《河北省明代长城碑刻辑录》[①]《司马台长城》[②]《明长城考实》[③] 等书中收录的长城碑文多有涉及。本文汇总了部分碑文，分别对蓟镇和真保镇所属明长城的等级及结构、筑法进行了分析。

一、蓟镇长城

（一）一等边墙碑

1.《抚宁县万历二十二年五月真定民兵营分修一等边墙九丈碑》：“真定民兵营左哨千总武举镇抚周通，二司把总千户曹文献，自北迤南分修一等边城九丈。督工旗牌孙二国，边石匠赵仓等。万历二十二年五月吉旦。”[④]。此碑文明确了修筑任务是“一等边城九丈”，但未明确规格尺寸。

2.《迁西县擦崖子万历十八年春防边墙工程碑》：“……岁次庚寅春防，通津营分修太平路擦崖子正关东稍城四十九号台东空□□起，迤西一等边墙一十六丈，合式如法修完，勒石于左……”[⑤]

3.《慕田峪长城一等边墙碑》：“万历三十年山东秋防，右营修工军士……分修慕田峪一等边城长三千六百一十八尺，收顶一丈四尺，高连垛口二丈五尺。”[⑥] 以明一尺约合今 32 厘米来推算，则“收顶一丈四尺”为 4. 48 米，“高连垛口二丈五尺”合今 8 米，碑文中没有提及所用建筑材料。

4. 迁安徐流口转角楼内有一方万历三十五年（1607 年）边墙记事碑，其文为：“修建冷板台子

① 河北省文物局长城资源调查队：《河北省明代长城碑刻辑录》，科学出版社，2009 年。

② 晋宏逵：《司马台长城》，北京燕山出版社，1992 年。

③ 华夏子：《明长城考实》，档案出版社，1988 年。

④ 河北省文物局长城资源调查队：《河北省明代长城碑刻辑录》，科学出版社，2009 年，第 18 页。

⑤ 河北省文物局长城资源调查队：《河北省明代长城碑刻辑录》，科学出版社，2009 年，第 74 页。

⑥ 晋宏逵：《司马台长城》，北京燕山出版社，1992 年，第 24、91 页。

七十四号台西窗（空）起，至鸡林山七十六号台东窗（空）止（修）一等边墙八十六丈一尺，下用条石，上接砖垒砌，底阔一丈六尺，收顶一丈三尺，高连垛口二丈五尺。”此碑记录一等边墙的规格最为全面：“底阔一丈六尺”，合今5.12米；“收顶一丈三尺”，合今4.16米；“高连垛口二丈五尺”，合今8米；用料是下以条石为基，上接用砖垒砌墙体到顶（含垛口墙）。这应该是法式规定一等边墙的规格。金山岭一带的长城多属这种全砖墙体，在我们的调查所见中为最上乘的边墙。

这种一等边墙包括隆庆、万历以后经过改造的石砌平头薄墙，即在石墙的基础上内外以石条为基，上用砖包到顶，也达到了一等边墙的水平。

（二）二等边墙

1.《青龙县万历四十四年边墙工程碑》：“定州营右部头司把总官晏天福。万历四十四年秋防，分修二等砖边城八丈五尺。督工旗牌马大祥，泥水匠靳歪头，石匠张八。”（图版一五八）

2.《迁西县擦崖子万历四十四年秋防城工碑》：“定州营右部三司把总指挥李国昌。万历四十四年秋防，分修二等砖边城十丈□尺五寸。督工旗牌冯十八，泥水匠头李六，石匠头贺均祥。”（图版一七八）

3.《北京怀柔大秦峪二等边墙记事碑》：“钦差山东都司军政检事，统领昌镇秋防……奉文……派修大秦峪二等边墙，长四十五丈，底阔一丈六尺，收顶一丈二尺，高连垛口二丈……万历四十二年九月。”[①]

4.《北京怀柔东大楼碑》：“山东右营春防……奉文派修……二等边墙六丈九尺五寸，共墙六十五丈。底阔一丈六尺，收顶一丈二尺，高连垛口二丈……万历四十三年四月日立。”[②]

上述青龙、迁西二碑文均未记二等边墙的规格，但显示其用材为砖；大秦峪和东大楼碑文则记载边墙“底阔一丈六尺”，合今5.12米；“收顶一丈二尺”，合今3.84米；“高连垛口二丈三尺”，合今7.36米。

二等边墙为砖石合筑，其尺寸规格较一等边墙尺寸为小，与我们调查所见的大量砖石合筑墙体相同。砖石合筑墙在边墙中占比例较大，其修筑方法也区别于一等边墙：有的为外砖内石墙，外面砖包，檐部腰砖以上砖砌垛口墙，而墙内皮为虎皮石墙；有的只修外面垛口墙，而内不修宇墙，形成梯式，可以看出是偷工减料；有的为砖帽石墙，边墙体内外皆为虎皮石墙，只是墙檐腰砖以上用砖砌垛口墙，远看似砖墙，气魄高大，实际石墙占主要部分。

（三）三等边墙碑

根据实地调查，三等边墙主要为石边墙，有宽体石墙、窄体石墙、单边墙的不同，但在碑文中凡石墙一律归为三等边墙，至今还未见石墙体上有一、二等边墙碑的情况，应是主要按质料不同来区分等级。

1.《抚宁县万历十八年秋防创修边城工界碑》：“万历十八年秋防，定州营左部贰司把总黄喜文下，自立界石起，至三司把总缪世元工界止，创修三等边城二十二丈四尺。”[③]（图版一七〇）按此碑

---

① 华夏子：《明长城考实》，档案出版社，1988年，第303页。

② 华夏子：《明长城考实》，档案出版社，1988年，第304页。

③ 河北省文物局长城资源调查队：《河北省明代长城碑刻辑录》，科学出版社，2009年。

文，这段山体原本无边墙，故言创修。

2.《抚宁县万历二十三年创修三等边墙五丈碑》："……万历二十三年秋防，德州营修完石□木马峪七十八号敌台西空起，至西山崖上，拆修二等边墙四十丈，创修三等边墙五丈，敌台一座。"①（图版一四八）由此碑文可知，历年春秋两防时，边墙有拆有修，此次为拆二等边墙后又在原址创建三等边墙。

3.《北京延庆大庄科修筑三等边墙记事碑》："钦差分守黄花镇等处地方驻扎防御□□参将都指挥徐振邻……率修工匠夫四百七十五名，修完……三等边墙□□八分，□□四分，底阔一丈四，收顶一丈四尺，（高连）垛口一丈五尺，通照原形，如法修筑……万历□年十月十四日迩修完讫，计开……"②"底阔一丈四尺"，合今 4.48 米；"高连垛口一丈五尺"合今 4.8 米，与调查边墙所见的宽体石墙规格接近，这应是属上乘石墙，尺寸接近二等砖石合筑墙。这种石墙接近明人刘效祖《四镇三关志》中提及的"平头薄墙"规格。

窄体石墙多修在较险山处，这种窄体石墙多无碑文记载，但在文献中却可找到。明嘉靖二十九年（1550 年）《提督副都御史何栋修举边防疏略》称："边墙规格高一丈五尺，共高二丈，根脚一丈，收顶九尺。"③其"根脚（底阔）一丈"合今 3.1 米，"收顶九尺"合今 2.8 米，"高二丈"合今 6.3 米。此处未言明等级，但不难看出是嘉靖二十四年（1545 年）前后所行的"平头薄墙"规格。此后，墙体增厚，加筑垛口，可行走，主站，是经过改造的"平头薄墙"，实际是目前蓟镇边墙上存在最多的窄体石墙。

单边墙是很窄小的一段短墙，一般修在险山脊上，这种墙也属于三等边墙。在滦平金山岭边墙二道梁台 57 号～59 号之间有一段群众称之为"瘦马脊"的险山墙体上，全长 328.3 米，墙体只于山脊部用石块、条砖砌成小窄墙，最窄处不足 1 米，高 1.8 米左右。墙体上发现有"山东左营三等墙止"的砖刻文字，可见这种窄小的单边墙也属于三等边墙。

从上述碑文可以看出，当时构建的边墙有三等，每一等的结构、具体筑法不同。如一等边墙为全部用条石和砖砌成，其规格收顶 4.16～4.48 米，底阔 5.12 米，高连垛口 8 米。万历时期对口门两侧墙体普遍实行砖包、加厚、加固、加高，形成砖包的石芯墙，将原来的石墙提升为砖包墙，即一等边墙。二等边墙为砖石合筑，其规格，底阔 5.12 米，收顶 3.84 米，高连垛口 7.36 米。墙的外皮砖包，内皮仍为虎皮石墙，而垛墙部分为砖砌；有的墙体内外皆为下部条石、上部虎皮石墙，墙檐部腰砖以上为砖筑，可称为"砖帽石墙"。三等边墙皆石砌，但墙体高、厚尺寸规格也各不相同。宽体石墙底阔 4.4 米，高 4.7 米，窄体石墙底阔 3.1 米，收顶 2.8 米，高连垛口 6.3 米。

需要说明的是一、二、三等边墙的碑文中记载的尺寸不是绝对的，只是法定式样控制数字，在具体施工中还要因地而异。

二、真保镇长城

真保镇长城与蓟镇长城在等级上略有不同，见于《河北省明代长城碑刻辑录》中收入的几方发

① 河北省文物局长城资源调查队：《河北省明代长城碑刻辑录》，科学出版社，2009 年，第 19 页。
② 华夏子：《明长城考实》附录二，档案出版社，1988 年，第 306 页。
③ （明）刘效祖：《四镇三关志》。

现于涞源县的边墙工程记事碑。

1.《万历四年民兵营修边碑》："钦差巡抚保定标下民兵营游击将军崔经，部下中军原任都司刘秉锡，督工旗牌官焦时亨，修工兵王守道等一百五十四名，原议增修，今改创修下等边墙二段，共七十丈一尺二寸。第二段北自扑塌石起，至委官王思舜界止，四十丈一尺二寸。于万历四年秋防九月二十日修完，呈报讫。万历四年秋防九月二十日立石。石匠王延美，边匠段阳辉。"[1] 这里明指这一段是新创修的下等边墙。

2.《涞源县汤子沟段万历二年长城碑》："督察院委官、保定府管紫荆关务、长芦都转运盐使司同知报□同，原任大宁都司刘光史，保定后卫中所百户谢平□□操壮二百四十九名，创修羊栏沟□上等边墙三十七丈一尺八寸四分，北自桃树□起，至□□百户许延福墙界止。甲戌年二月十一日上工，五月二十日□□"[2] 该碑记载了这段上等边墙的长度及起止地点，但没有提到边墙的规格、尺寸以及用料。

3.《创修边城碑记》："……同原任大宁都司神武□□□定后卫中所百户谢平□□操壮二百四十九名，创修□□□口上等边墙三十七丈一尺八寸四分。北自桃树㝉起，至□□百户许许延福墙界止。□□□二□十一日上工，五月初十日□□。万历四年春防吉旦立石。"[3]

4.《涞源县隋家庄万历四年民兵营修边碑》："钦差巡抚保定标下民兵营，游击将军崔经，部下千总李继祖，督工旗牌唐国臣，修工兵耿宇等二百三十三名，原议增修，今改创修上等边墙三段，共五十一丈七尺二寸；第二段自乱石嘴起，至浮字十三号台止，一十九丈八尺。于万历四年秋防九月十九日修完，呈报讫。万历四年秋防九月十九日立石。石匠张朝臣等，边匠刘登等。"[4]

另在浮图峪长城 2 至 3 号台之间发现刻有"上中等边墙字"样的碑刻残石。

上述四碑皆立于万历时期，当时的涞源县属真保镇辖下边防。真保镇防务原属蓟镇，明嘉靖三十年（1551 年），设总兵镇守。从碑文记载可知，真保镇边墙有上等、上中等、下等，分析可能还有中下等，其实等于蓟镇的一、二、三等。

边墙中还有一部分山险墙，所占比重也较大。因险制塞是边墙修筑的一个重要原则，《史记・匈奴列传》中即有"因边山险斩溪谷，可善者治之"之说。历代长城都是巧妙地利用地形地貌，明代总结历朝经验，利用山险塞墙，更是不乏实例。山险墙在边墙中很少见于记载，但它却在整个蓟镇边墙中占有一定比例。有的学者不主张把山险墙统计在长城墙体的总数中，这是不对的。从目前的长城调查结果来看，蓟、宣两镇边墙的实际数据与《明实录》等官方记载的长城长度数据接近，可见当时是把山险墙也统计在总数之中的。[5] 关于山险墙的一些问题将另文讨论。

本文原载《文物春秋》2012 年第 2 期，编入本报告有改动。

① 河北省文物局长城资源调查队：《河北省明代长城碑刻辑录》，科学出版社，2009 年，第 134 页。
② 河北省文物局长城资源调查队：《河北省明代长城碑刻辑录》，科学出版社，2009 年，第 138 页。
③ 河北省文物局长城资源调查队：《河北明代长城碑刻辑录》，科学出版社，2009 年，第 141 页。
④ 河北省文物局长城资源调查队：《河北明代长城碑刻辑录》，科学出版社，2009 年，第 143 页。
⑤ 郑绍宗、郑立新：《河北古代长城沿革考略》，《文物春秋》2009 年第 3、4 期。

图版

图版一　许纶题“冷口御敌”摩崖刻石

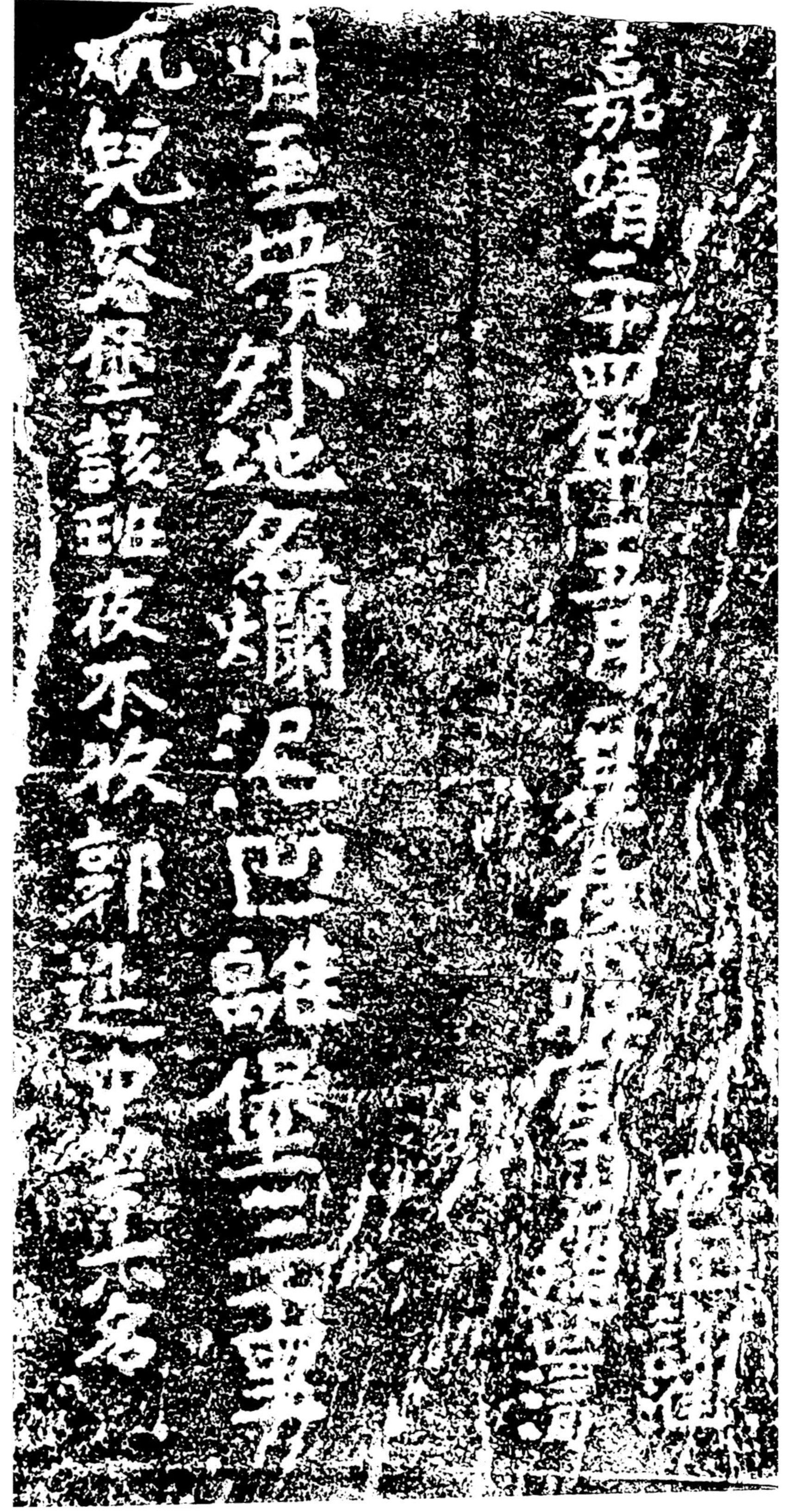

图版二　明嘉靖二十四年（1545 年）郭延中摩崖刻石

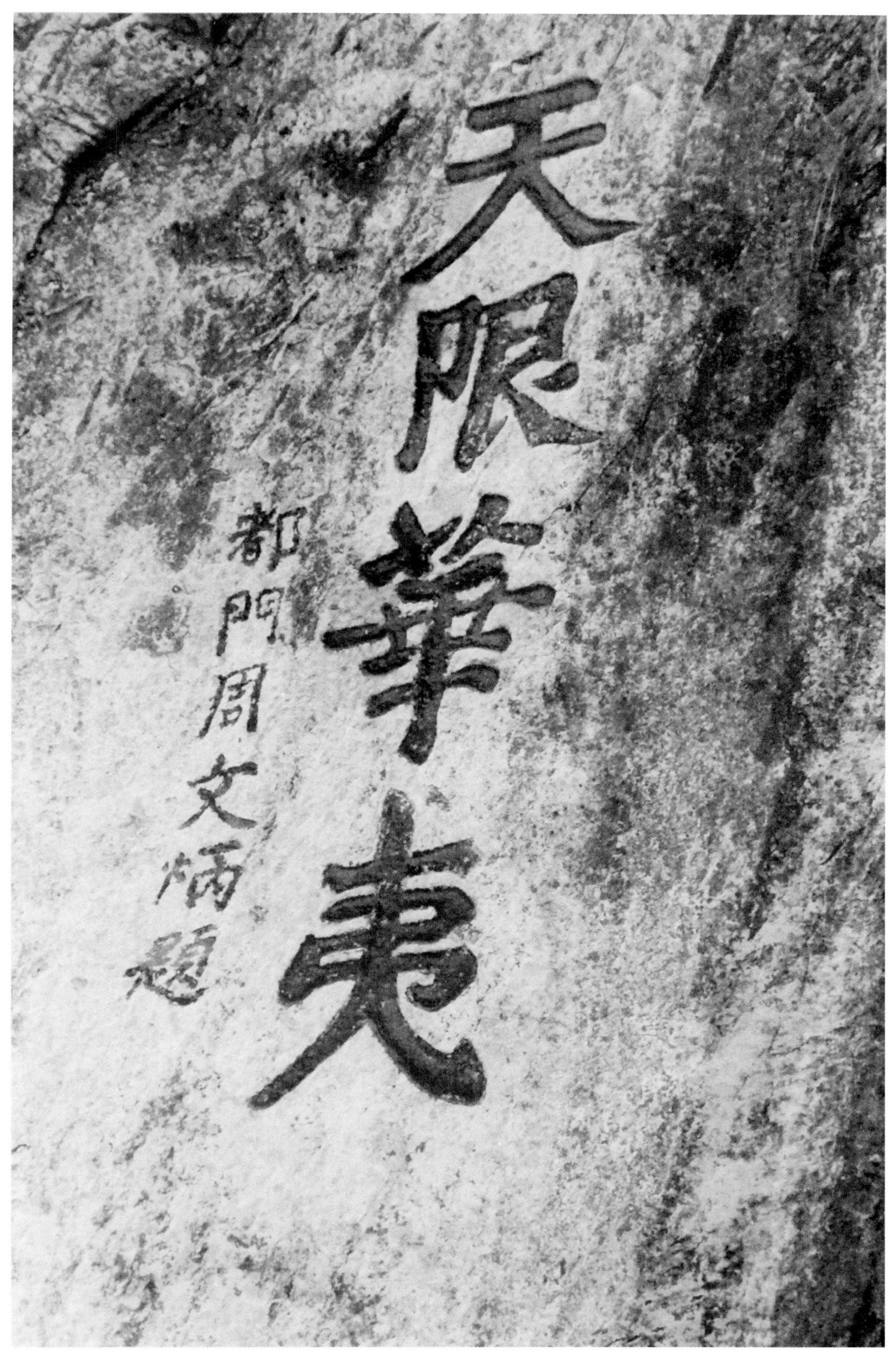

图版三 “天限华夷”刻石

图版四　明万历八年（1580年）戚继光“香山纪寿”刻石

图版五　明长城阅视碑

图版六　明隆庆四年（1570年）夏长城阅视碑

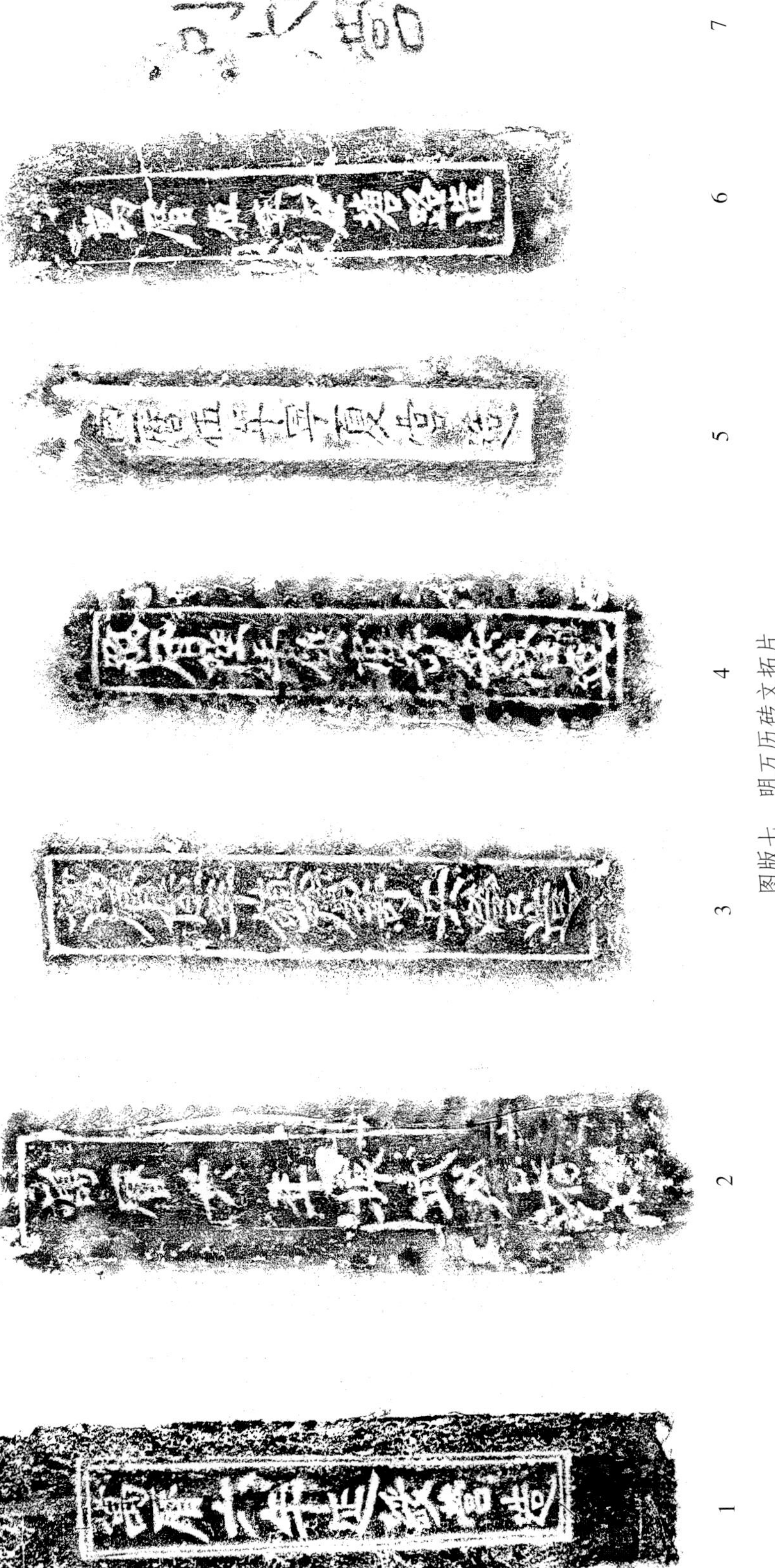

图版七 明万历砖文拓片

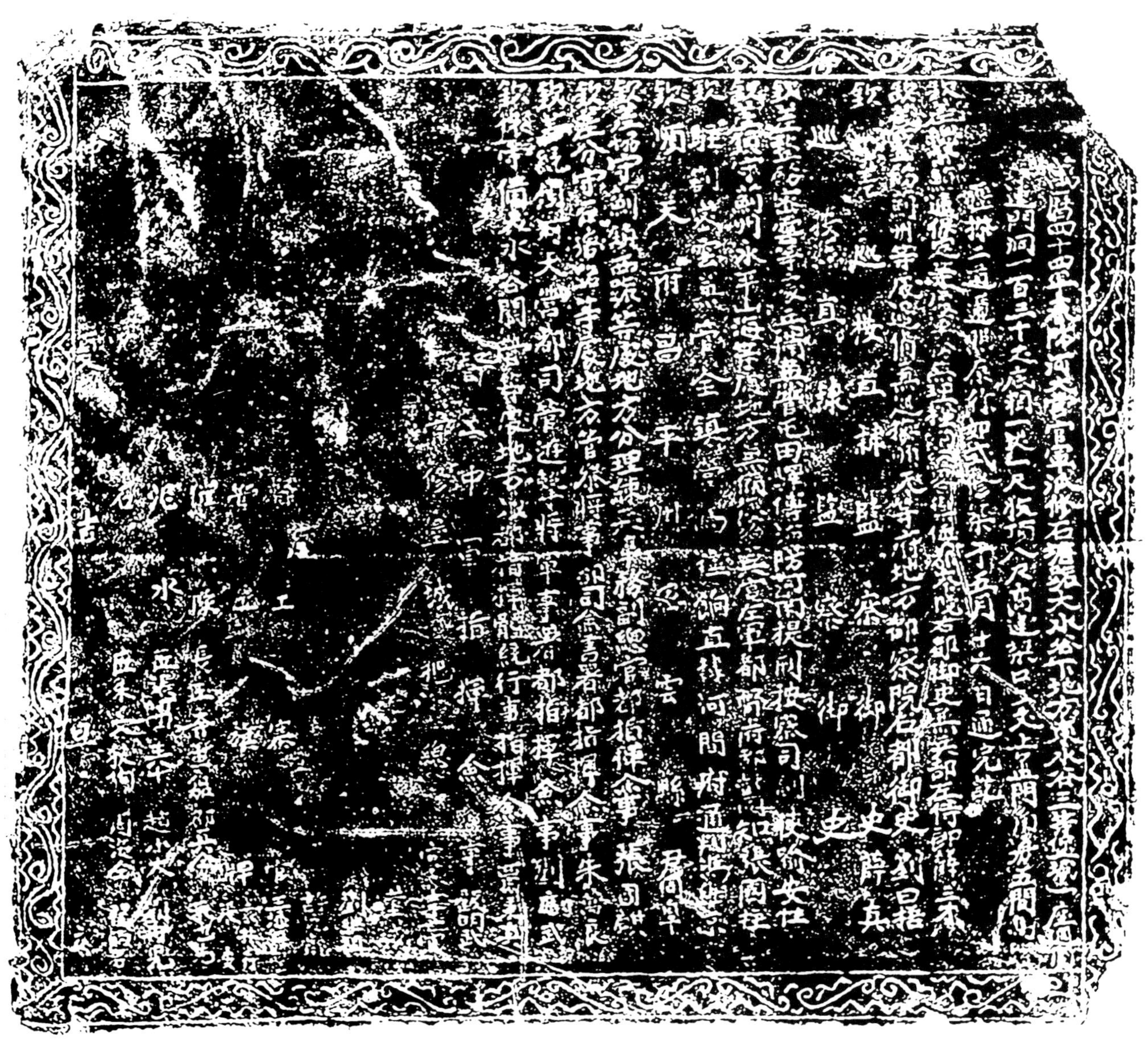

图版八　明万历四十四年（1616 年）派修石塘路东水峪三等堡城记事碑

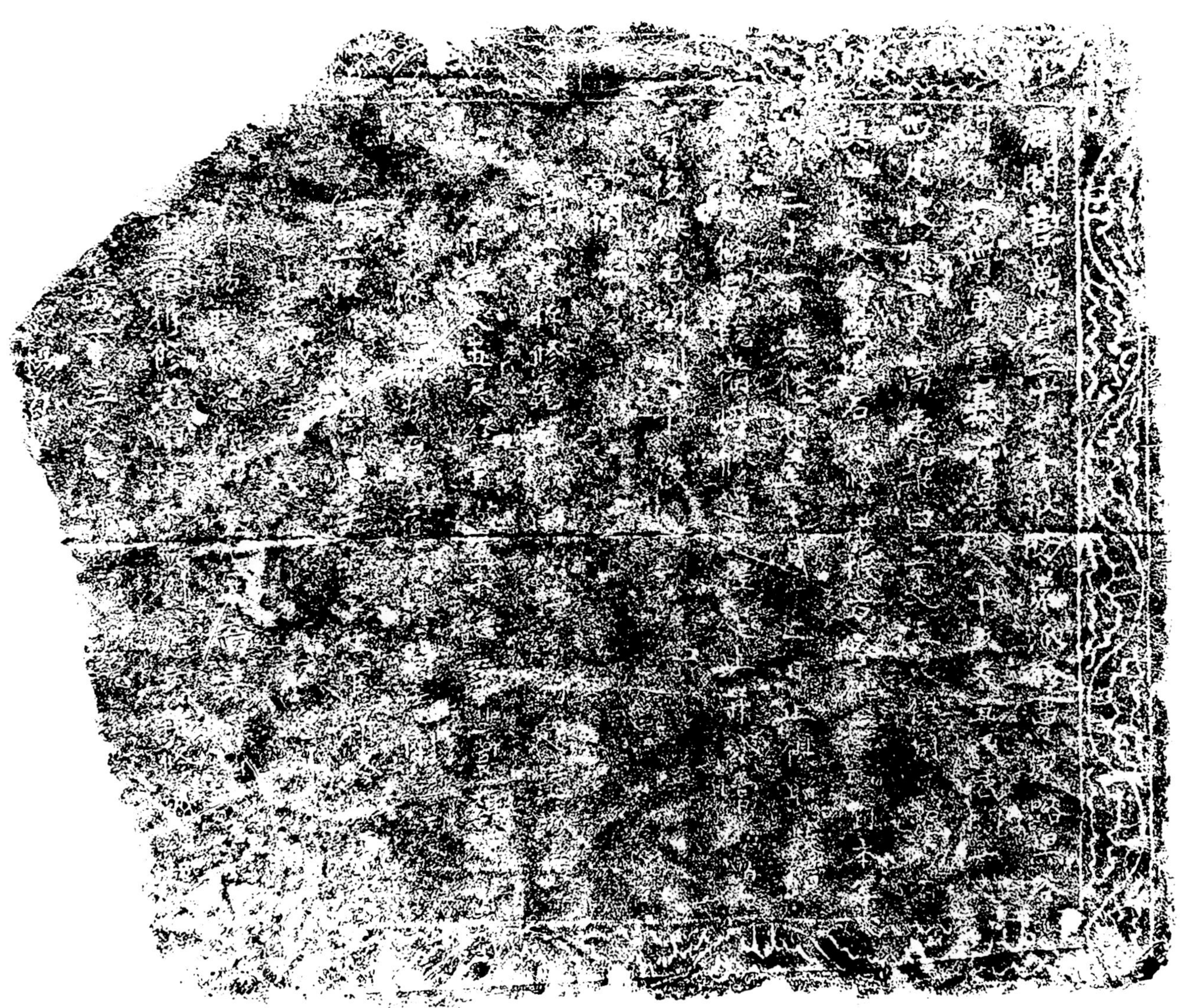

图版九　明万历三十七年（1609 年）河间营派修曹家路将军台寨石堡城记事碑

图版一〇　明万历二十八年（1600年）宁山营修墙工程界碑

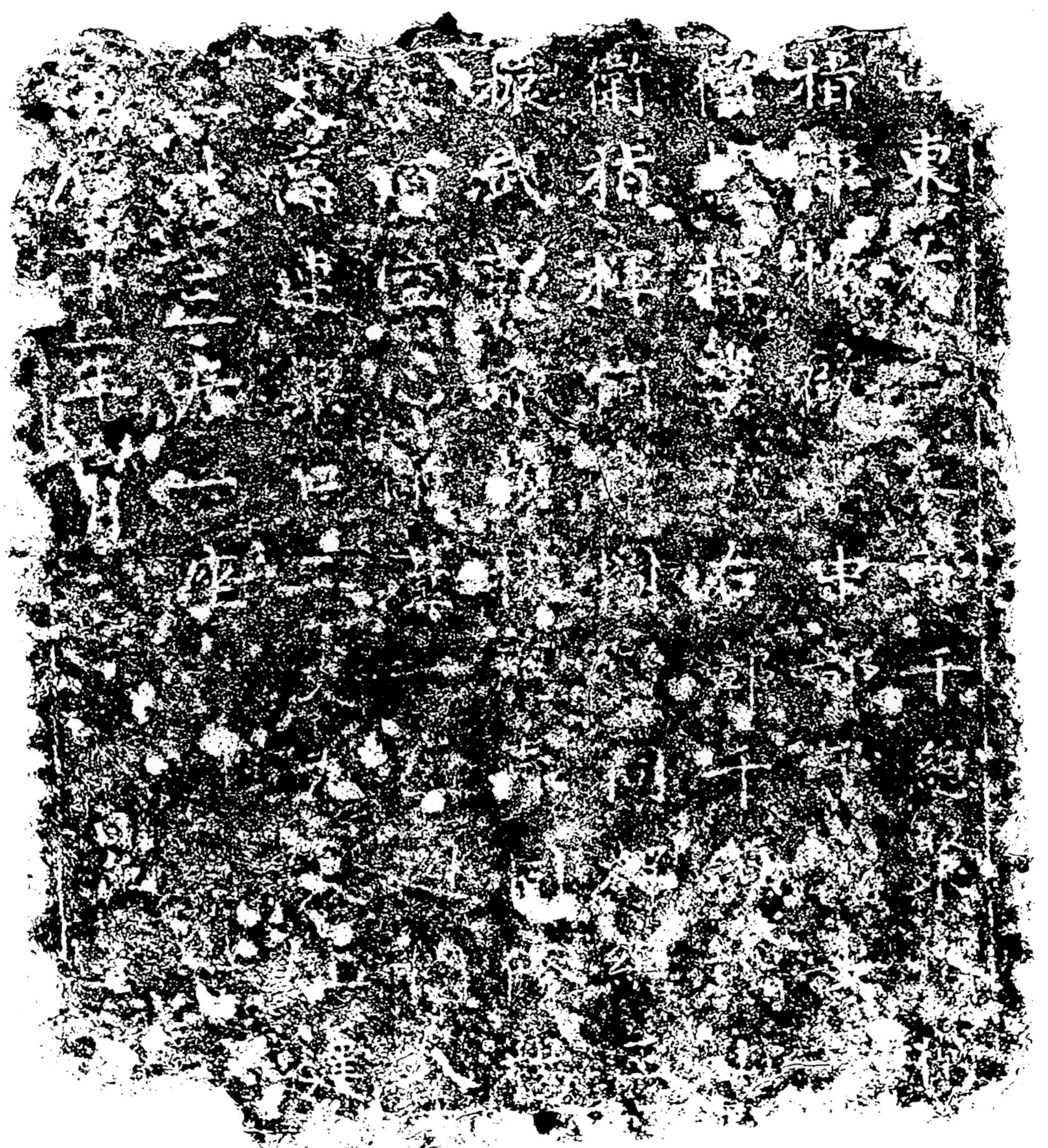

图版一一 明万历三十二年（1604年）修台记事碑

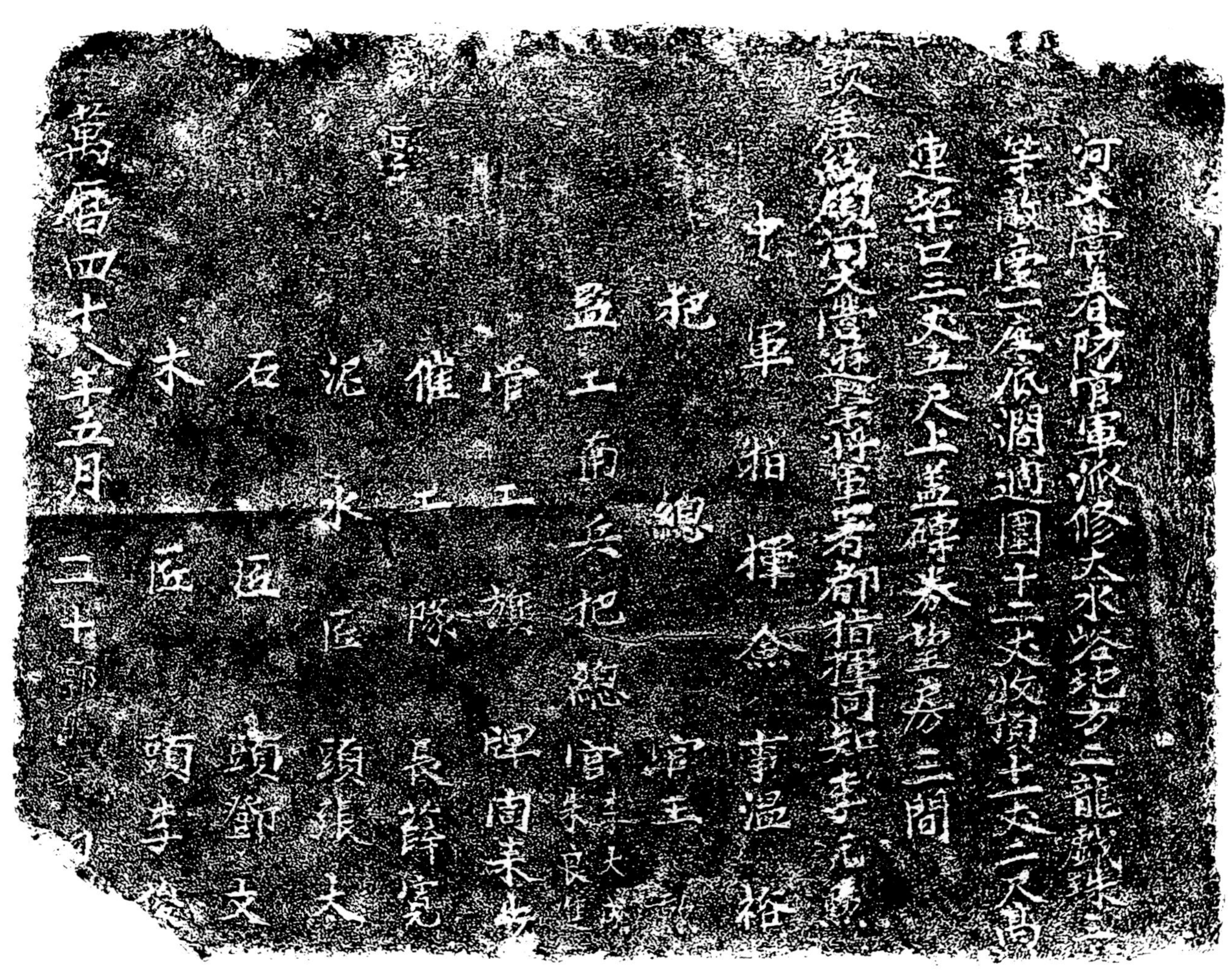

图版一二　明万历四十八年（1620 年）修大水峪二龙戏珠三等敌台记事碑

图版一三　明隆庆四年（1570年）长城鼎建碑

图版一四　明隆庆五年（1571 年）长城阅视碑

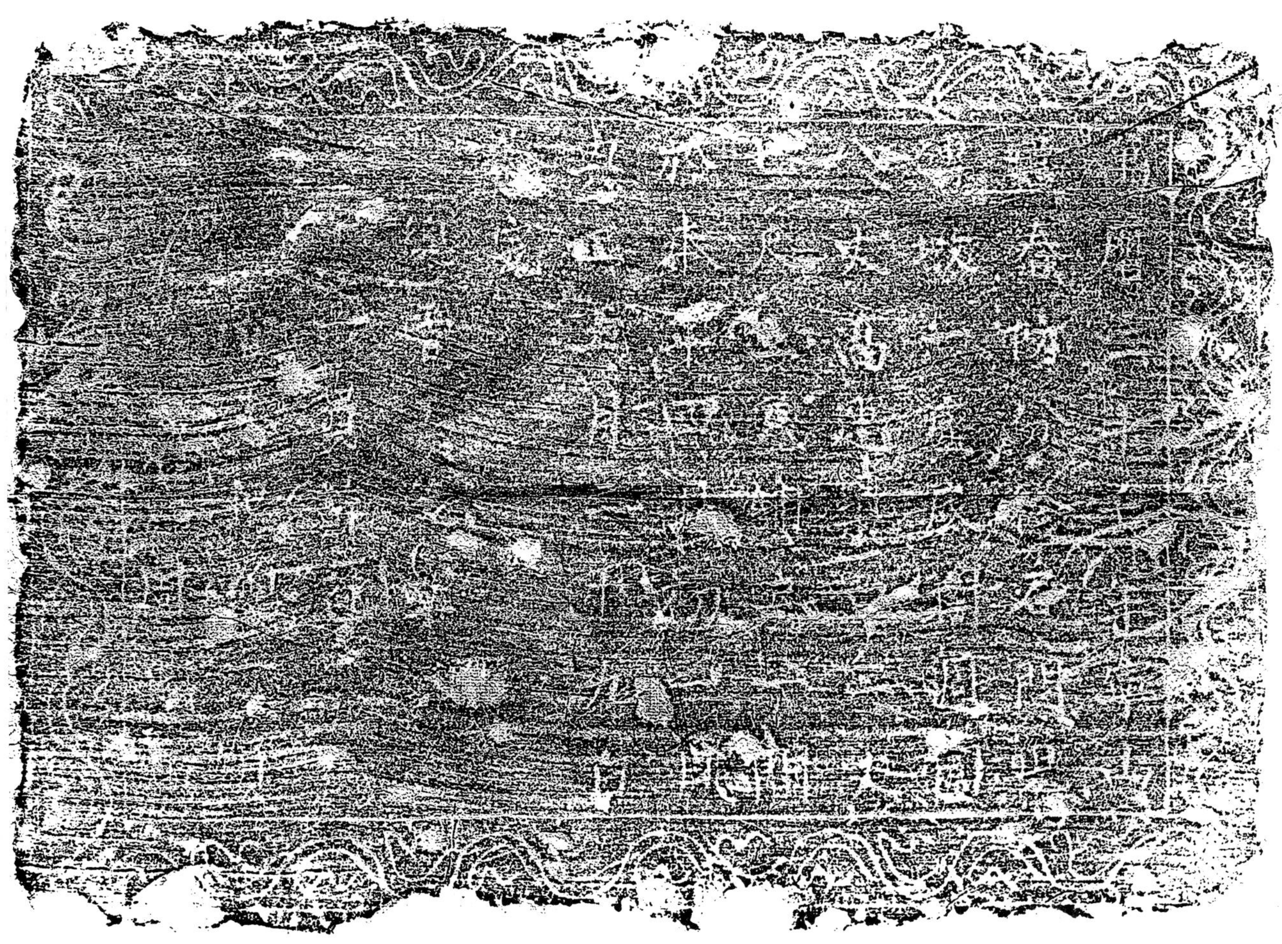

图版一五 明万历三十五年（1607年）修砖墩碑

图版一六　明万历三十五年（1607 年）长城记事碑

图版一七 明修城残碑

图版一八　明长城阅视碑

图版一九　明万历三十一年（1603年）修边墙记事碑

图版二〇　明万历四十七年（1619 年）河南营左部修莺咀头空心砖烽墩记事碑

图版二一 明天顺七年（1463年）峨嵋山营石匾

图版二二　明隆庆四年（1570 年）上关长城阅视碑

图版二三 墙子路“墙子雄关”北门门匾

图版二四　鲇鱼池修敌台残碑

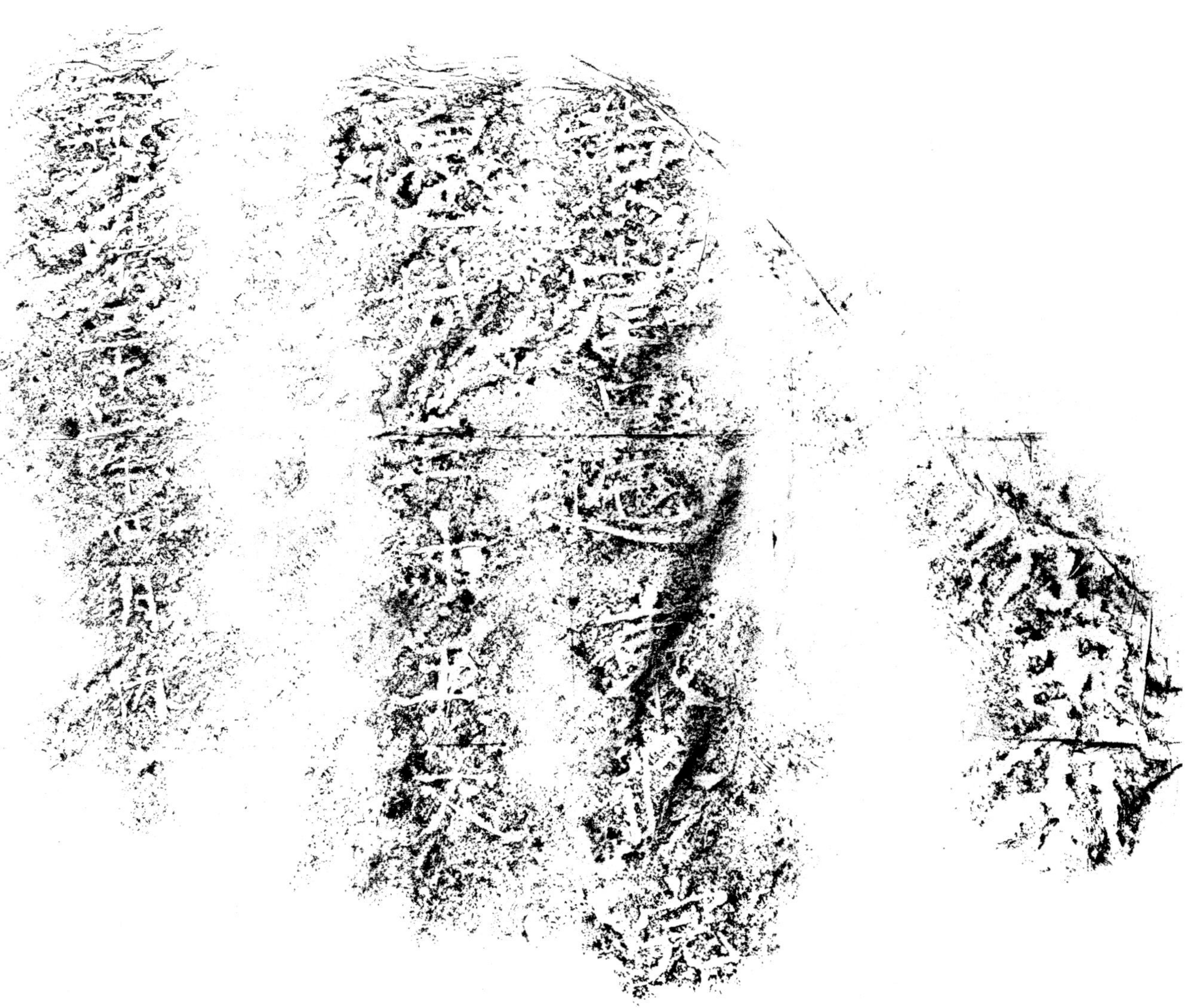

图版二五 长城修建分界碑

图版二六　马兰正关城北门石匾

图版二七　修干家峪堡题记碑

图版二八　罗文峪下营城东门（迎旭门）石匾

图版二九　罗文峪下营城南门“献绣”石匾

图版三〇　干家峪城堡残碑

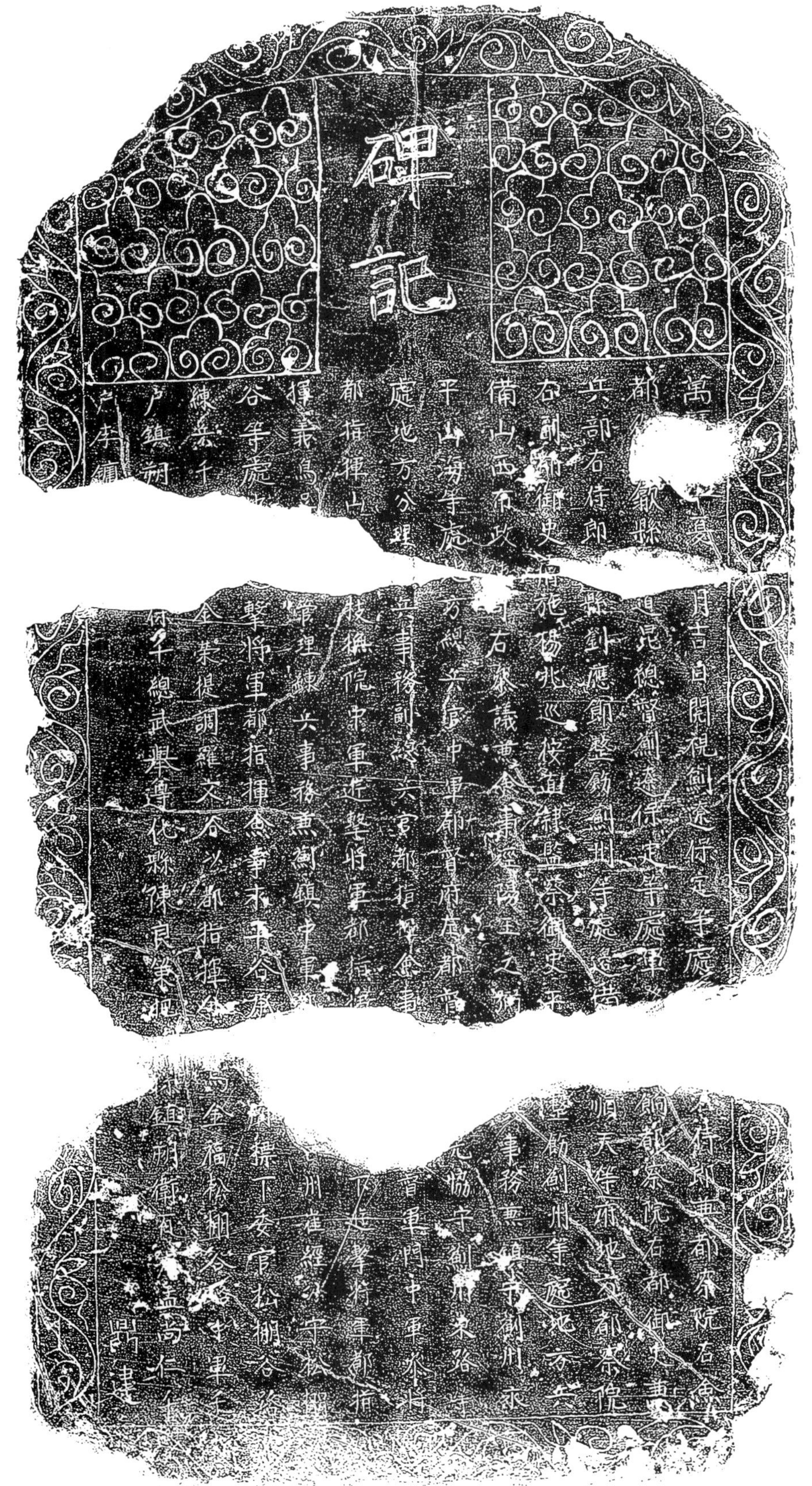

图版三一　明万历二年（1574 年）长城阅视碑记

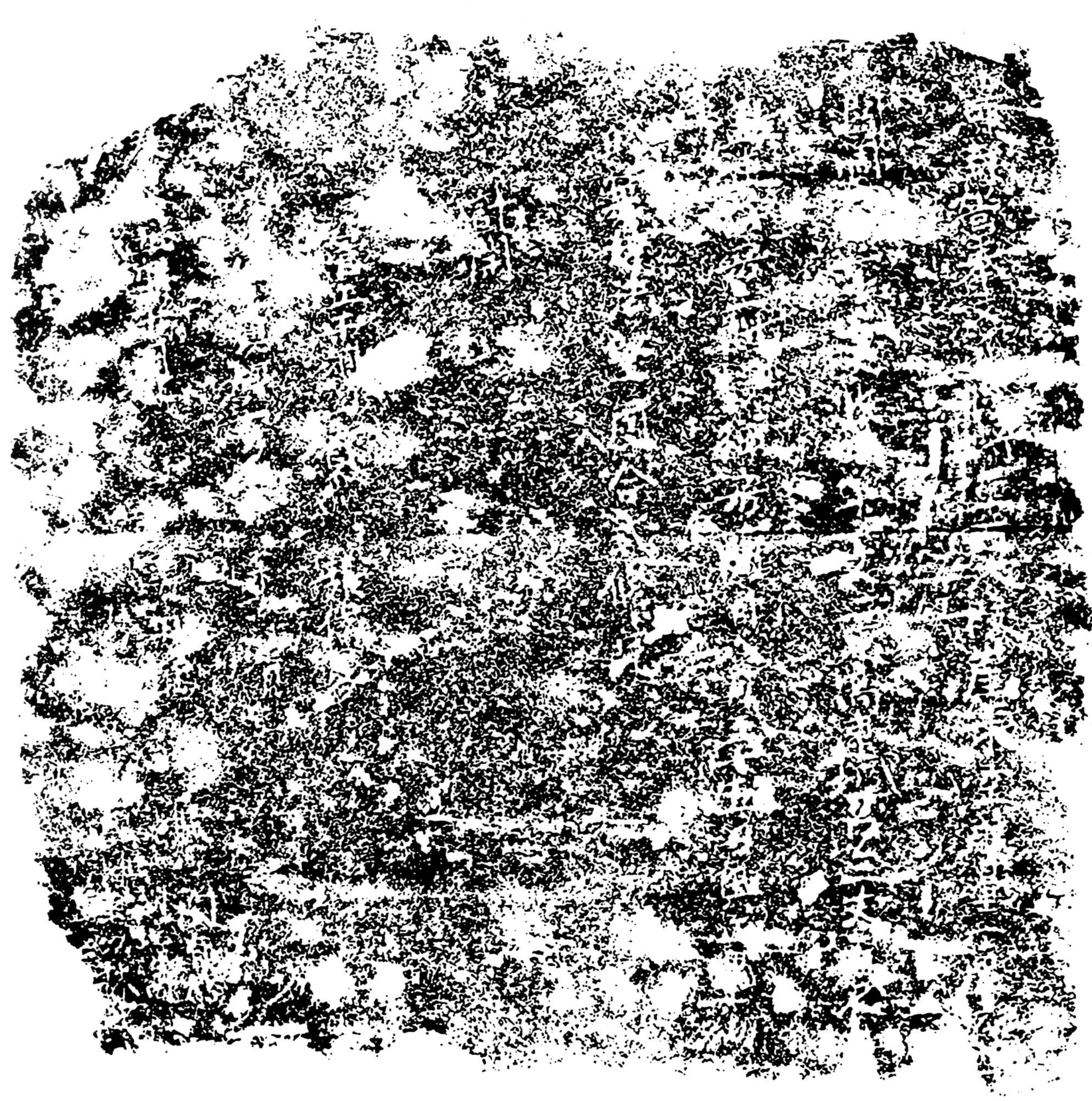

图版三二　明天启五年（1625 年）派修将军关敌台记事碑

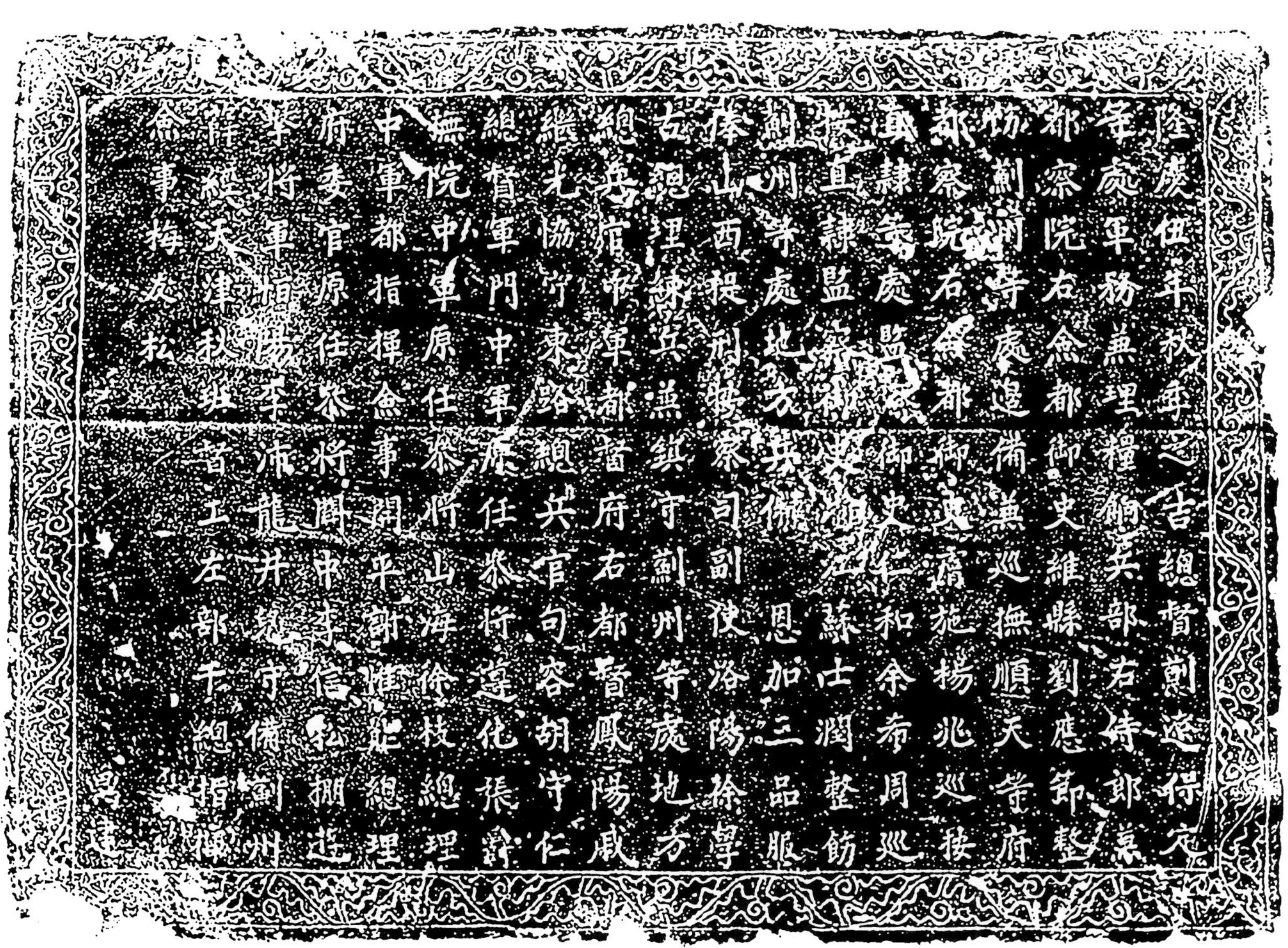

图版三三　明隆庆五年（1571 年）长城鼎建碑

图版三六　明万历五年（1577年）洪山口城南门门匾

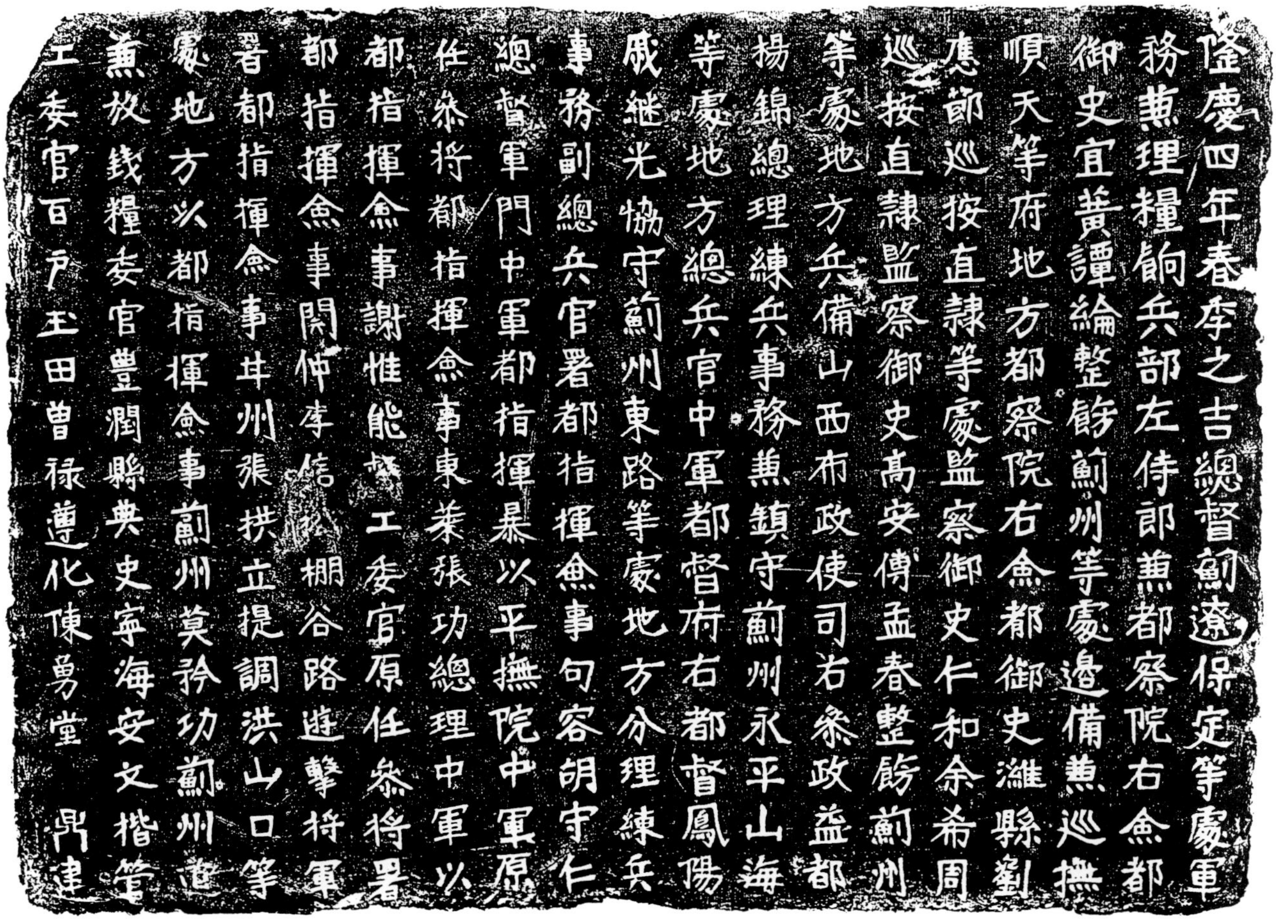

隆慶四年春季之吉總督薊遼保定等處軍
務兼理糧餉兵部左侍郎兼都察院右僉都
御史宜黄譚綸整飭薊州等處邊備兼巡撫
順天等府地方都察院右僉都御史濰縣劉
應節巡按直隸等處監察御史仁和余希周
巡按直隸監察御史高安傅孟春整飭薊州
等處地方兵備山西布政使司右參政益都
楊錦總理練兵事務兼鎮守薊州永平山海
等處地方總兵官中軍都督府右都督鳳陽
戚繼光協守薊州東路等處地方分理練兵
事務副總兵官署都指揮僉事句容胡守仁
總督軍門中軍都指揮綦以平撫院中軍原
任參將都指揮僉事東萊張功總理中軍以
都指揮僉事謝惟能督工委官原任參將署
都指揮僉事閔仲孝信松棚谷路遊擊將軍
署都指揮僉事井州張拱立提調洪山口等
處地方以都指揮僉事薊州莫孫功薊州進
兼放錢糧委官豐潤縣典史寧海安文楷管
工委官百戶玉田曾禄遵化陳勇堂 鼎建

图版三七 明隆庆四年（1570 年）长城鼎建碑

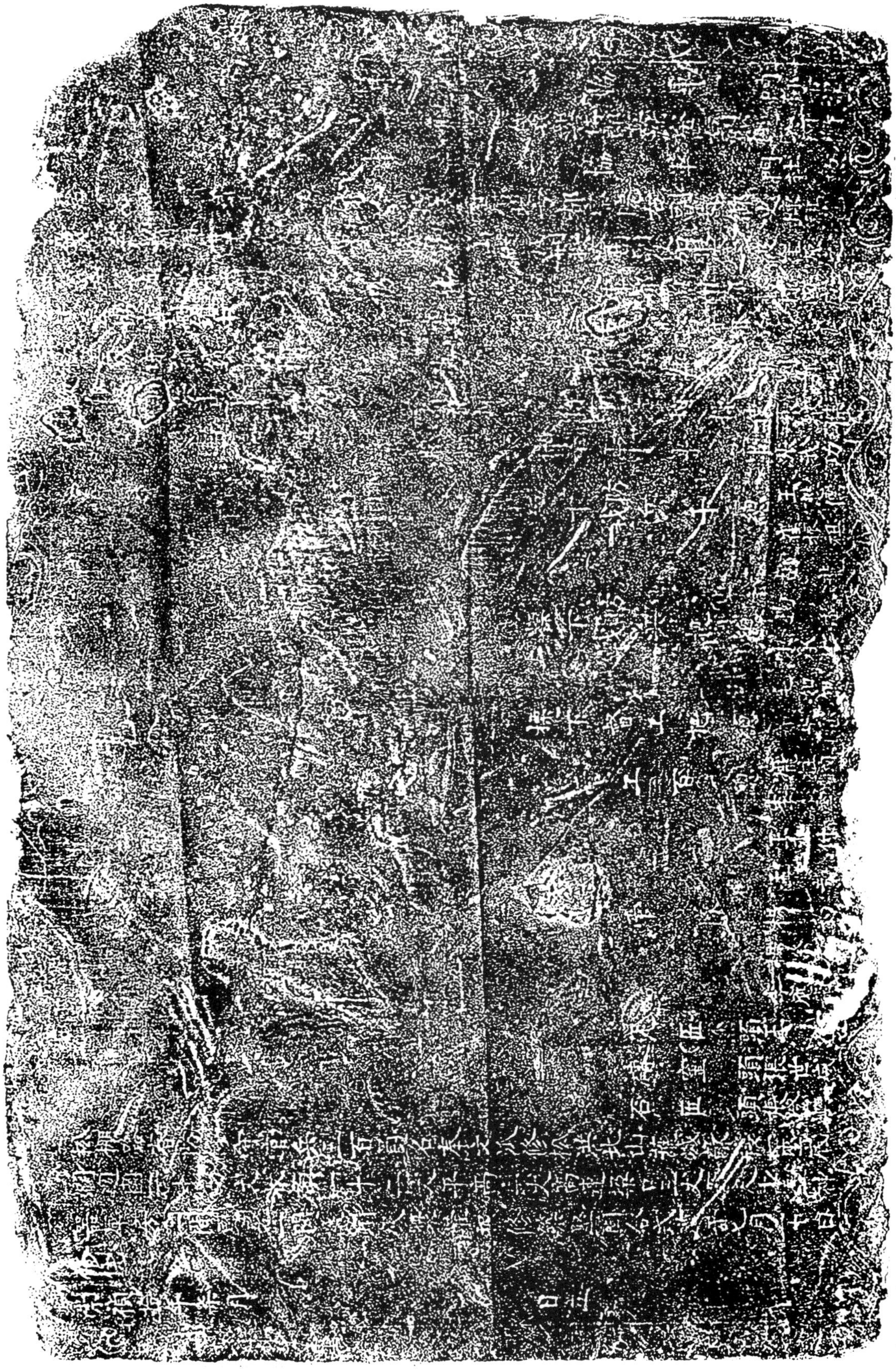

图版三八　明崇祯十年（1637年）派修松洪北山敌台碑记

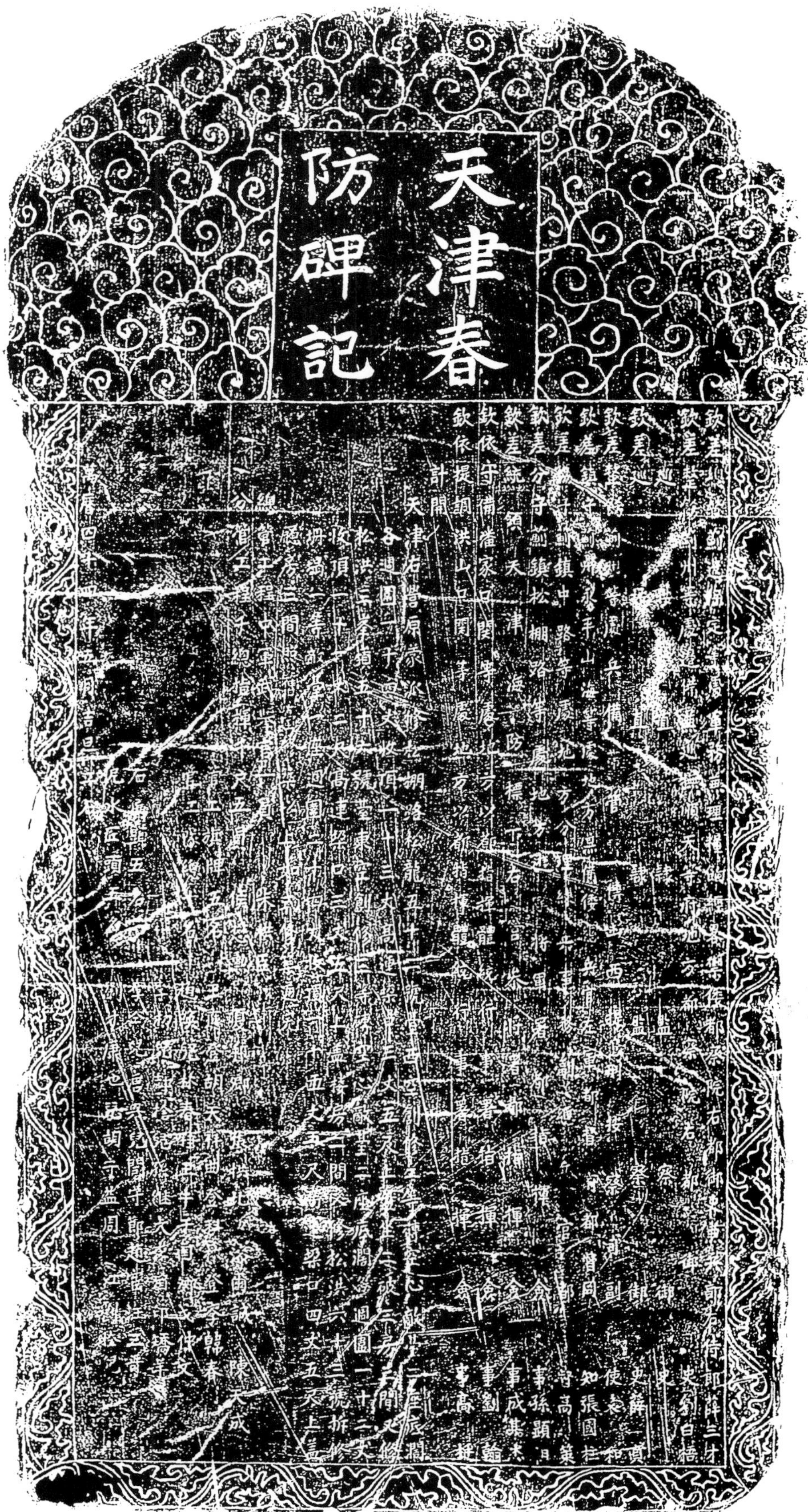

图版三九 明万历四十四年（1616年）天津春防派修松棚路敌台碑记

图版四〇 明天启四年（1624年）松棚路春防修洪山口住城记事碑

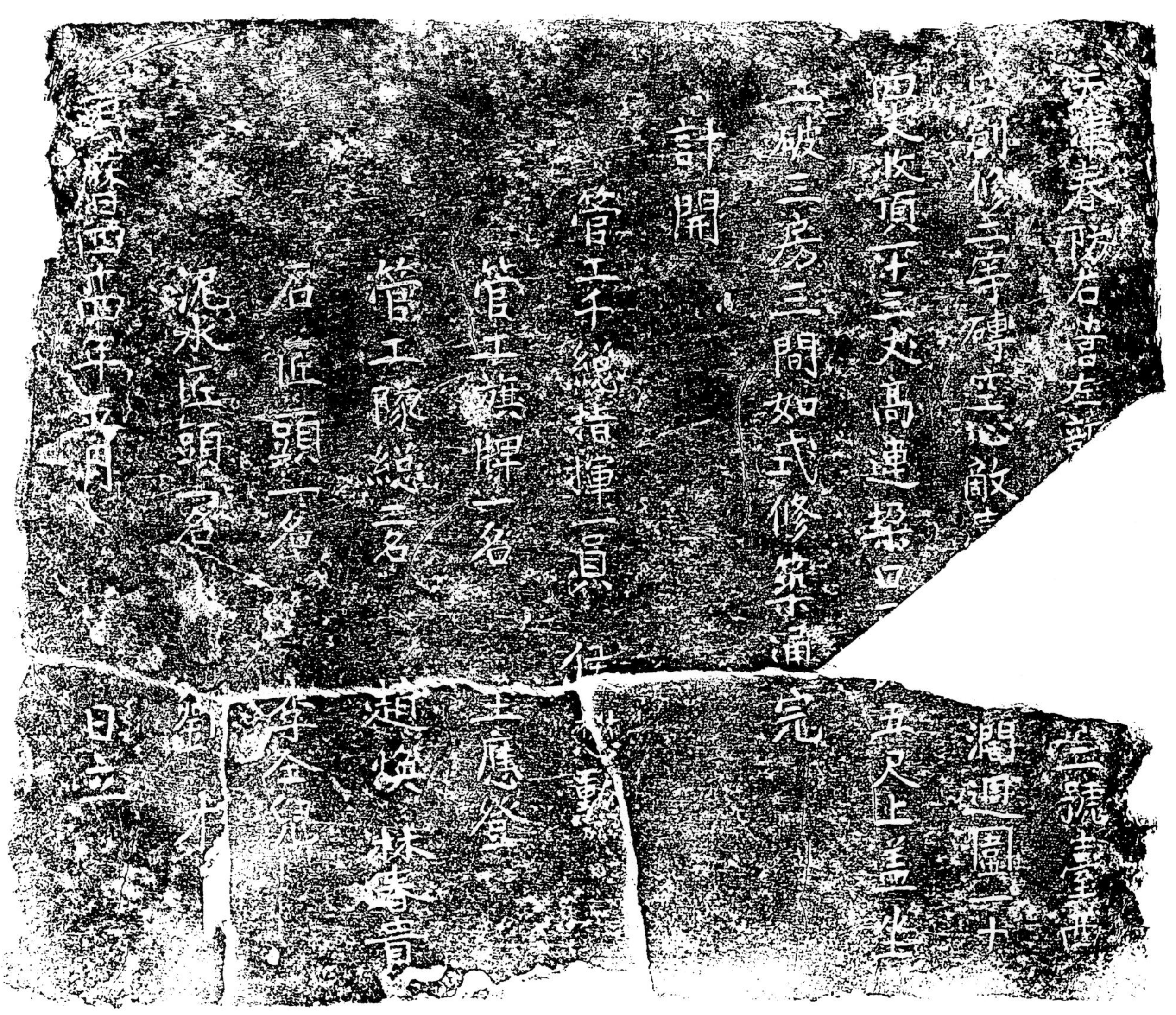

图版四一 明万历四十四年（1616年）修台记事碑

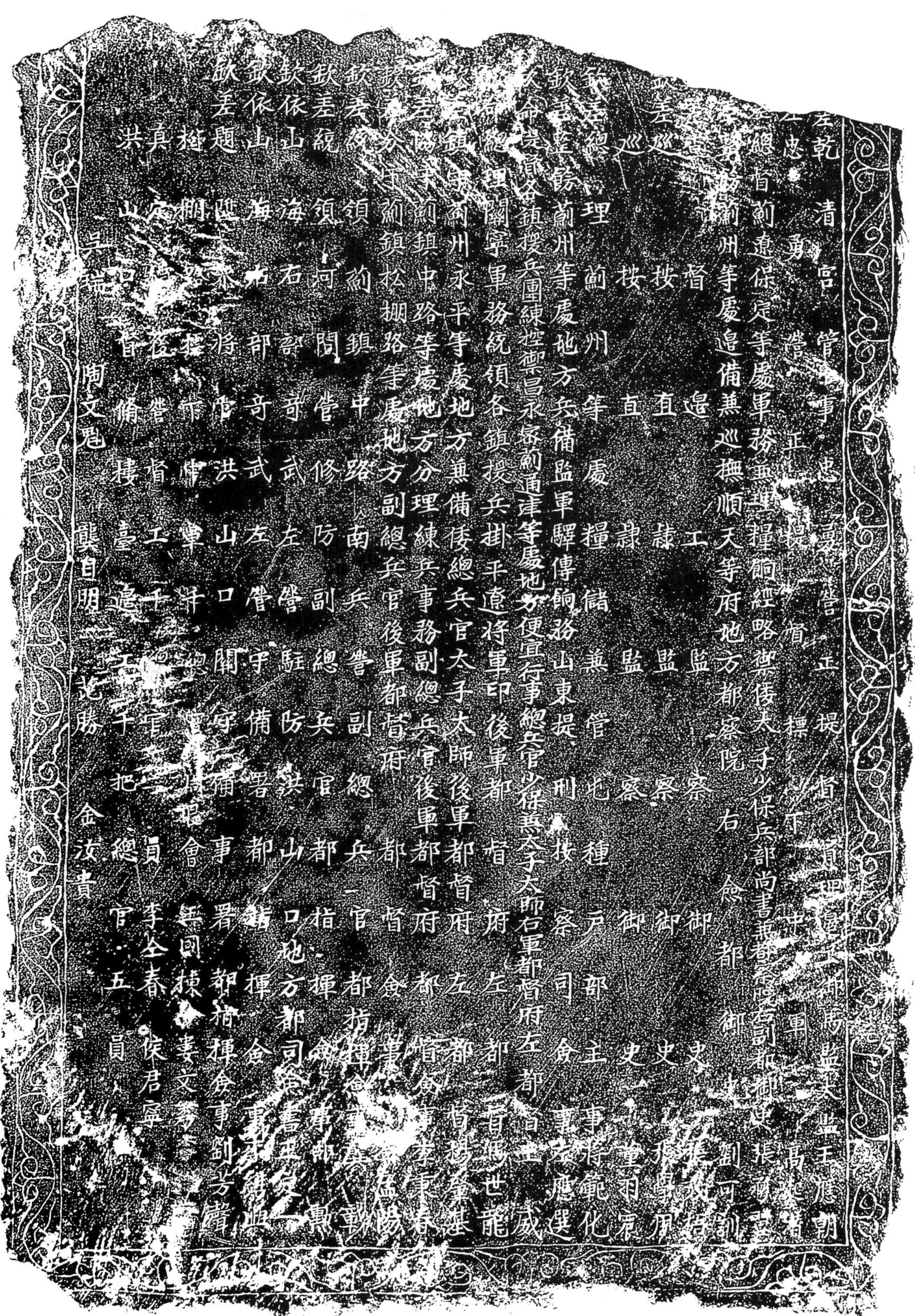

图版四二　明长城记事碑

图版四三 明残碑

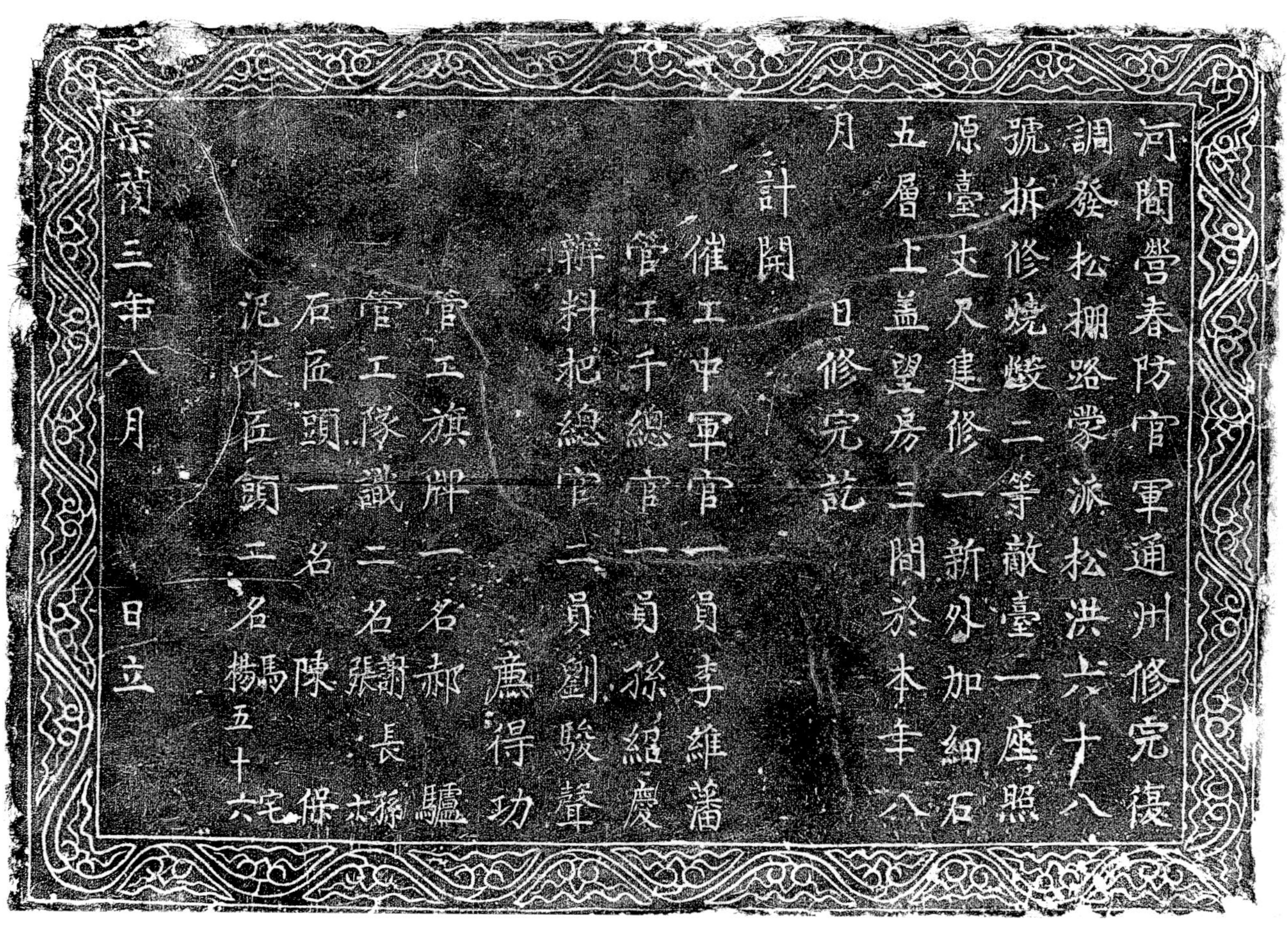

图版四四　明崇祯三年（1630年）修台记事碑

图版四五　洪山口残碑

图版四六　明万历十九年（1591 年）长城记事碑

图版四七 明松棚路题名残碑

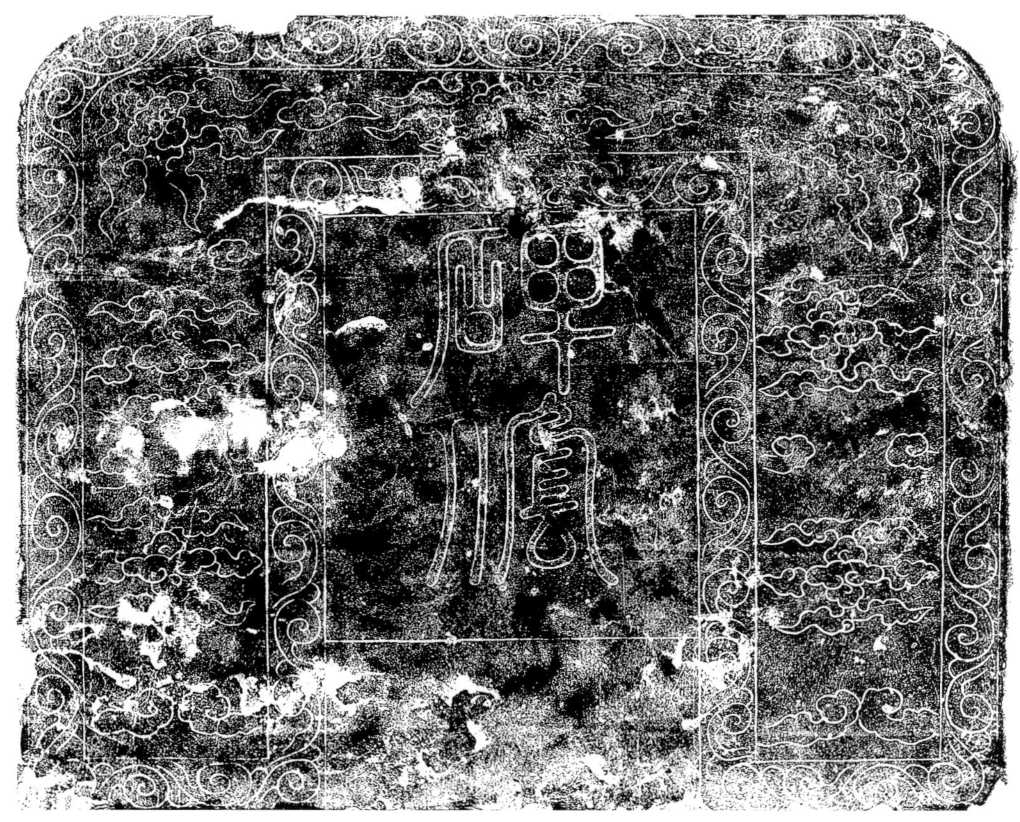

图版四八　明"松棚路题名记"残碑

图版四九 明万历四十二年（1614 年）
“重修洪山口北极阁记”

图版五〇　明戚继光“登舍身台”诗碑

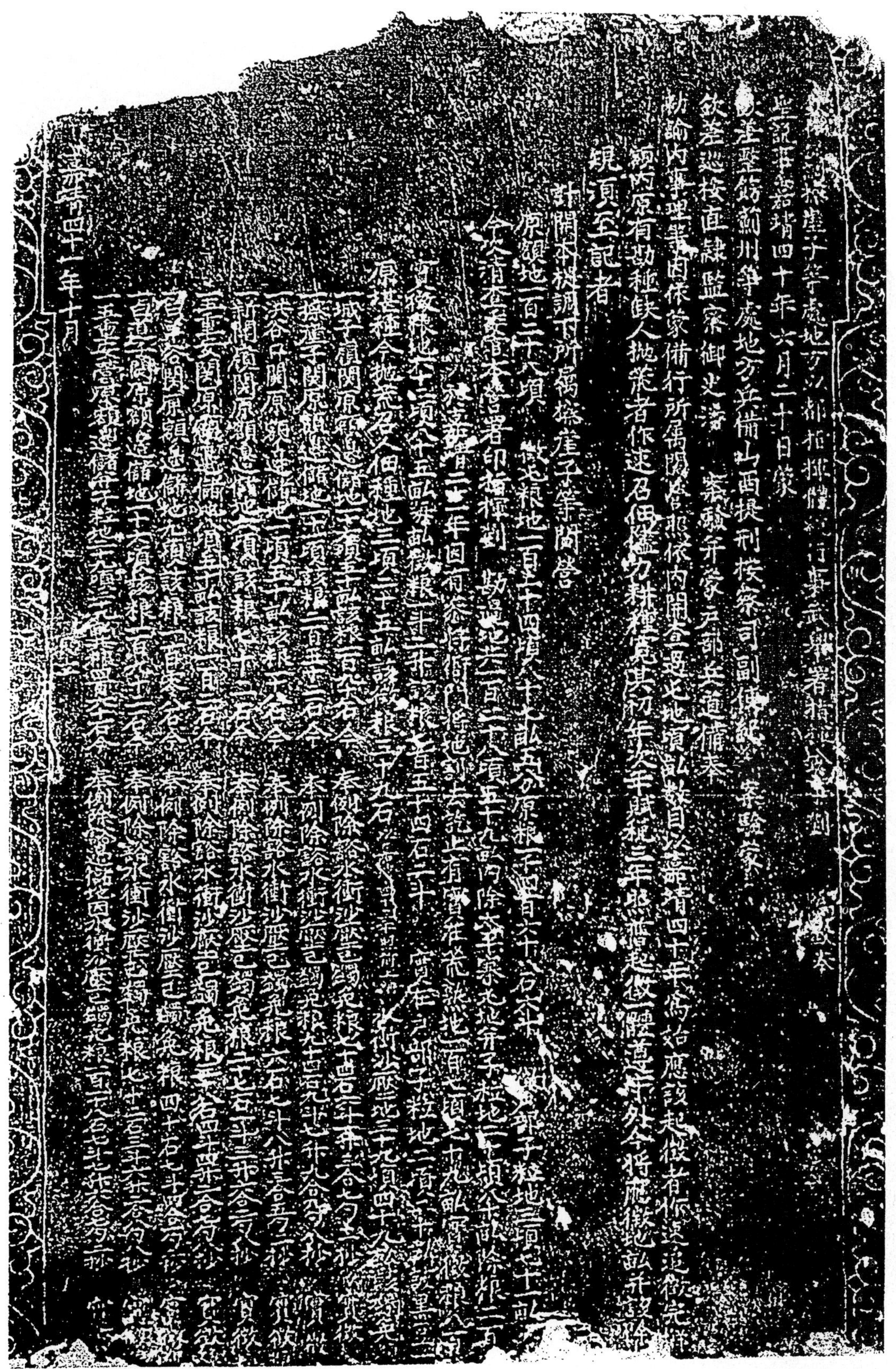

图版五一（A） 明嘉靖四十一年（1562年）迁西县七关一营屯田文告碑（碑阳）

图版五一（B） 明嘉靖四十一年（1562年）迁西县七关一营屯田文告碑（碑阴）

图版五二（A） 明万历二十一年（1593年）三屯营蓟镇都护戚少保功德碑记

業載在史冊聲之詩歌路人能道
塑公像廡繪公蹟蓋去後思也迄今二
皆大圓房則召人居住取其賃直供僧衣鉢
還過三屯入祠瞻禮諸父老誦公功德不衰[illegible]謂
不勒一石乎守戎龍君犀生張九思等進而請曰
得敢丐鄉大人一言為公重可乎予筆研久疎何能
恨弗獲操觚執林為公揚扢敢以不文辭遂為之言曰
[illegible]游倭猾閩寇功既無前若浙若閩之人家祀戶祝在在有
撫我薊也薊本內地自大寧內徙遂稱極邊東西[illegible]交訌
慶元年己事可徵也
事公入疆見士馬凋敝邊牆低頹愀然而太息曰士馬如此邊牆
馬步十萬而訓練之教以坐作進退之方攻戰擊刺之法造戰車[illegible]
守明烽號嚴偵探不期年而士卒知方器械犀利馬戰步戰車戰等
[illegible]惕咋指相戒無敢生事於邊[illegible]則遠徙絕塞[illegible]酋則奉貢受封[illegible]
之天矣黃童白叟孰不歌詠而祝頌之惜其功業未竟而忌者媒孽排
者人其不可能者天非公之謂歟然仁人昌後子而若孫孫而又孫當
未了事留與後人補也吾敢以是為公祝為[illegible]奈何曰鄉大人之言[illegible]以祝
咸[illegible]癸卯七月朔旦
山西提刑按察司[illegible]事奉
備范陽馬思恭拜撰

图版五二（B） 明万历二十一年（1593年）三屯营蓟镇都护戚少保功德碑记

图版五三 三屯营戚公功德碑阴题名记

图版五四　明万历五年（1577年）重建三屯营镇府记碑

图版五五　三屯营创建旗纛庙碑

图版五六　明成化二十三年（1487年）总兵李公边政记碑

图版五七 明万历三年（1575年）三屯营鞏京门匾（残）

图版五八　明崇祯三年（1630年）龙井关"真武庙记"碑

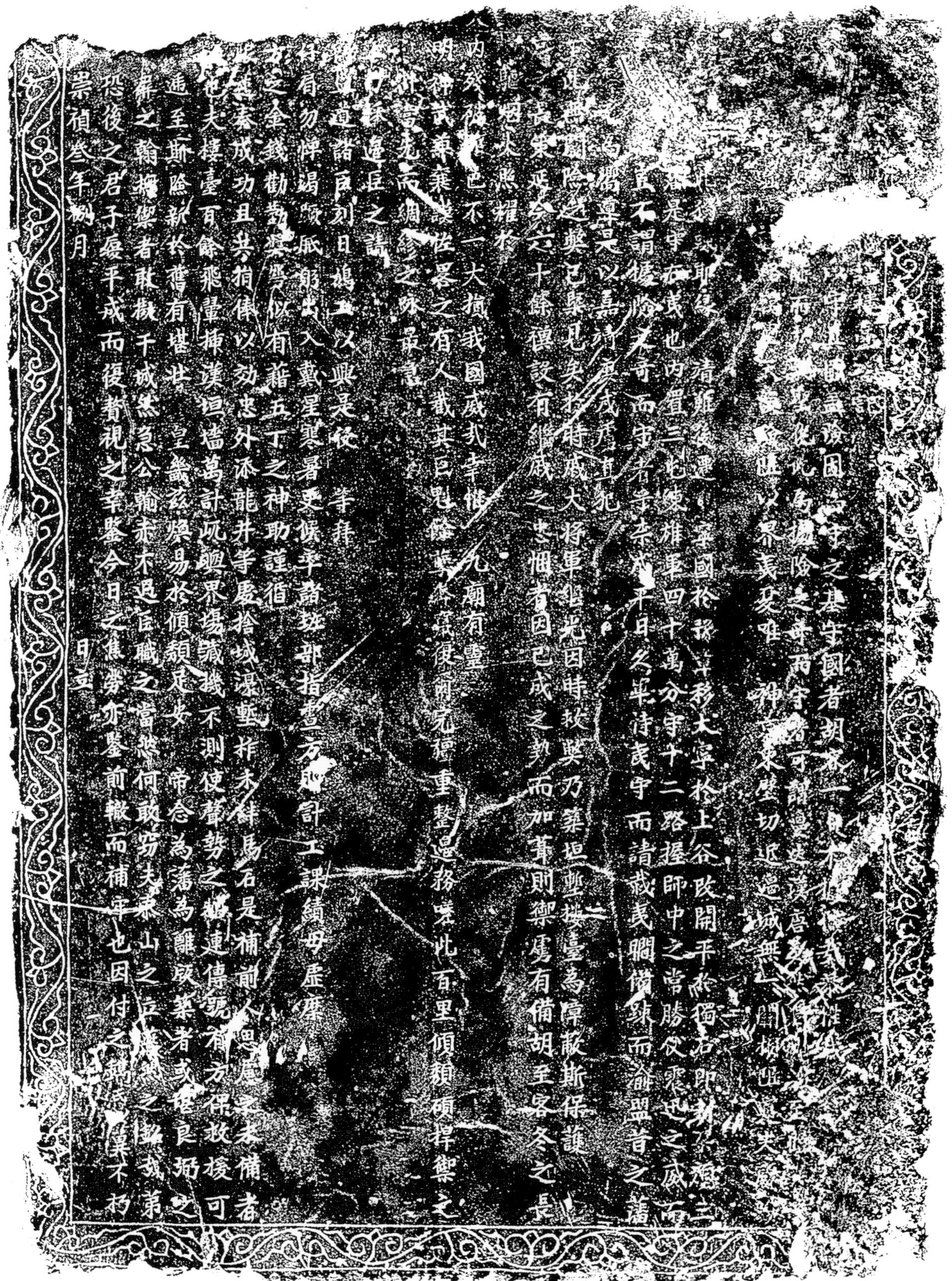

图版五九　明崇祯三年（1630年）松棚路边墙楼台记碑

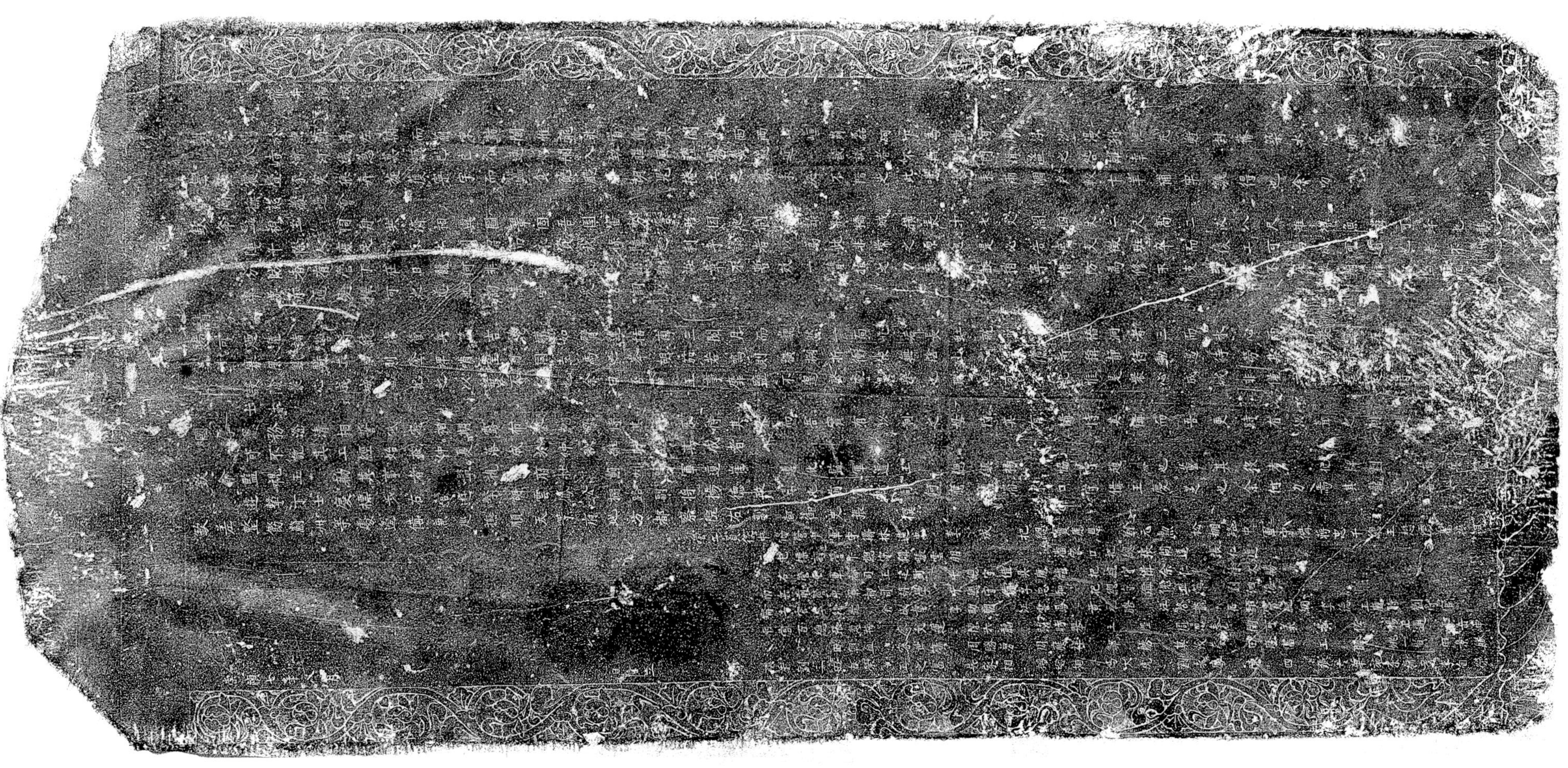

图版六〇　明崇祯七年（1634年）“龙井关桥城记”碑

图版六一 龙井关门匾

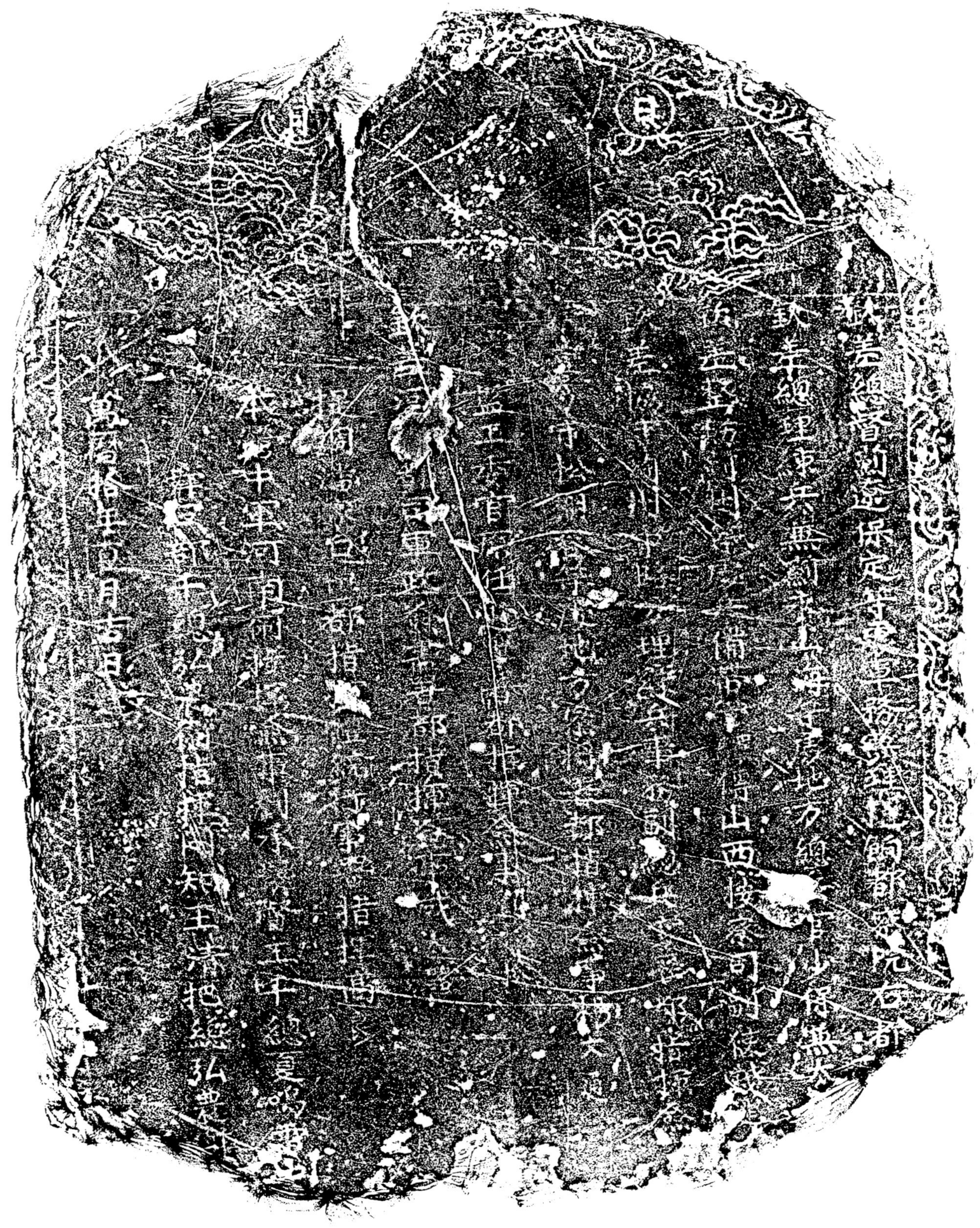

图版六二　明万历十年（1582 年）长城记事碑

图版六三　明万历三十八年（1610年）堡城李家峪记事碑

图版六四　明万历五年（1577年）李家峪关城南门匾额

图版六五（A） 明万历二十九年（1601年）重修潘家口关王庙记事碑（碑阳）

图版六五（B） 明万历二十九年（1601年）重修潘家口关王庙记事碑（碑阴）

图版六六　苏郎峪关残匾额

图版六七　西城峪残碑

图版六八　明万历十九年（1591年）董家口关重修关王庙记

图版六九　明万历二十五年（1597 年）董家口关修建石城碑记

图版七〇　明万历十三年（1585 年）石门匾（残）

图版七一　明天启三年（1623 年）修城碑记（残）

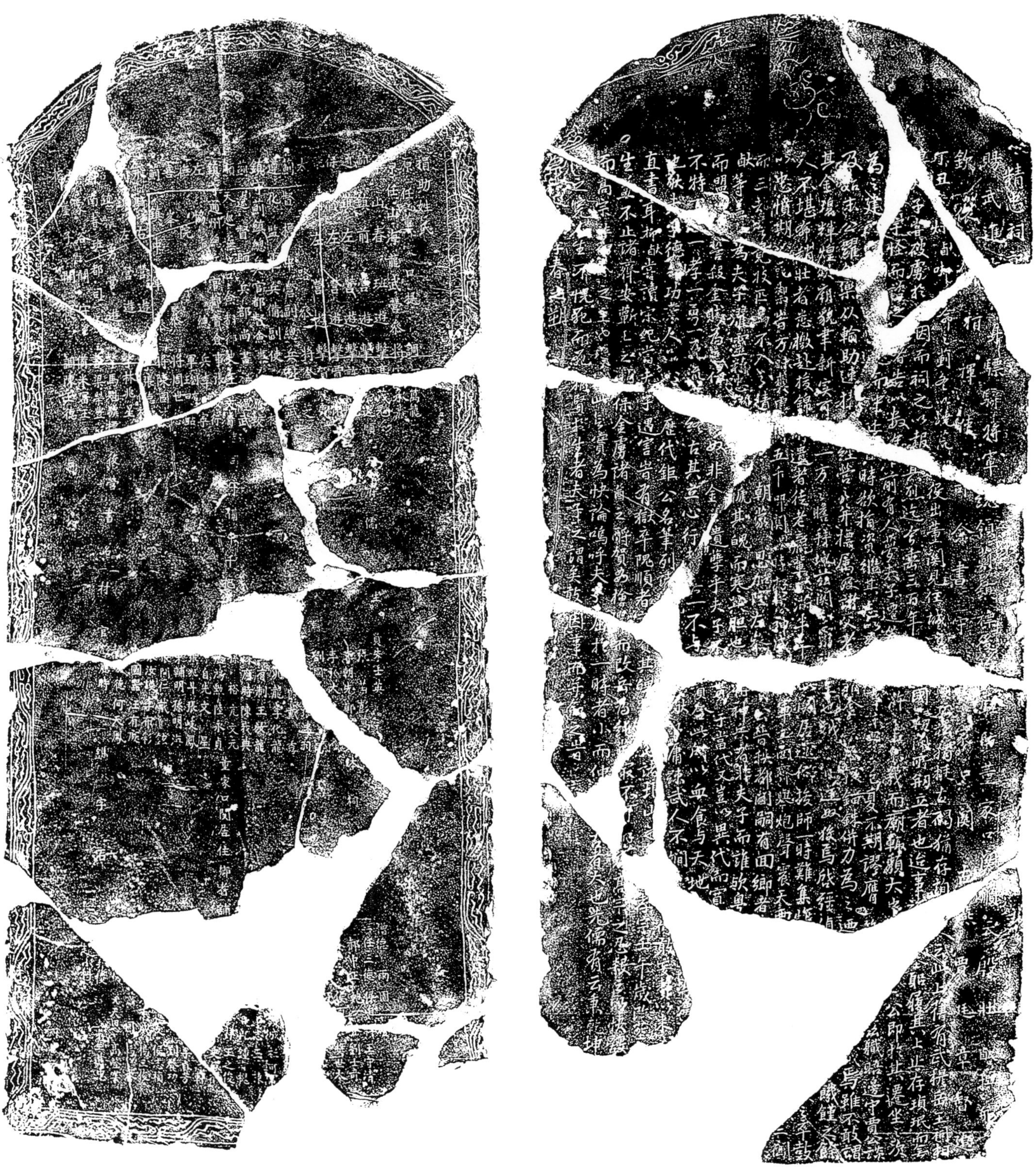

图版七二　崇祯间董家口精忠祠记

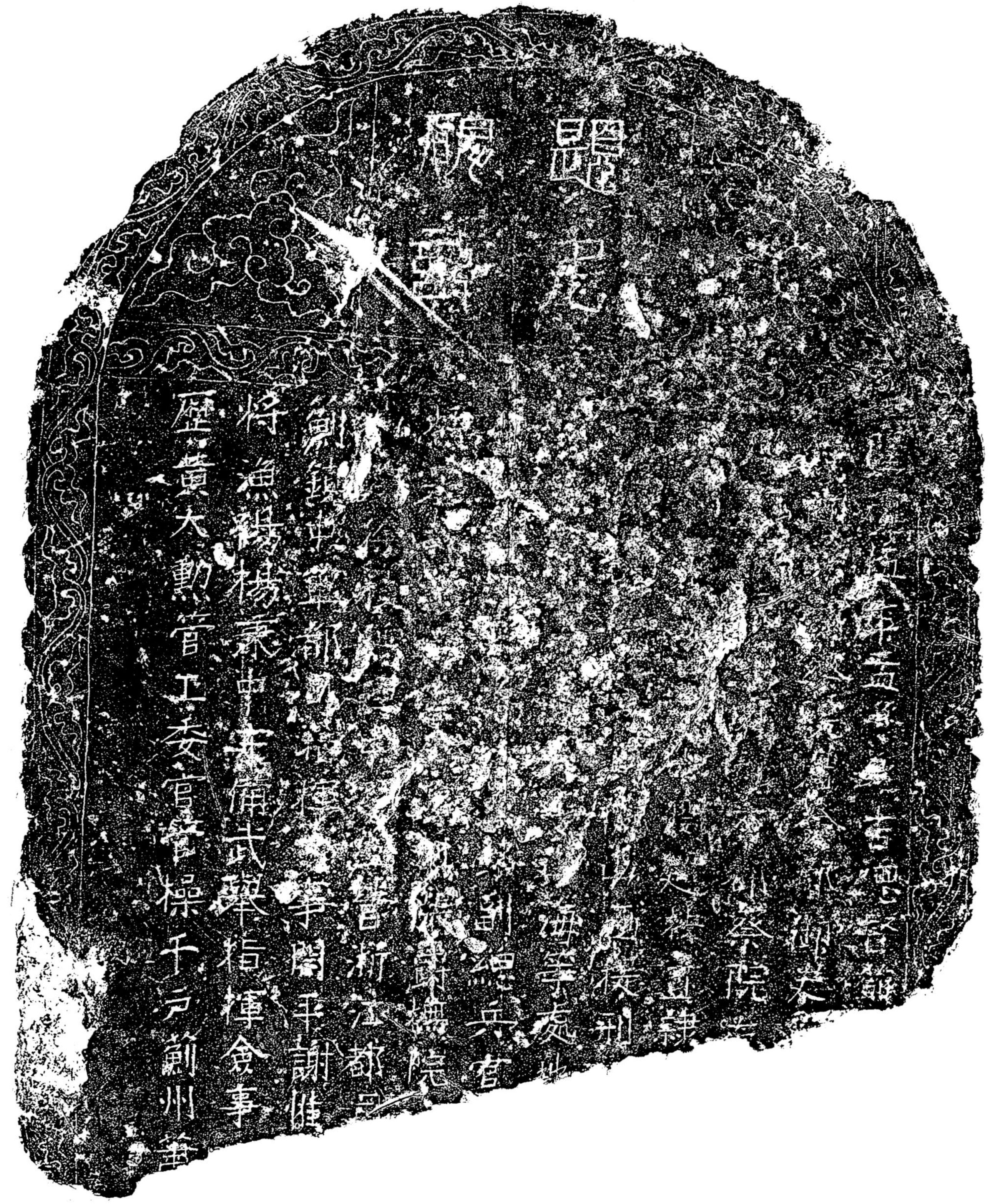

图版七三　明隆庆五年（1571 年）长城阅视残碑

總督薊遼保定等處軍務兼
兵部右侍郎濰縣劉應節整
順天等府地方都察院右副都御
監察御史平度王湘整飭薊州等處地
政使司右參議兼僉事涇陽王之綱總理
守薊州永平山海等處地方總兵官中軍
鳳陽戚繼光協守東路副總兵官興前史
薊鎮中軍都司海門羅經分守太平寨等處
都王祿守備榆木等處地方武舉指揮漁陽
大寧統領寧山春班都司僉書許良魁寧山營
紹宗督工千總胡瀚把總嚴希堯高楫
同建

图版七四　长城阅视碑

图版七五（A）　明万历二十四年（1596 年）太平寨营重建题名碑

图版七五（B） 明万历二十四年（1596年）太平寨营重建题名碑

图版七六　明隆庆二年（1568年）太平寨营城门匾额

图版七七 上营城长城鼎建残碑

图版七八　明万历二十年（1592年）修城记事碑

图版七九 上营城明长城阅视残碑

图版八〇　明万历二年（1574 年）长城记事碑

图版八一　明长城阅视碑

图版八二　明隆庆六年（1572年）重修九九庙碑记

图版八三　烂柴沟寨石门额

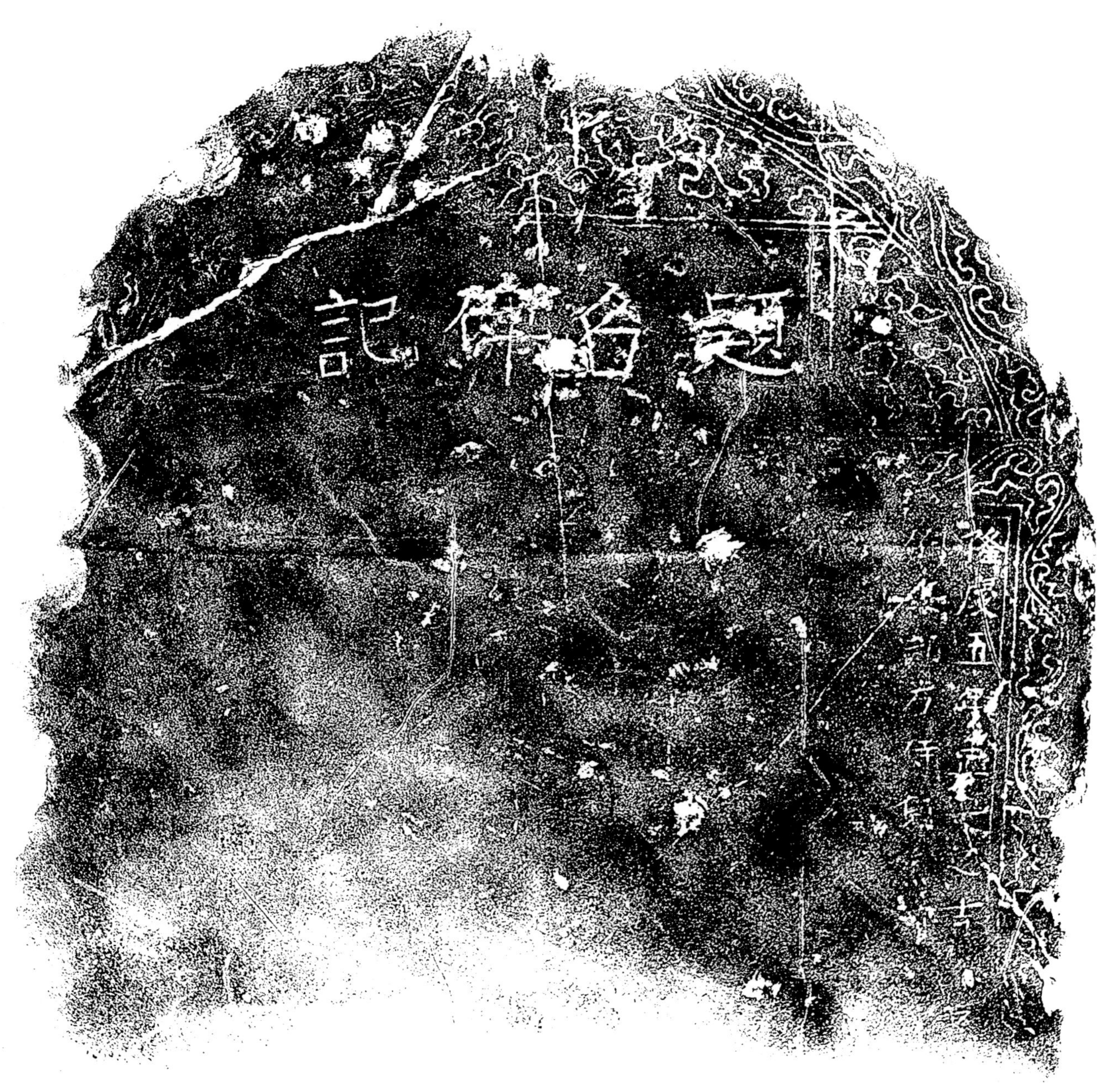

图版八四　明隆庆五年（1571 年）残碑

图版八五　明“天限华夷”摩崖石刻

图版八六　明万历十五年（1587 年）春防长城阅视碑

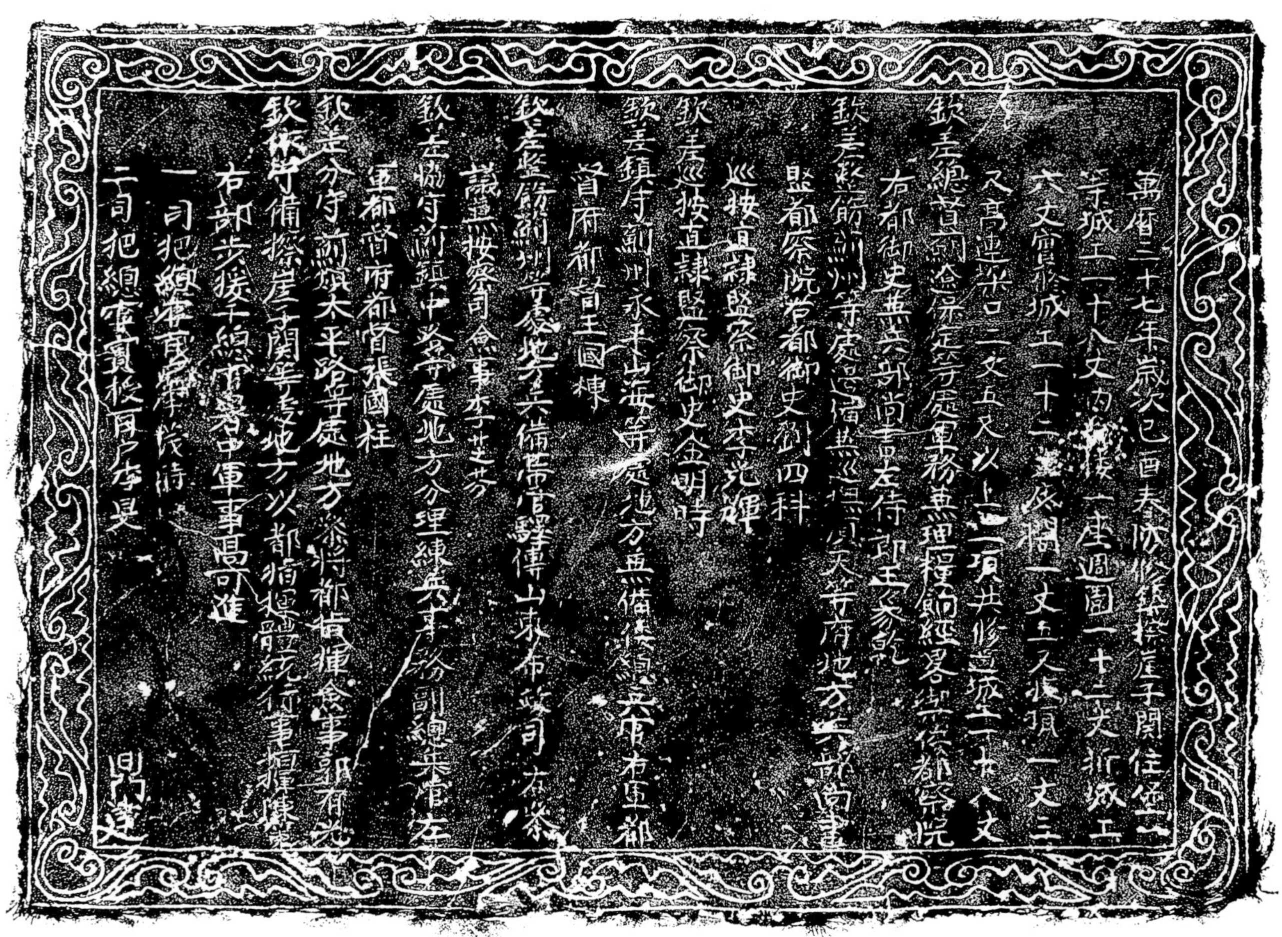

图版八七　明万历三十七年（1609 年）修筑擦崖子关住堡记事碑

图版八八　明万历三十八年（1610年）修筑关堡记事碑

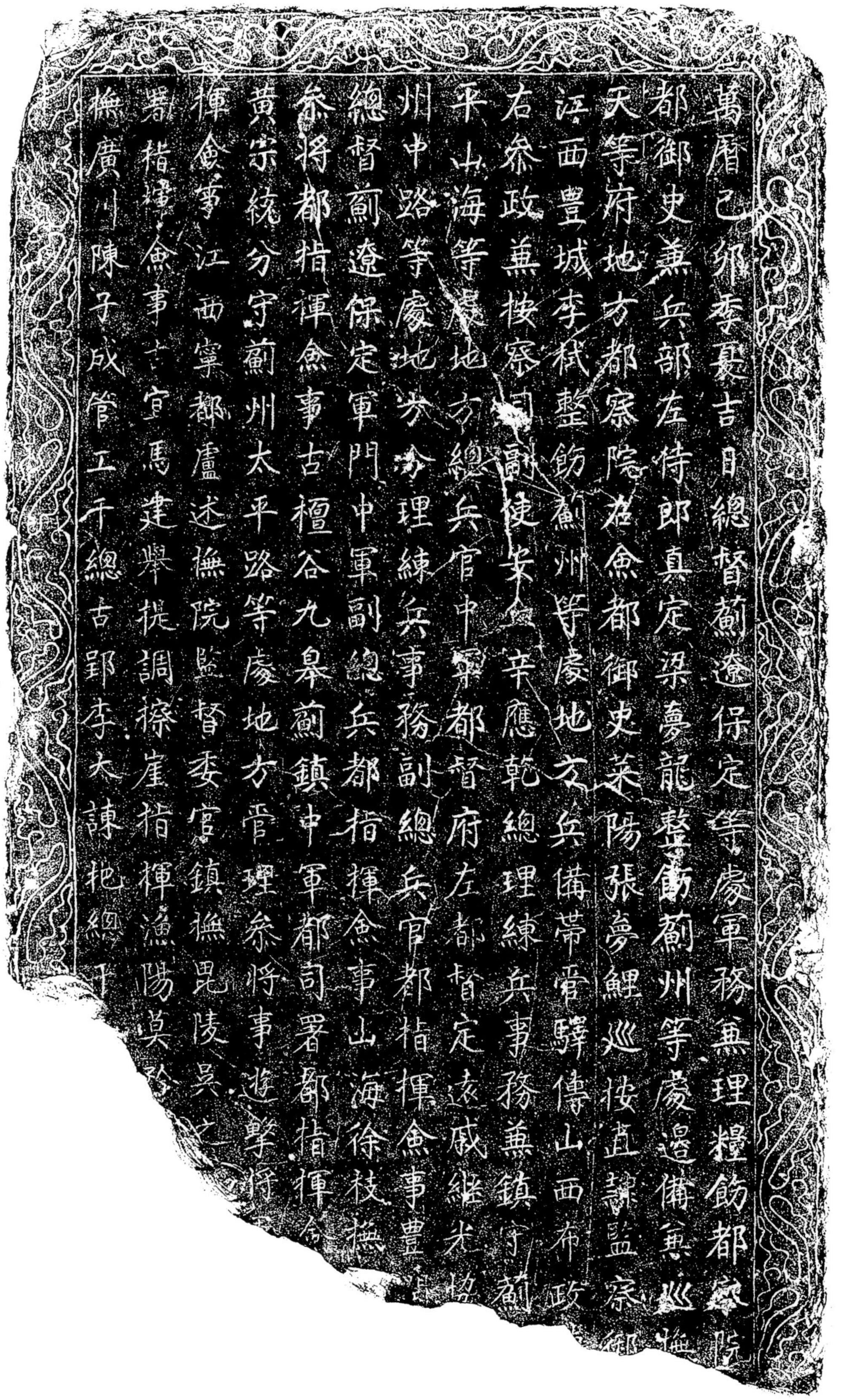

萬曆己卯季夏吉日總督薊遼保定等處軍務兼理糧餉都察院
都御史兼兵部左侍郎真定梁夢龍整飭薊州等處邊備兼巡撫
天等府地方都察院右僉都御史萊陽張夢鯉巡按直隸監察御
江西豐城李栻整飭薊州等處地方兵備帶管驛傳山西布政
右叅政兼按察司副使安丘辛應乾總理練兵事務兼鎮守薊
平山海等處地方總兵官中軍都督府左都督定遠戚繼光協
州中路等處地方分理練兵事務副總兵官都指揮僉事豐
總督薊遼保定軍門中軍副總兵都指揮僉事山海徐枝撫
叅將都指揮僉事古檀谷九皋薊鎮中軍都司署都指揮僉
黃宗統分守薊州太平路等處地方管理叅將事遊擊將
揮僉事江西寧都盧述撫院監督委官鎮撫毘陵吳之
署指揮僉事古宣馬建舉提調擦崖指揮漁陽莫玲
撫廣川陳子成管工千總古郢李大諫把總千

图版八九　明万历七年（1579 年）长城阅视碑

图版九〇　明修城碑

图版九一　明修城碑

图版九二　戳记印文砖

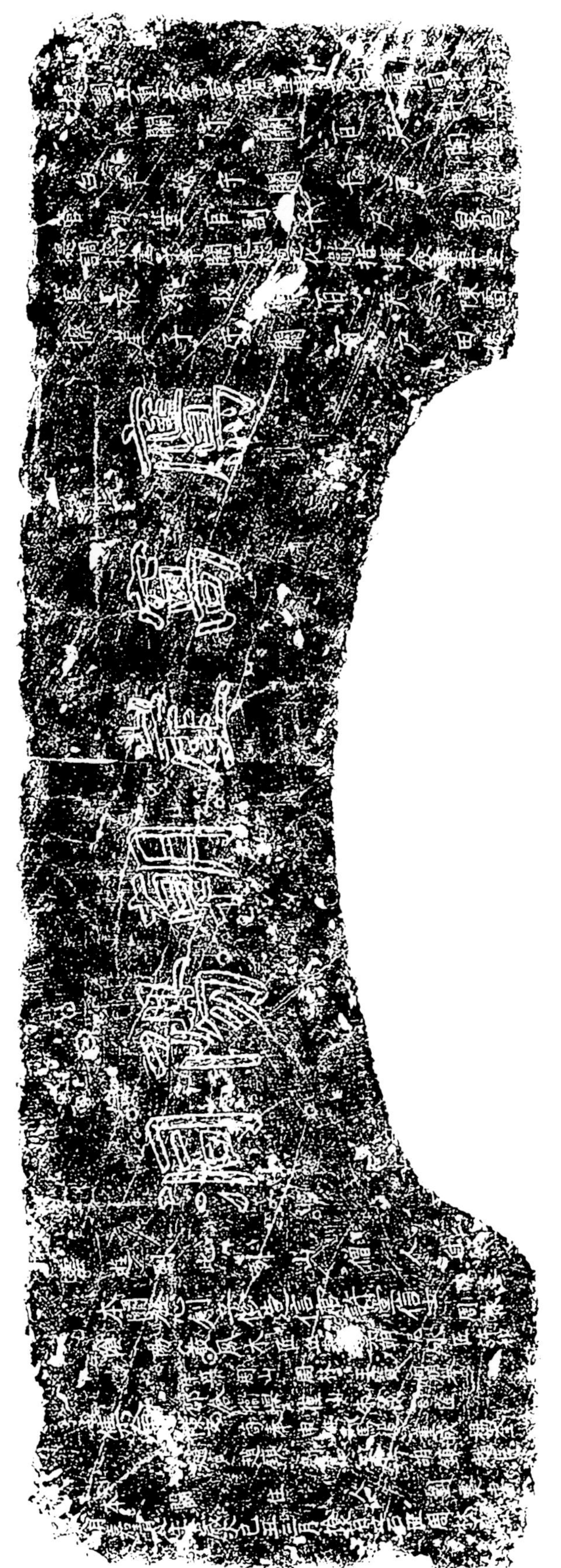

图版九三 明嘉靖八年（1529年）鹰窝崖朝阳洞门额摩崖

遼保定等處軍務兼理糧餉都察院右都御

兵部右侍郎盧施楊兆整飭薊州等處邊備兼

天等府地方都察院右副都御史曲周王一

直隸監察御史南昌劉良弼總理練兵事務

州永平山海等處地方總兵官中軍都督

定遠戚繼光整飭薊州等處兵備山西布

政兼按察司副使安丘辛應乾協守薊

地方分理練兵事務副總兵[illegible]都指揮

分守太平寨等處地方官理[illegible][illegible]事

指揮僉事盧述統領通津營春

都指揮僉事涿鹿徐槐德院標[illegible]委

指揮僉事慶都錢宏通建營

图版九四　明长城阅视碑

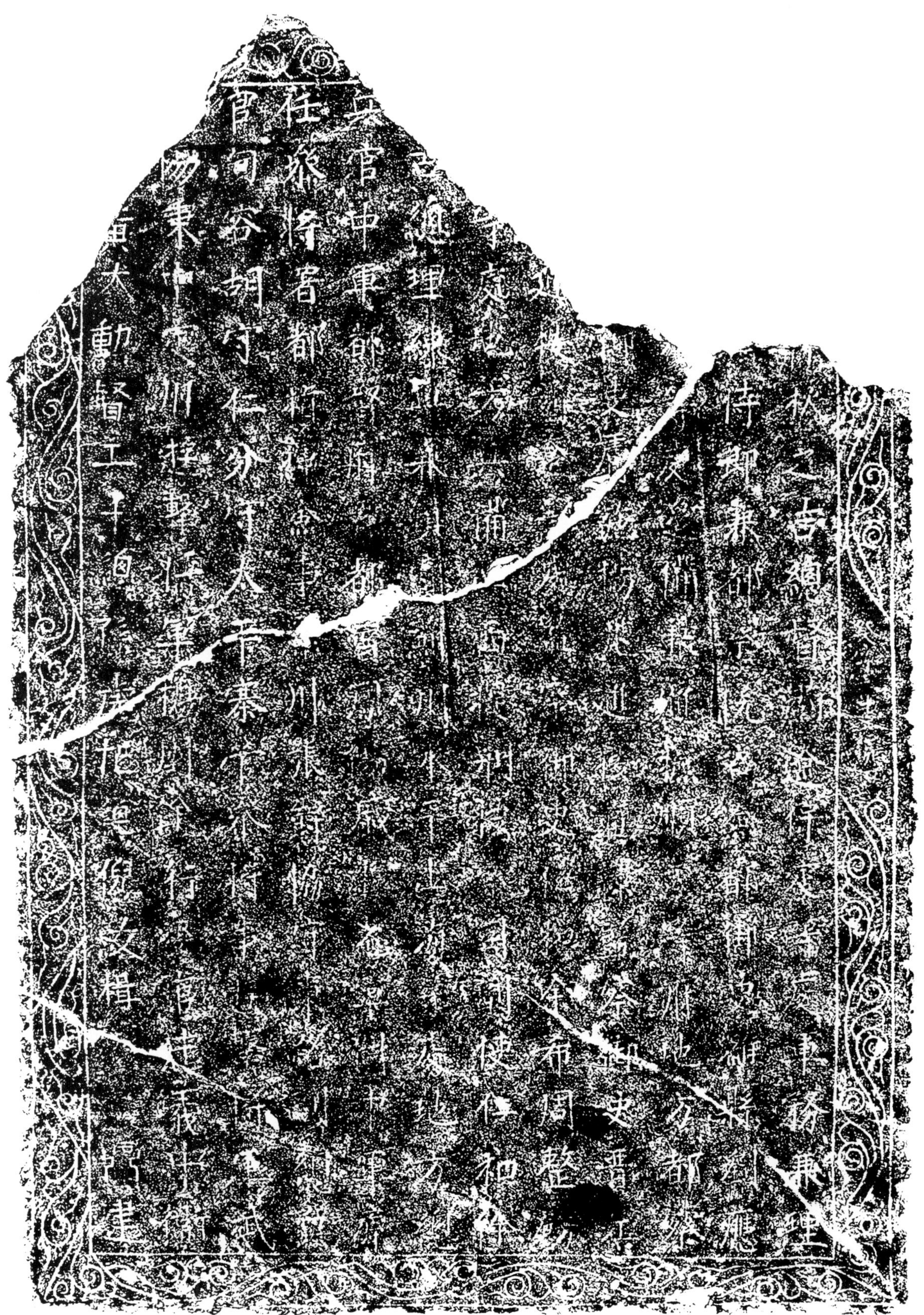

图版九五 明长城阅视碑

图版九六　神威楼石门匾

图版九七　明万历甲囗石匾（残碑）

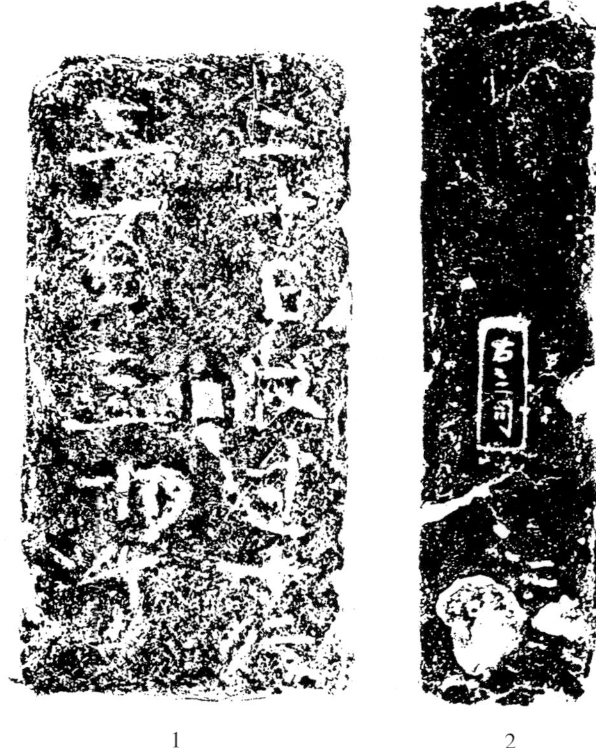

1　　2

3

图版九八　冷口口门墙上文字砖和花砖

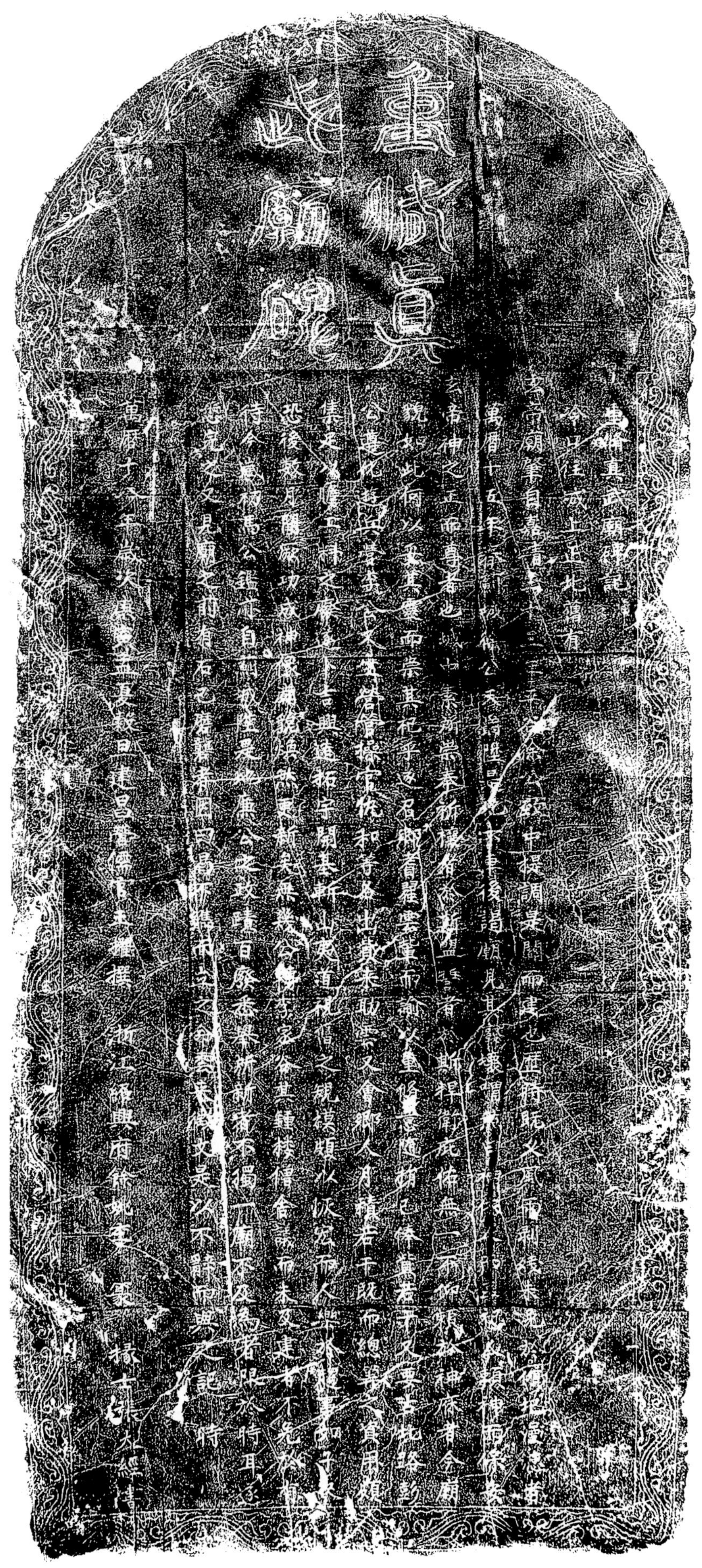

图版九九　重修真武庙碑记

图版一〇〇　明长城鼎建残碑

慶五年仲秋之吉總督薊遼保定等處軍務兼理
糧餉兵部右侍郎兼都察院右僉都御史維縣劉應
節整飭薊州等處邊備兼巡撫順天等府地方都察
院右僉都御史膚施楊兆巡按直隸監察御史晉江
蘇士閏巡按薊遼等處監察御史仁和余希周整飭
薊州等處地方兵備山西提刑按察司副使仁和徐
學古總理練兵兼鎮守薊州永平山海等處地方總
兵官中軍都督府右都督鳳陽戚繼光軍門中軍原
任叅將署都指揮僉事灤川張爵協守東路副總兵
官句容胡守仁分守太平寨管叅將事遊擊將軍武
定楊秉中定州遊擊將軍楊州徐行委官忠義中衛
經歷黃大勳管工把總尚建
壬字四十四號

图版一〇一　明隆庆五年（1571 年）长城鼎建碑

1　　　　2

图版一〇二　太平路、燕河路长城分界碑

1
2
3

图版一〇三　明迁安县河流口西山残碑

图版一〇四　明万历三十五年（1607 年）修建冷板台子一等边记事碑

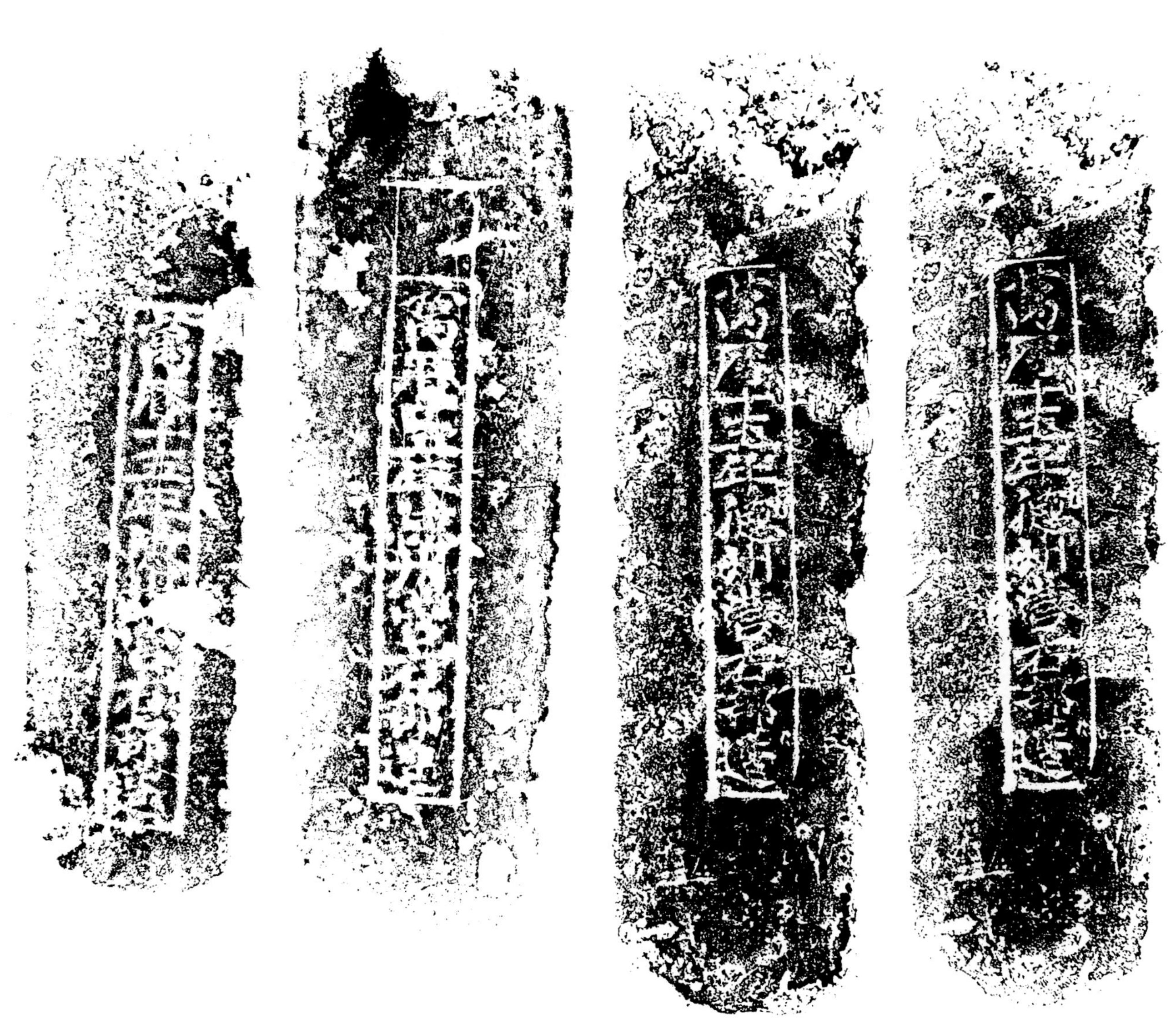

图版一〇五　明万历十五年（1587 年）戳记砖文拓片

图版一〇六　明万历九年（1581年）燕河修台记事残碑

图版一〇七　明万历六年（1578 年）重建刘家口关碑

图版一〇八　明万历四十七年（1619年）刘家营城残碑

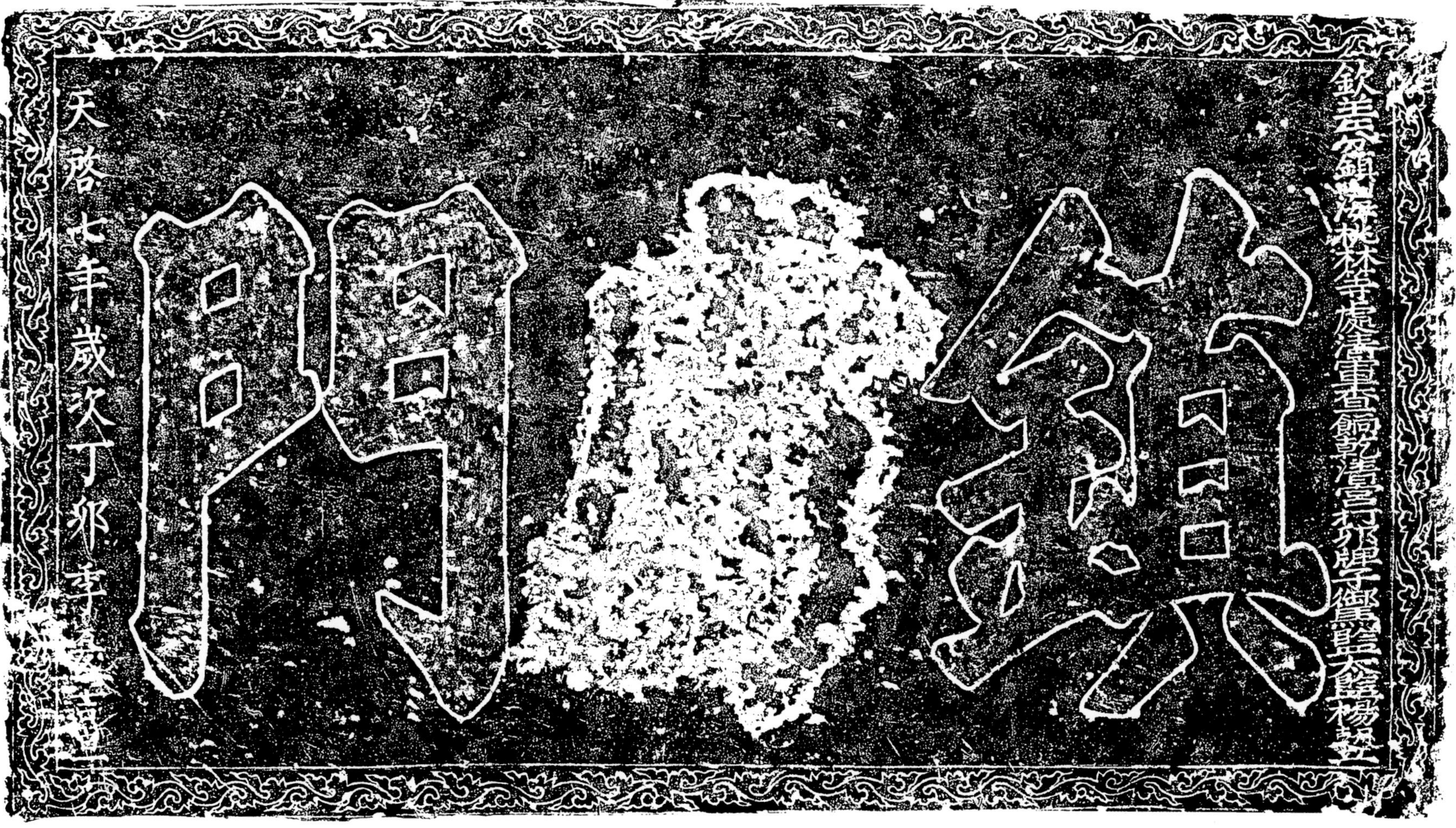

图版一〇九 明天启七年（1627年）桃林口城南门门匾

图版一一〇 明万历十四年（1586年）修桃林口桥台碑

图版一一一　明嘉靖三十七年（1558 年）修边城记事碑

1

2

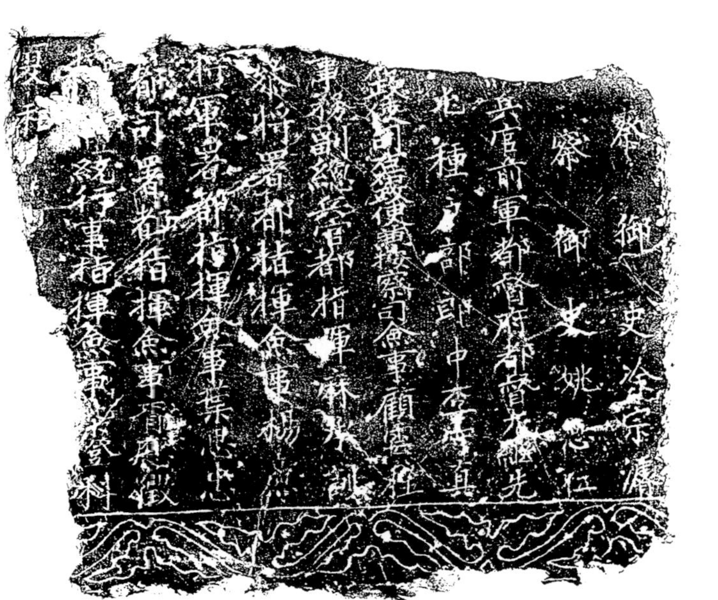

3

图版一一二　明残碑三石

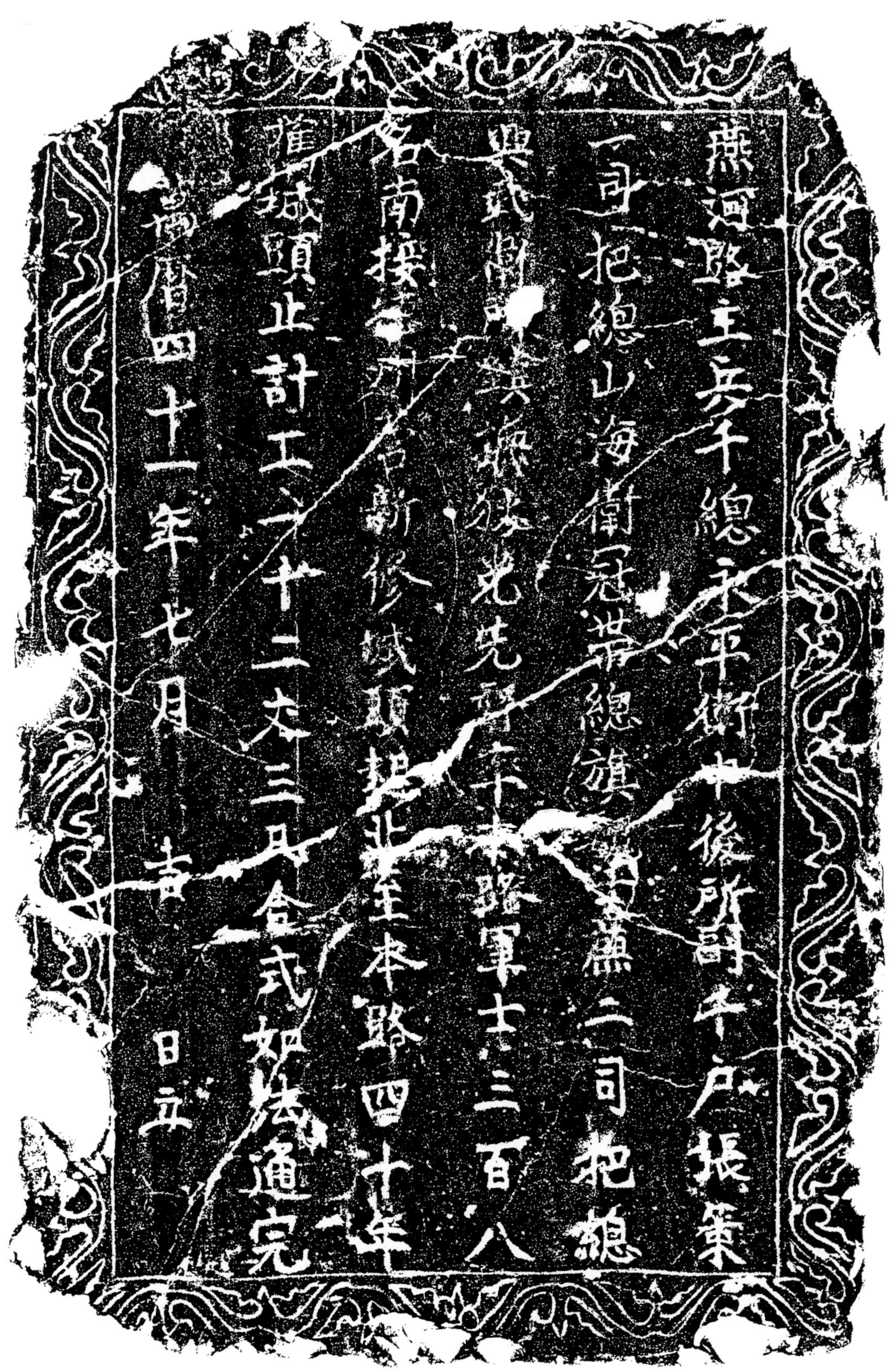
燕河路主兵千總永平衛中後所副千戶張策
一司把總山海衛冠帶總旗 [illegible] 二司把總
興武營 [illegible] 光先等率本路軍士三百八
名南接 [illegible] 新修城頭起北至本路四十年
催城頭止計工二十二丈三尺合式如法通完
萬曆四十一年七月 吉 日立

图版一一三　明万历四十一年（1613年）青山口修城碑

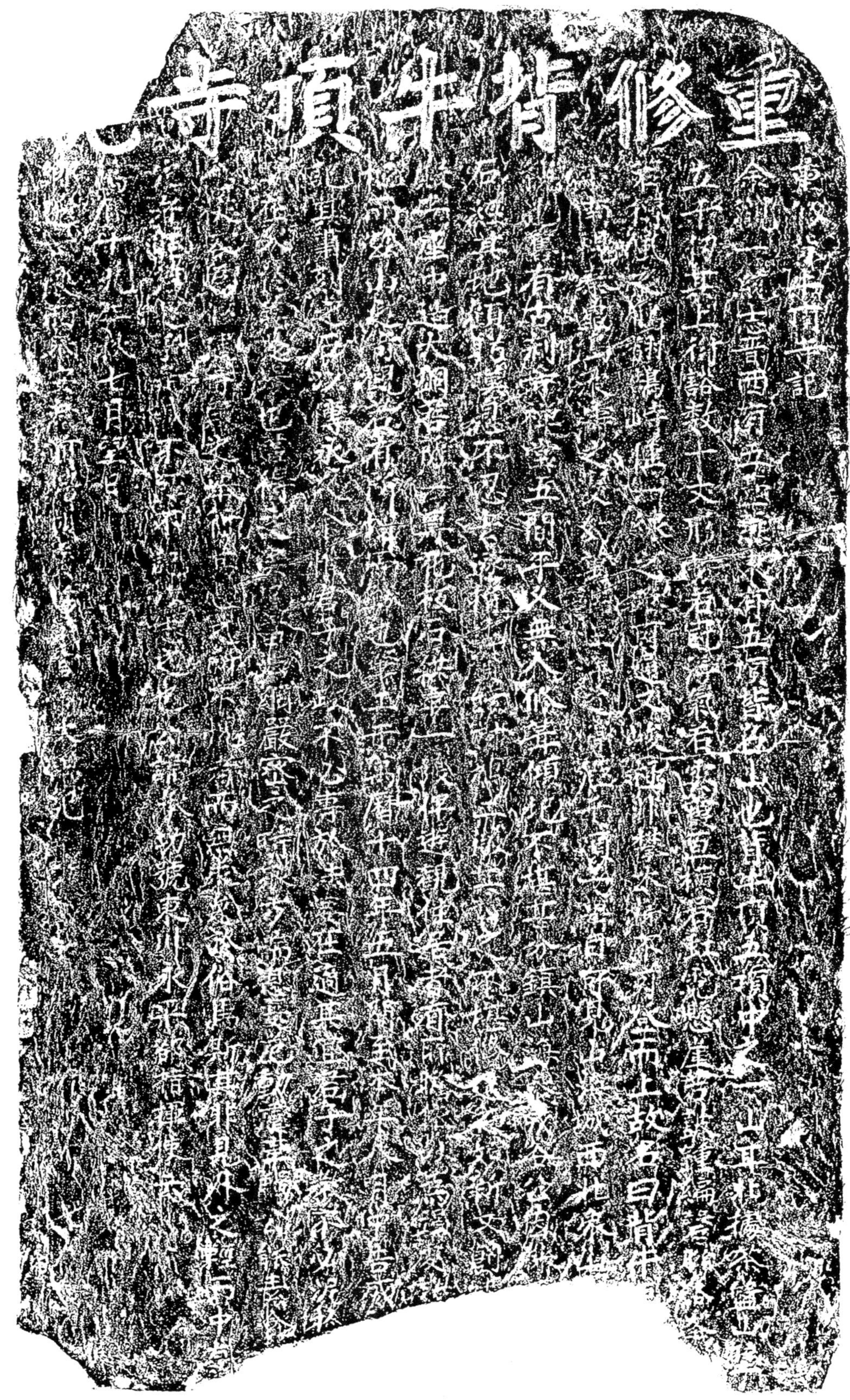

图版一一四　重修背牛顶寺记

图版一一五　明嘉靖四十五年（1566 年）“巡抚明文”修边城记事碑

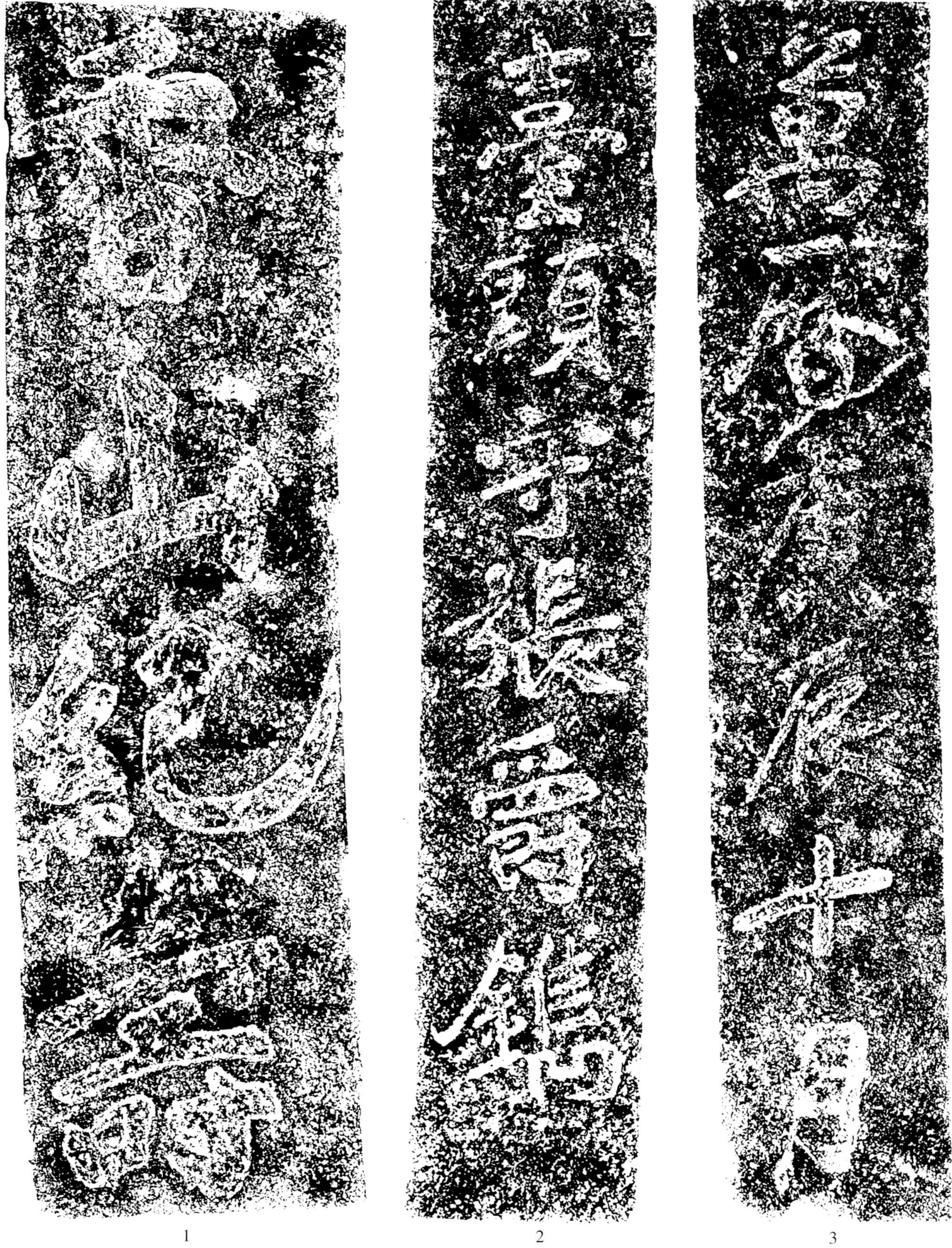

1　　2　　3

图版一一六（A）　万历八年（1580年）香山纪寿摩崖石刻

4 5

图版一一六（B） 万历八年（1580年）香山纪寿摩崖石刻

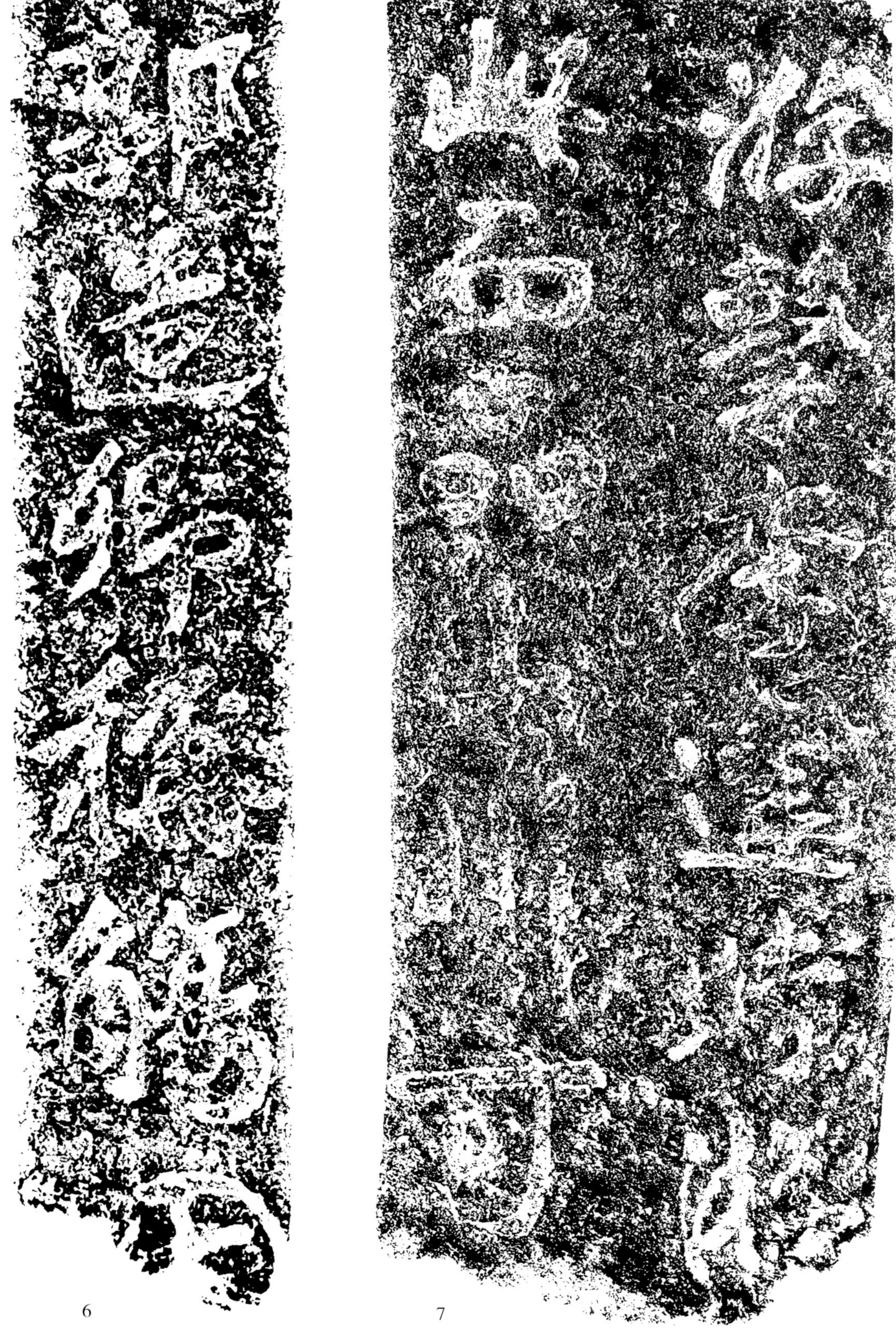

6　　7

图版一一六（C）　万历八年（1580年）香山纪寿摩崖石刻

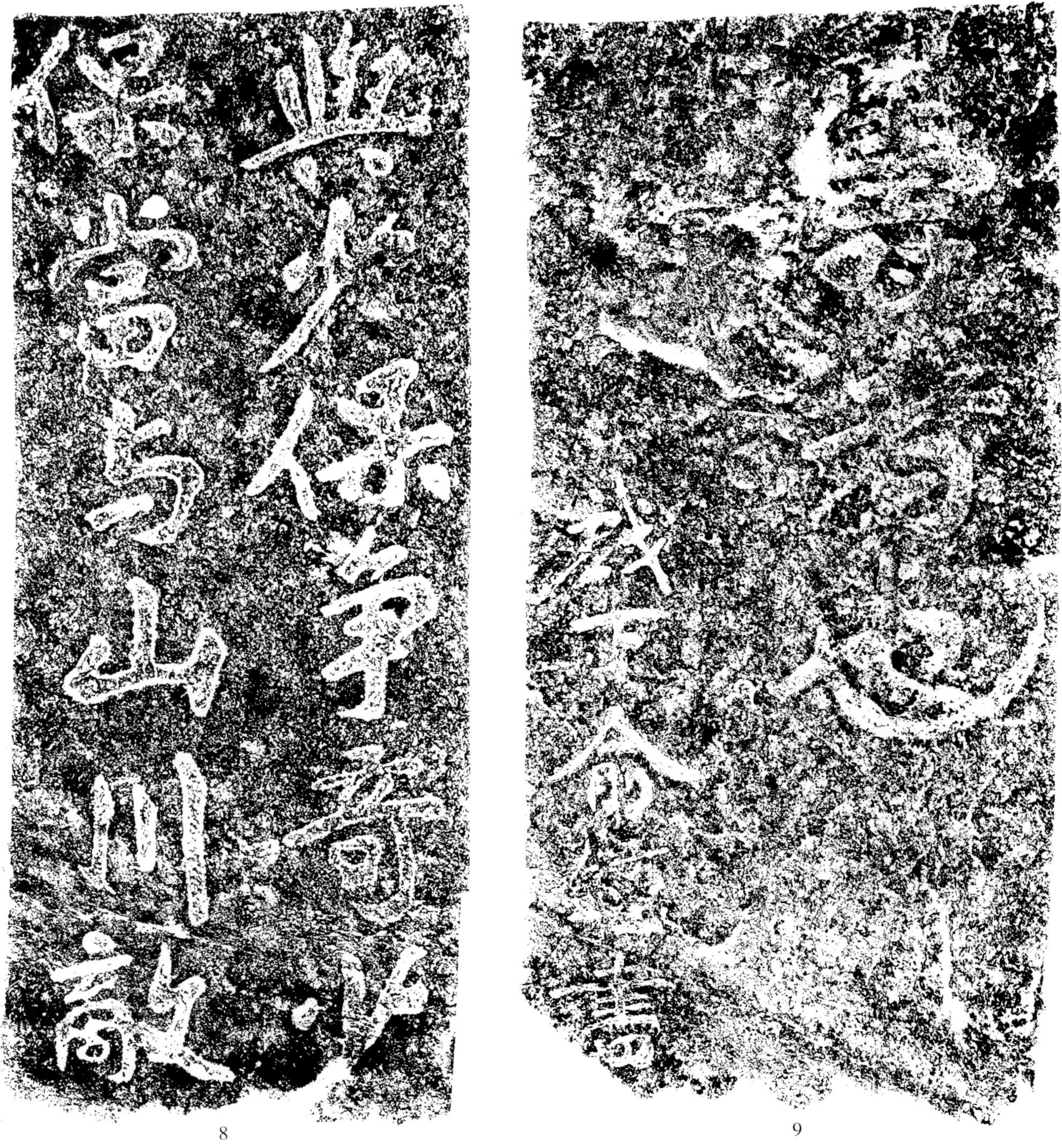

8　　9

图版一一六（D）　万历八年（1580年）香山纪寿摩崖石刻

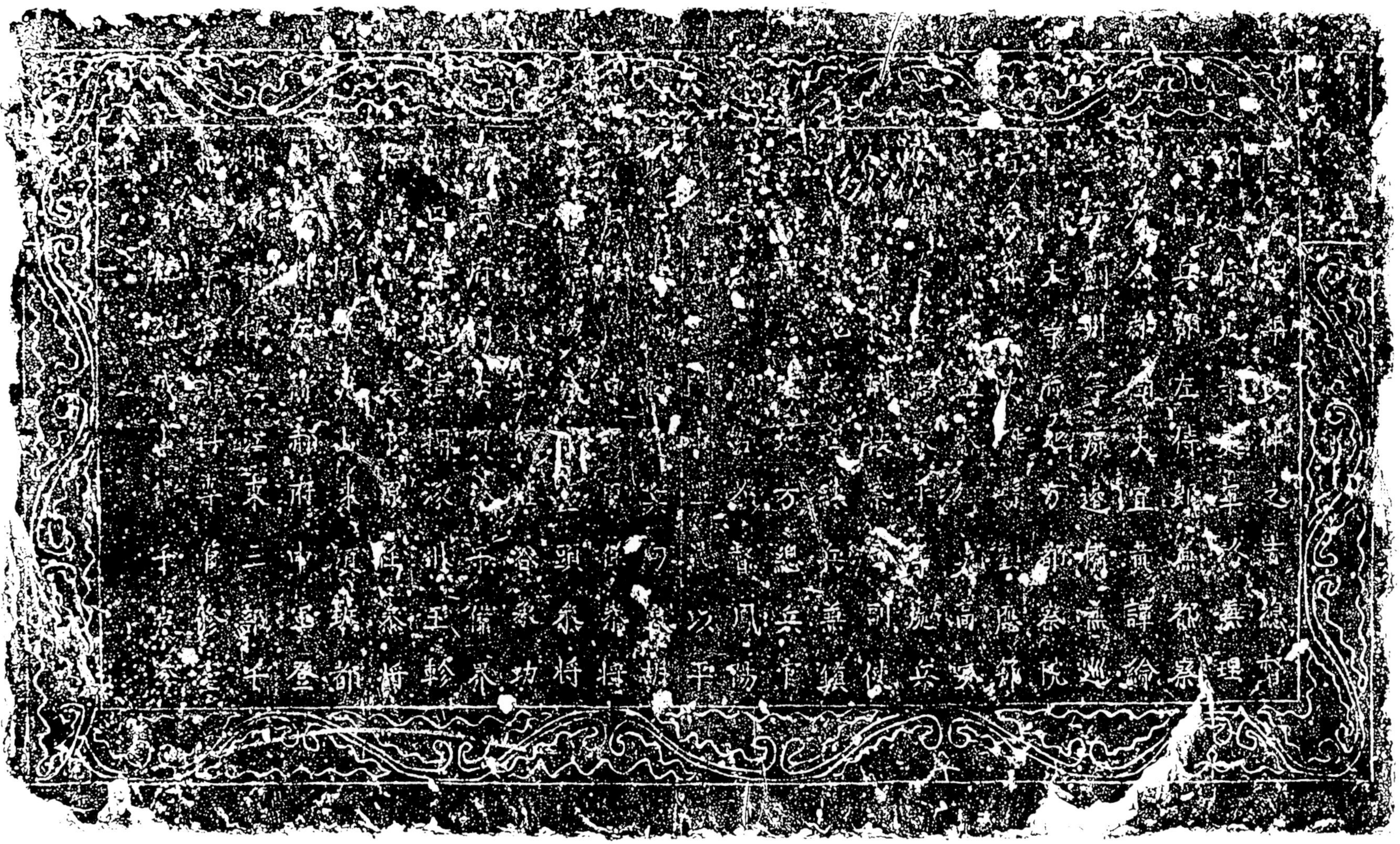

图版一一七　明隆庆四年（1570年）长城阅视碑

图版一一八　明万历三十二年（1604年）修城记事碑

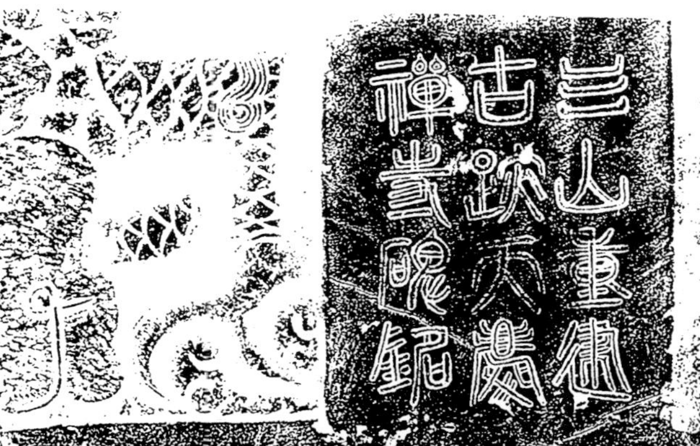

图版一一九　明弘治十七年（1504年）重建天庆寺碑

图版一二〇　明长城阅视碑

图版一二一　明万历二十六年（1598年）修边墙记事碑

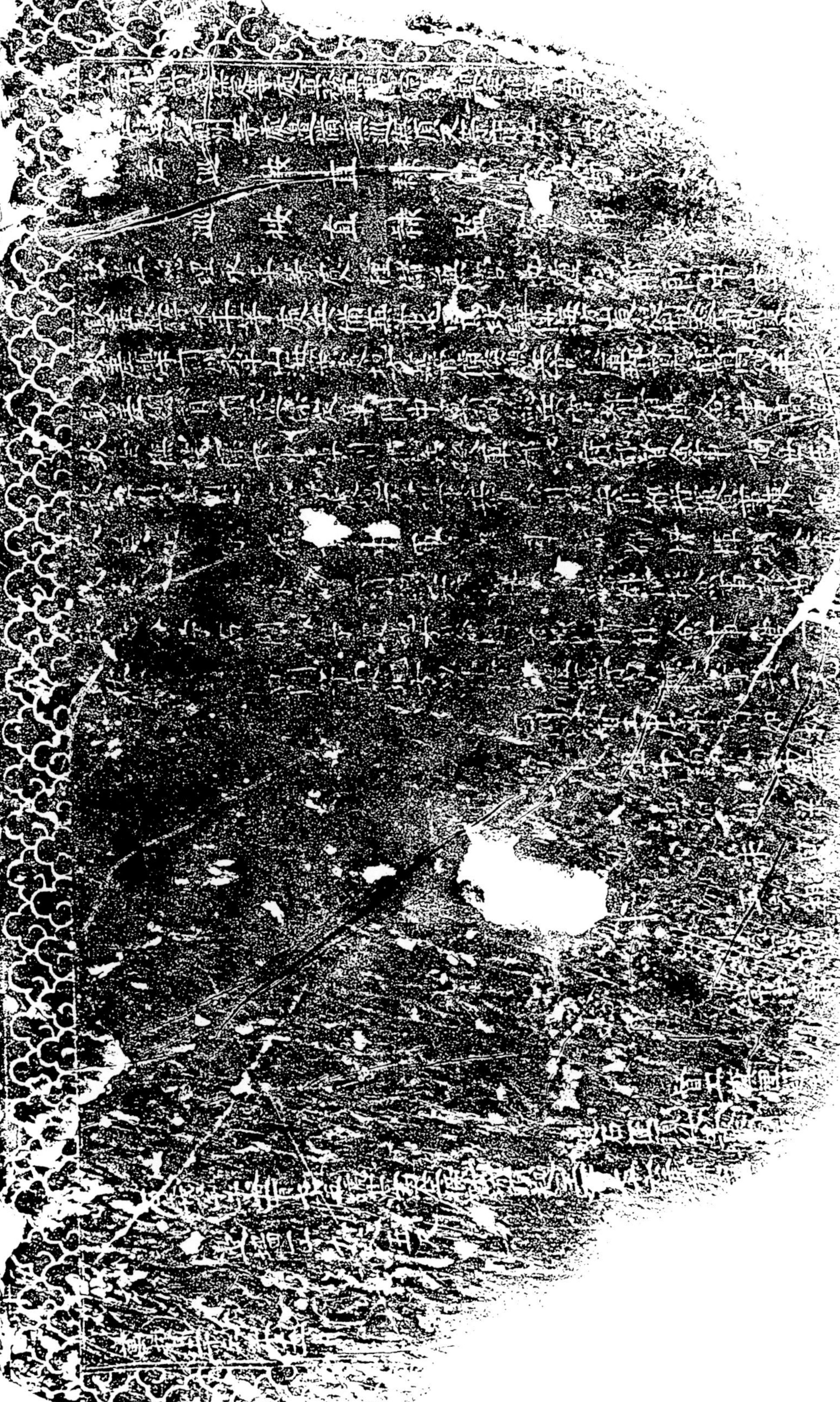

图版一二二　明万历二十三年（1595 年）修合墙记事碑

图版一二三　明万历三十七年（1609年）修大安口二等砖边墙记事碑

图版一二四　明万历二十二年（1594 年）修一等边墙记事碑

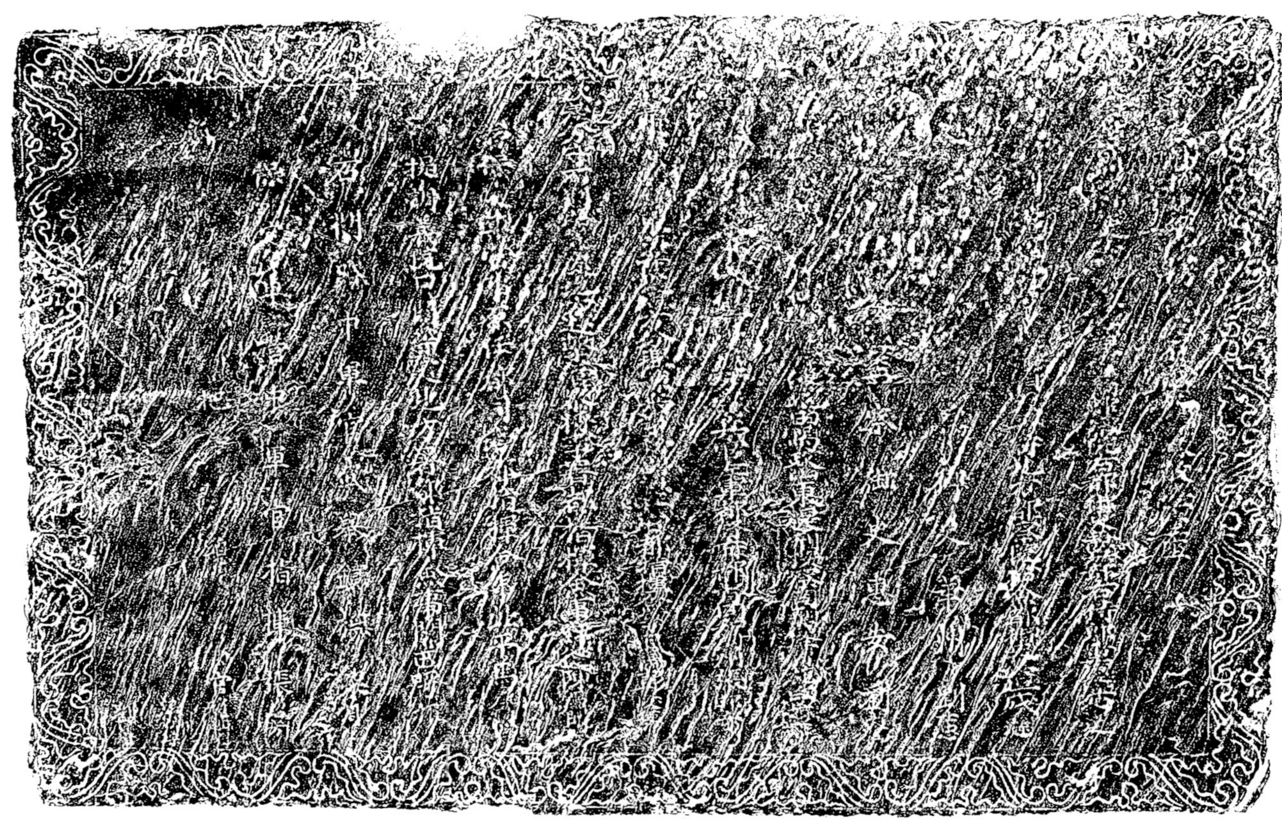

图版一二五　明石门路义院口建台碑

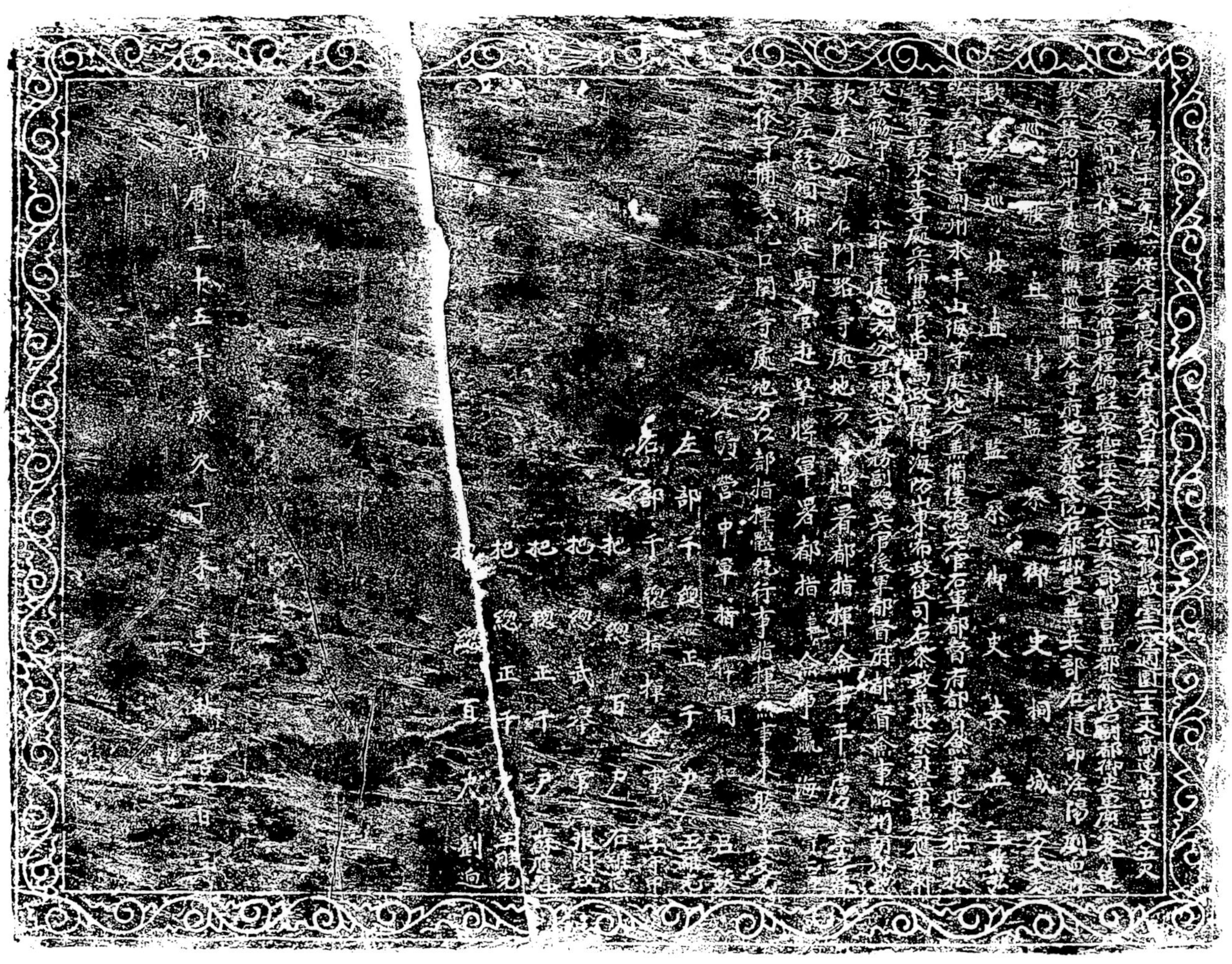

图版一二六　明万历三十五年（1607 年）修白草洼敌台碑

图版一二七　明万历三十五年（1607 年）秋防修二等边墙碑

图版一二八 明万历三十五年（1607年）创修井儿峪敌台碑

图版一二九 明万历三十二年（1604年）春防修苇子峪敌台记事碑

图版一三〇　明万历二十二年（1594 年）修苇子峪墙台记事碑

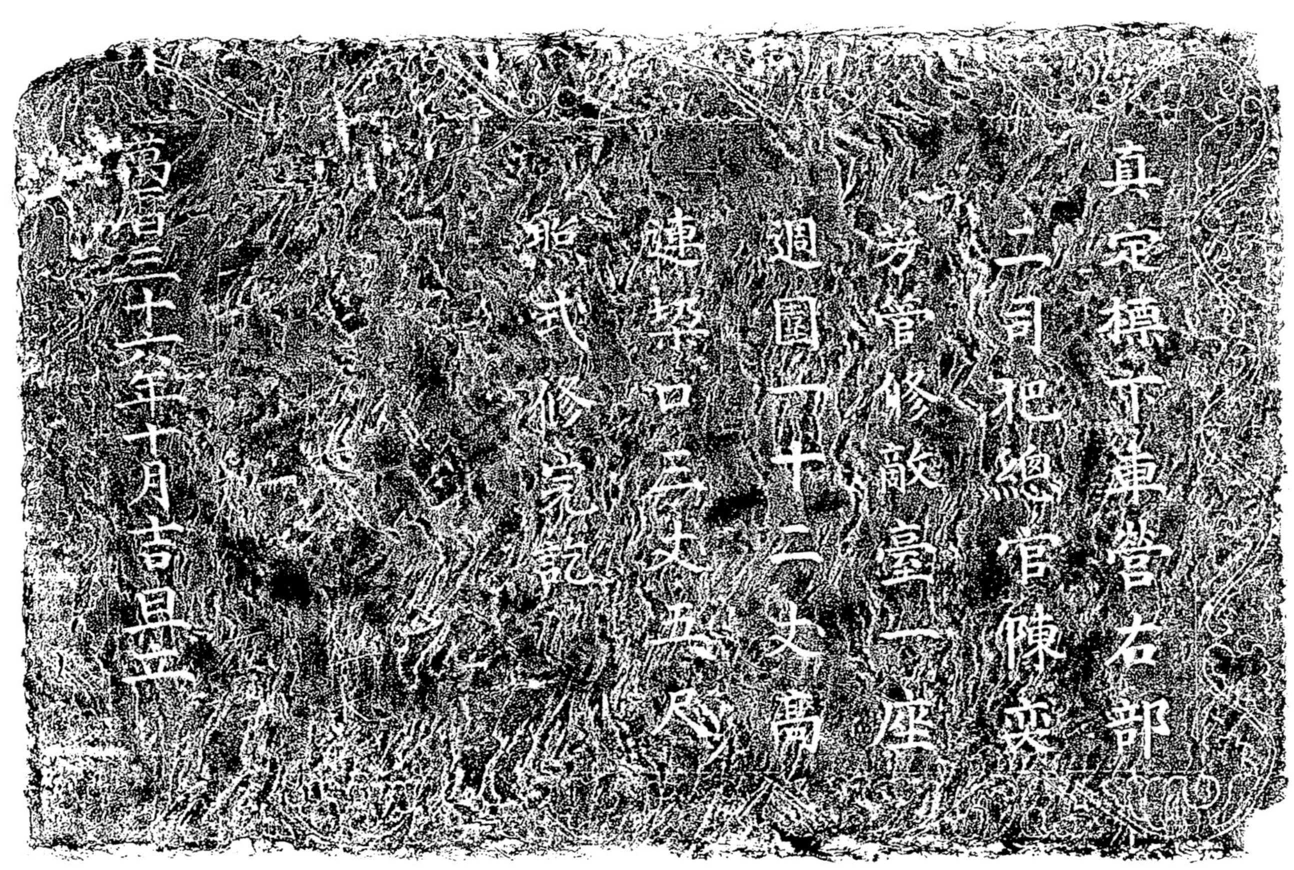

图版一三一　明万历三十六年（1608 年）真定车营右部二司修敌台碑

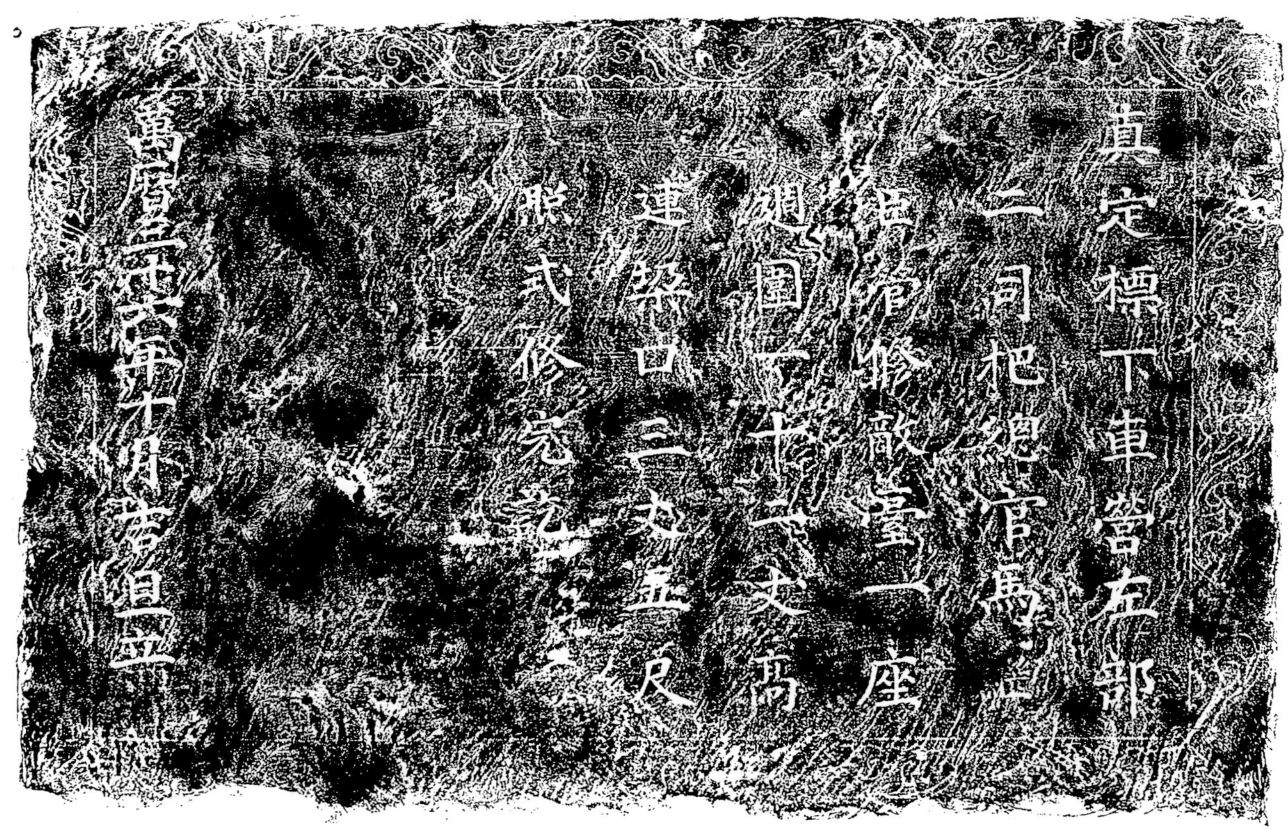

图版一三二 明万历三十六年（1608年）真定车营左部

图版一三三　明万历三十六年（1608年）修大窟窿石敌台碑

图版一三四 明万历三十六年（1608年）秋防修石义青山顶敌台碑

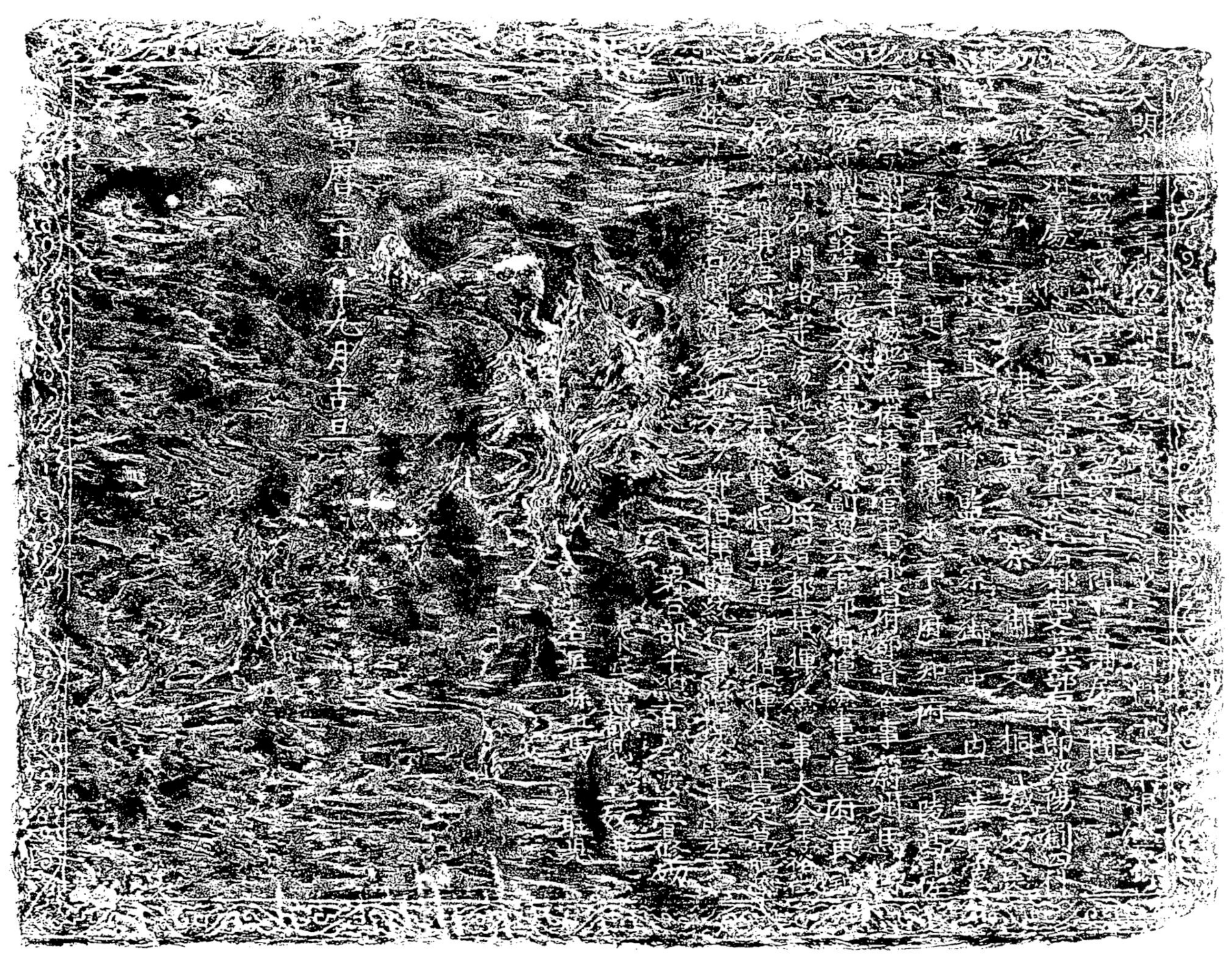

图版一三五　明万历三十六年（1608年）修石义断虏岭敌台碑

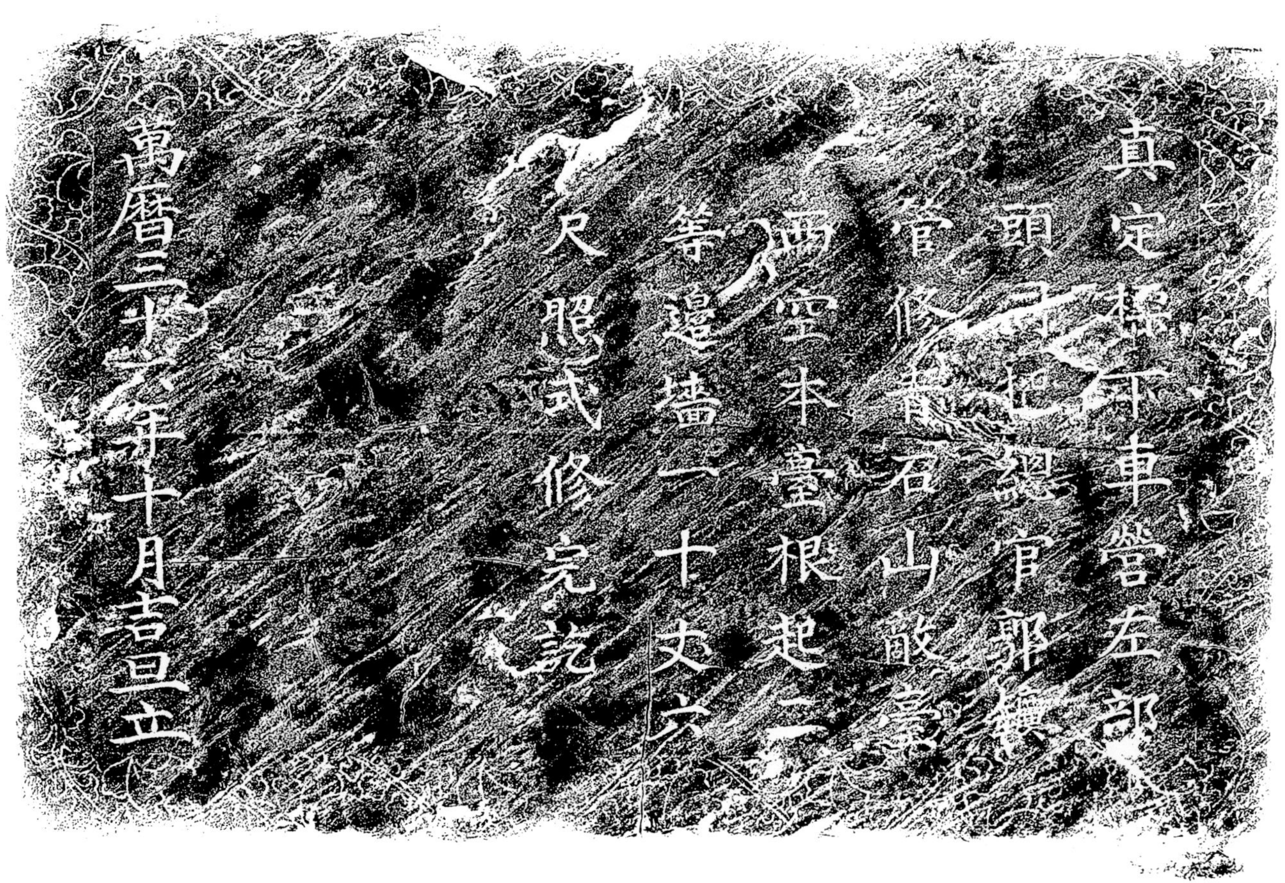

图版一三六　明万历三十六年（1608 年）修完青石山二等边墙碑

图版一三七　明万历三十六年（1608 年）左部二司修建二等边墙碑

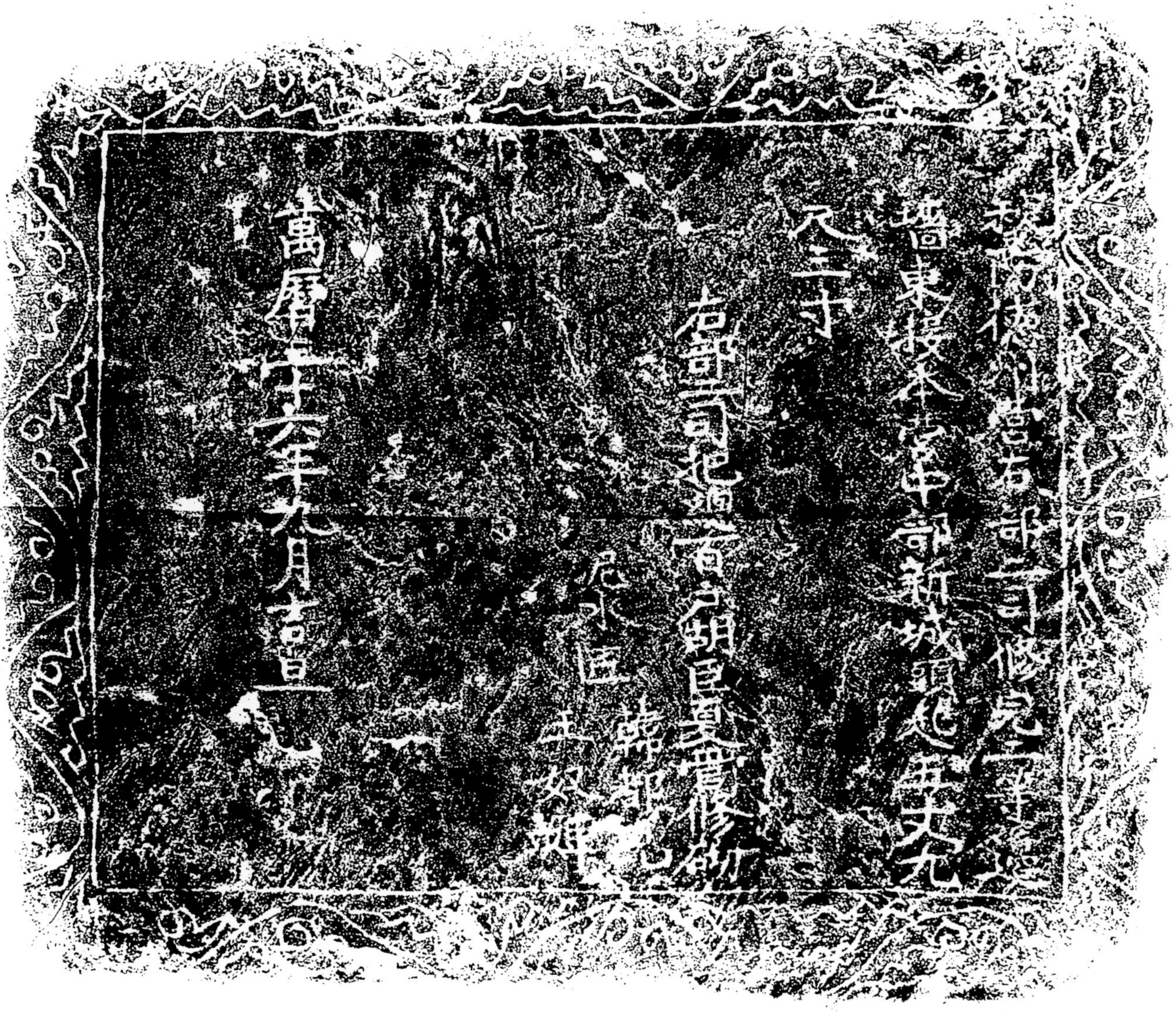

图版一三八　明万历三十六年（1608 年）右部二司修完二等边墙碑

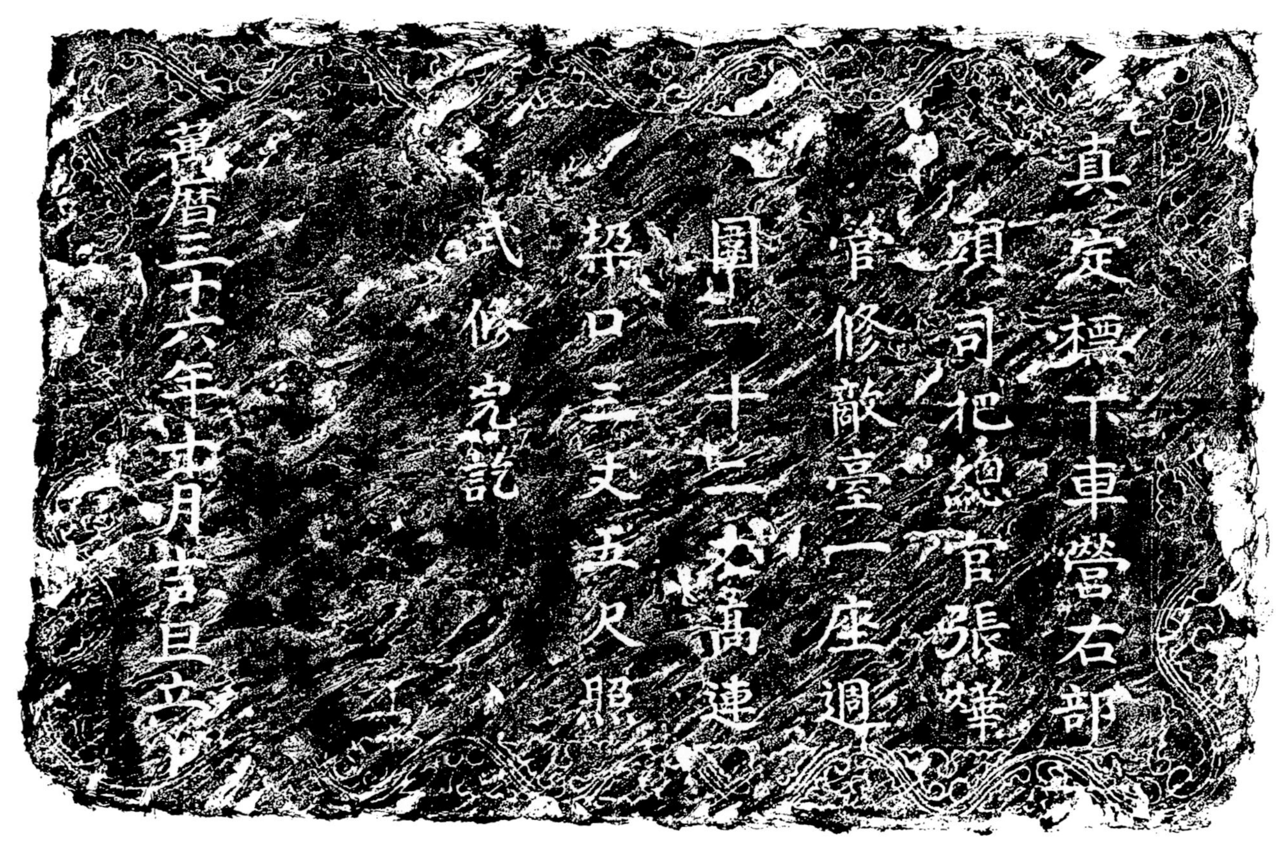

图版一三九　明万历三十六年（1608 年）真定车营右部头司修敌台记事碑

图版一四〇　明万历三十二年（1604 年）春防主兵修苇子峪敌台碑

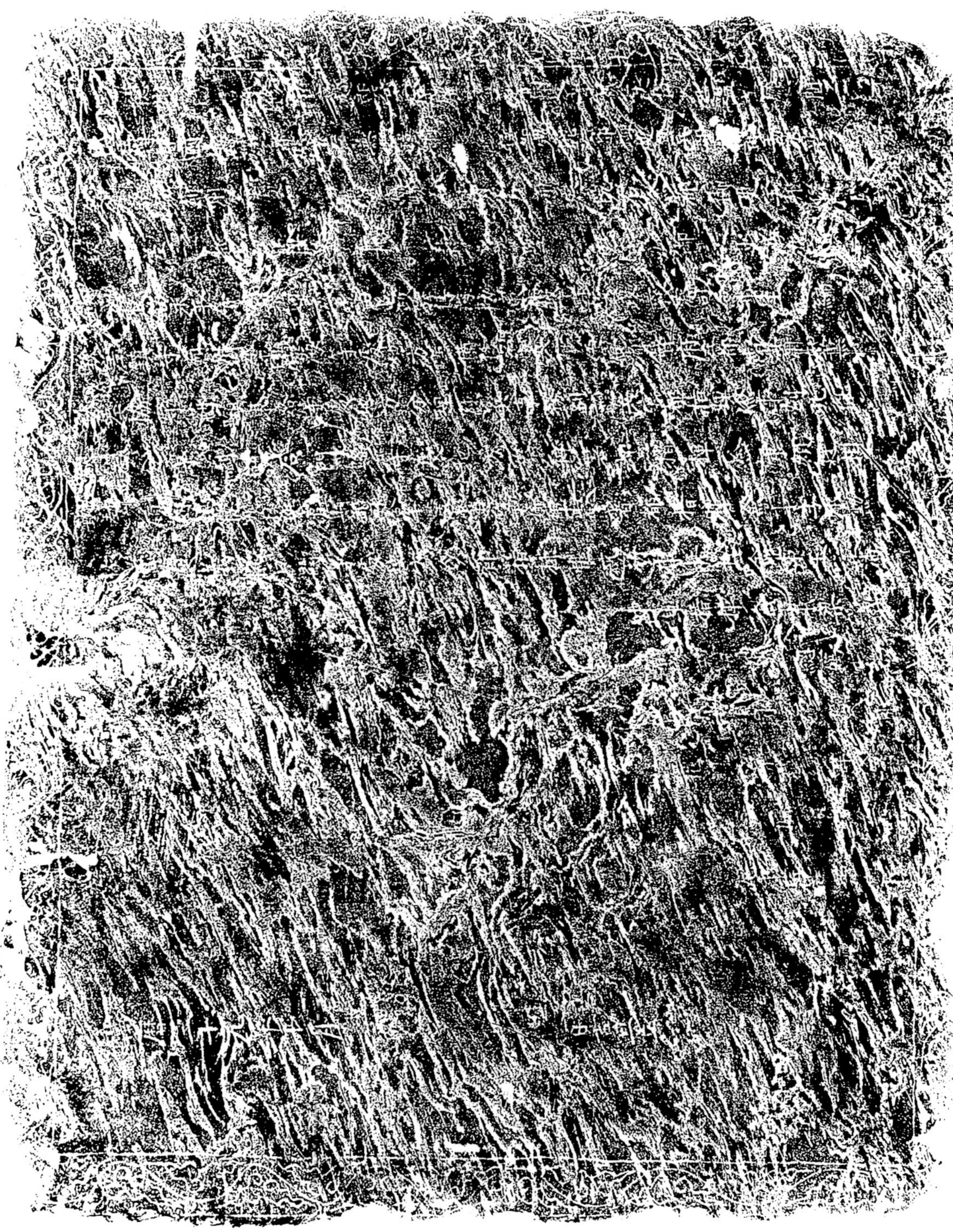

图版一四一　明万历二十九年（1601年）建台碑

图版一四二　真定民兵营春防修平山顶、牡丹花东顶、牡丹花顶、上无梁东顶四座一等空心敌台记事碑

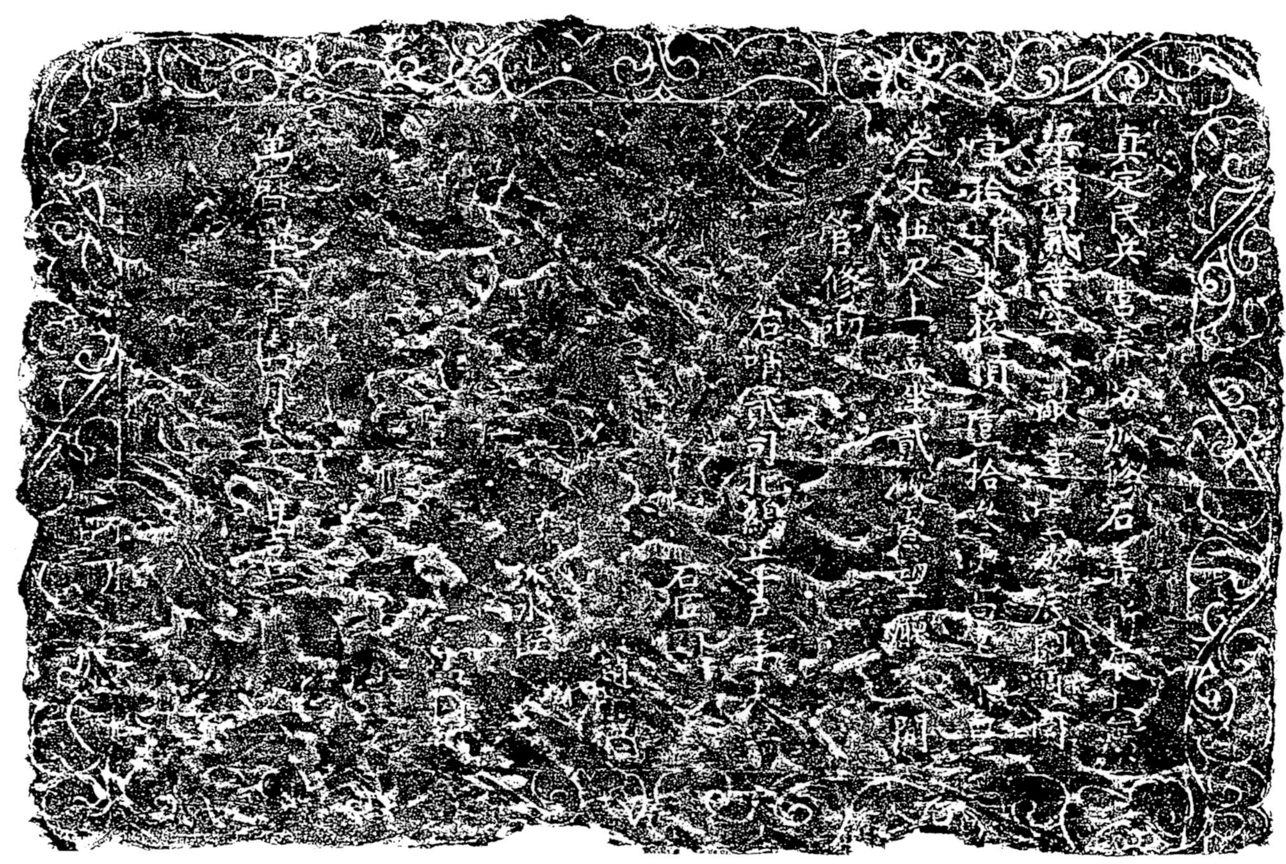

图版一四三　明万历四十六年（1618 年）真定民兵营春防修上无梁顶贰等敌台碑

图版一四四　明万历四十年（1612 年）二等修边城记事碑

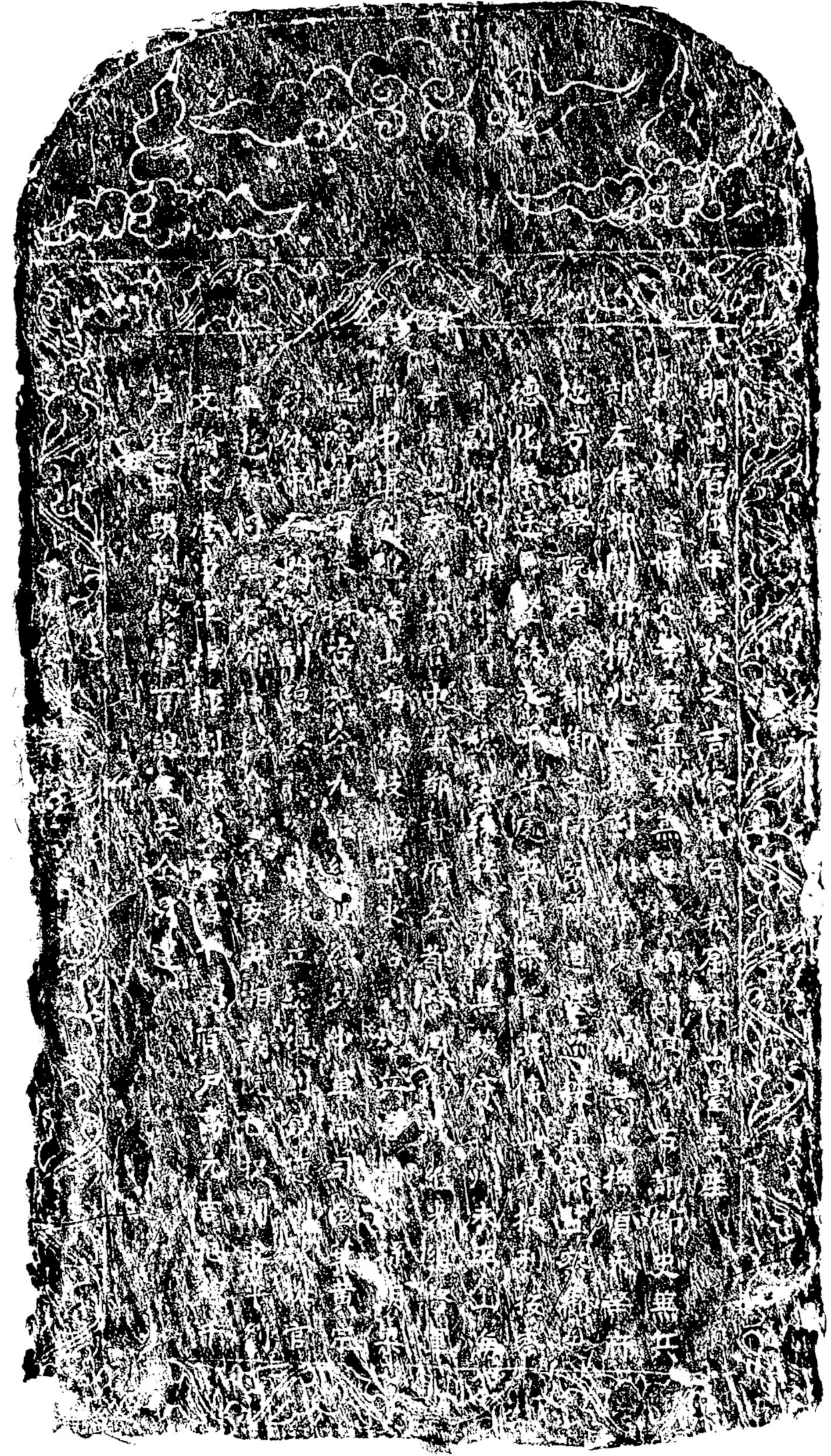

图版一四五　明万历五年（1577 年）修建窟窿山台记事碑

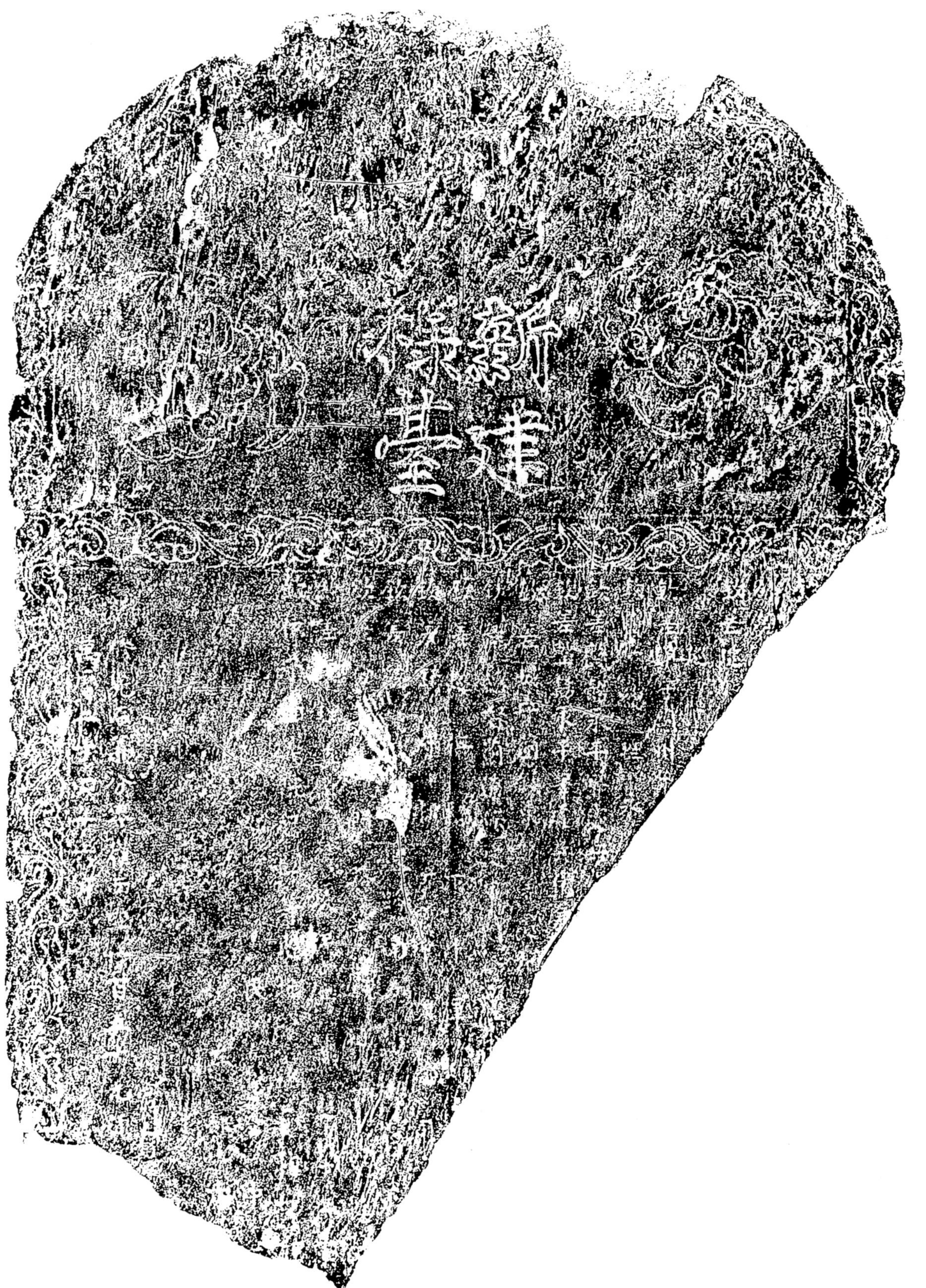

图版一四六　明万历二十四年（1596 年）修台记事碑

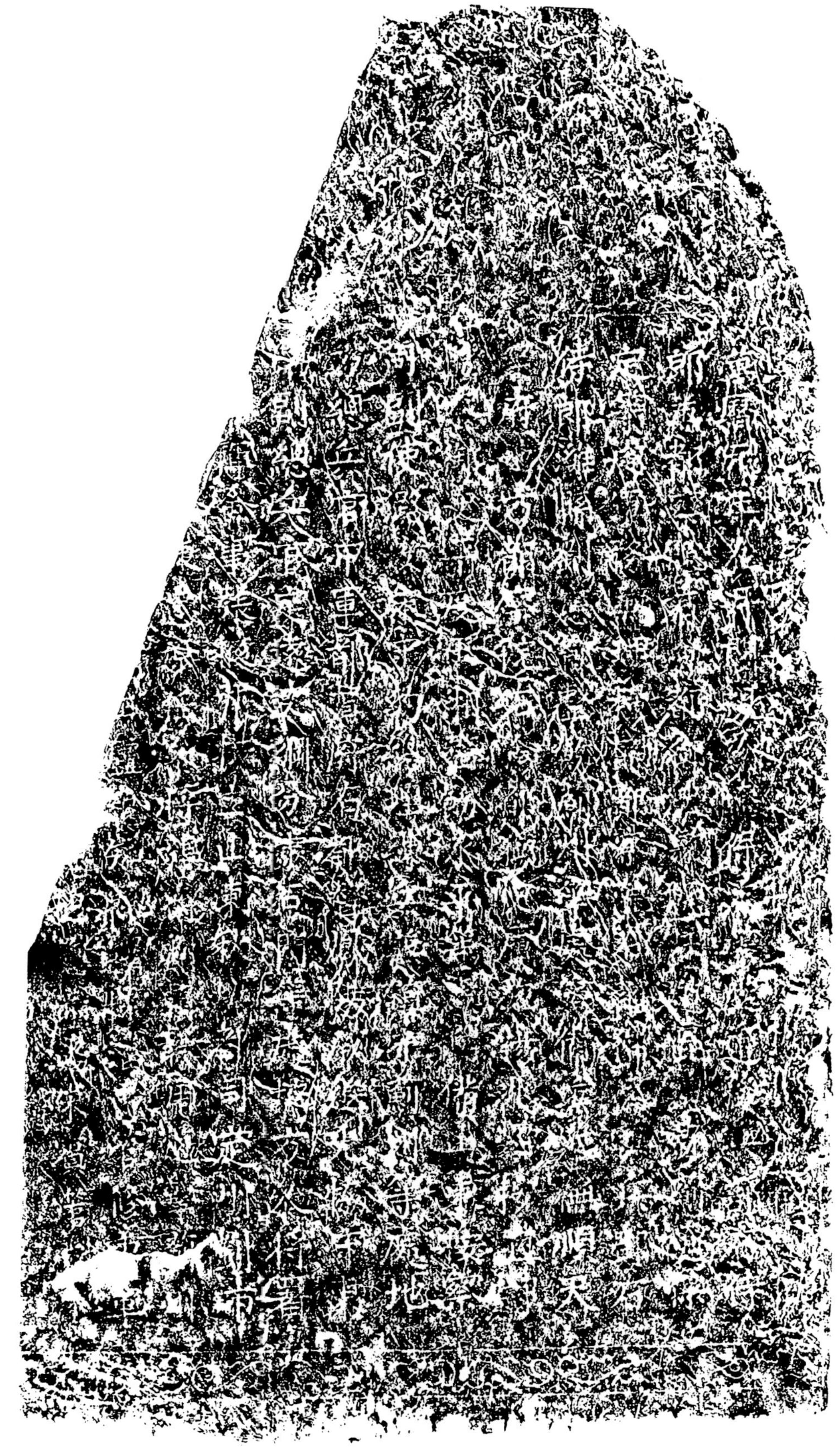

图版一四七　明万历元年（1573 年）阅视碑

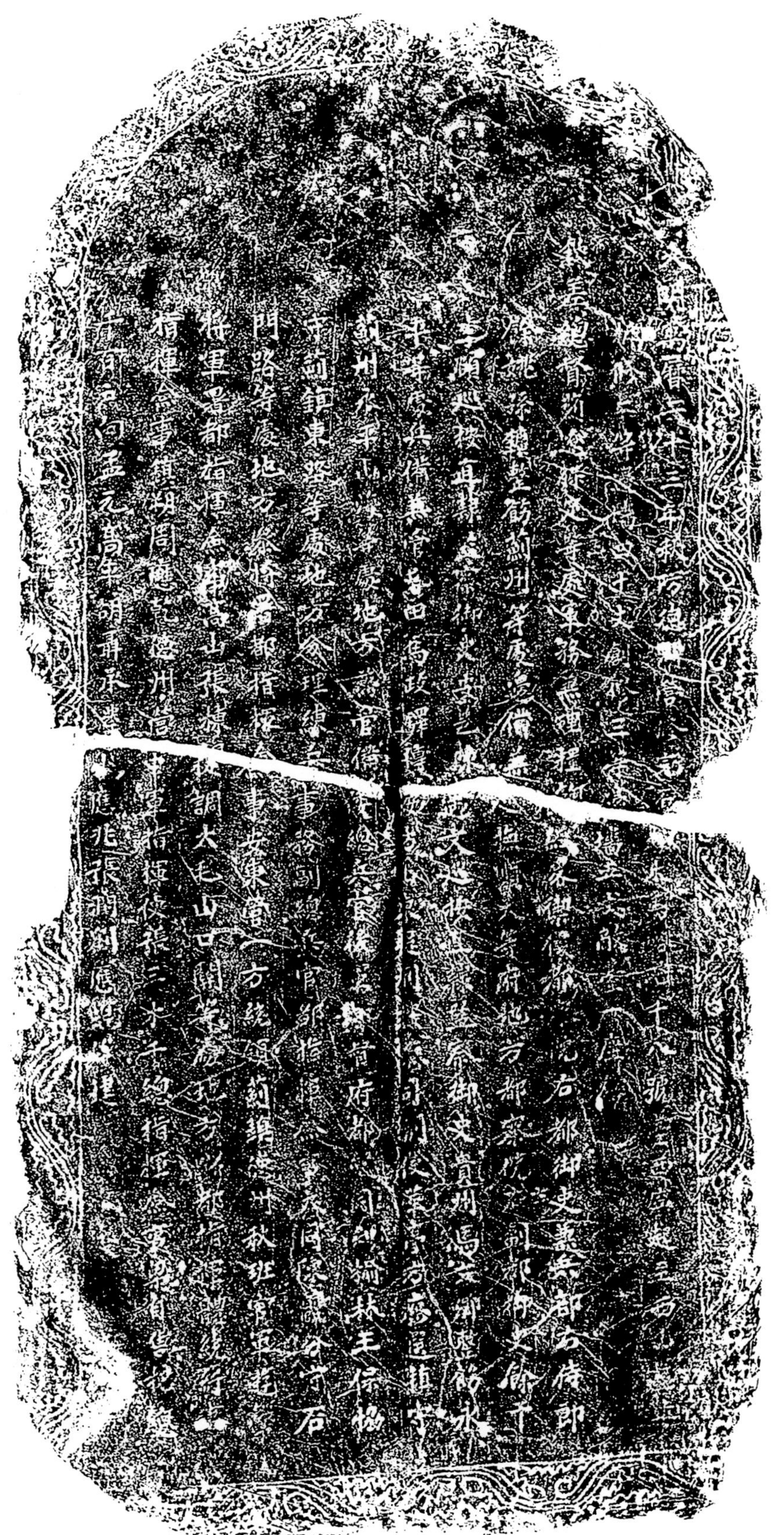

图版一四八 明万历二十三年（1595 年）修墙台记事碑

图版一四九　修建城台碑记

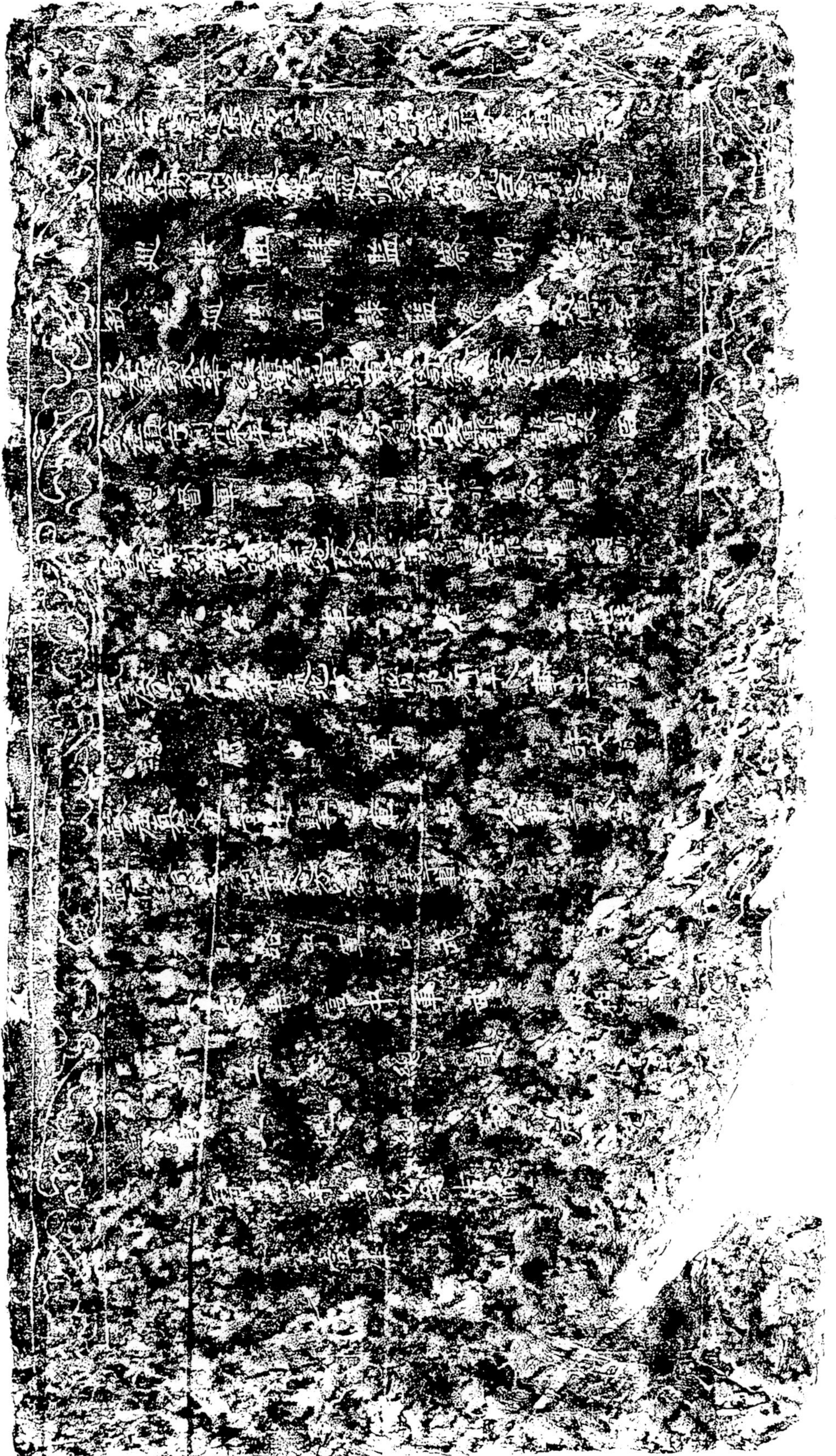

图版一五〇　明万历十四年（1586年）修合碑记

图版一五一　明万历三十四年（1606 年）修大毛山长城记事碑

图版一五二 九门口台7号楼残碑

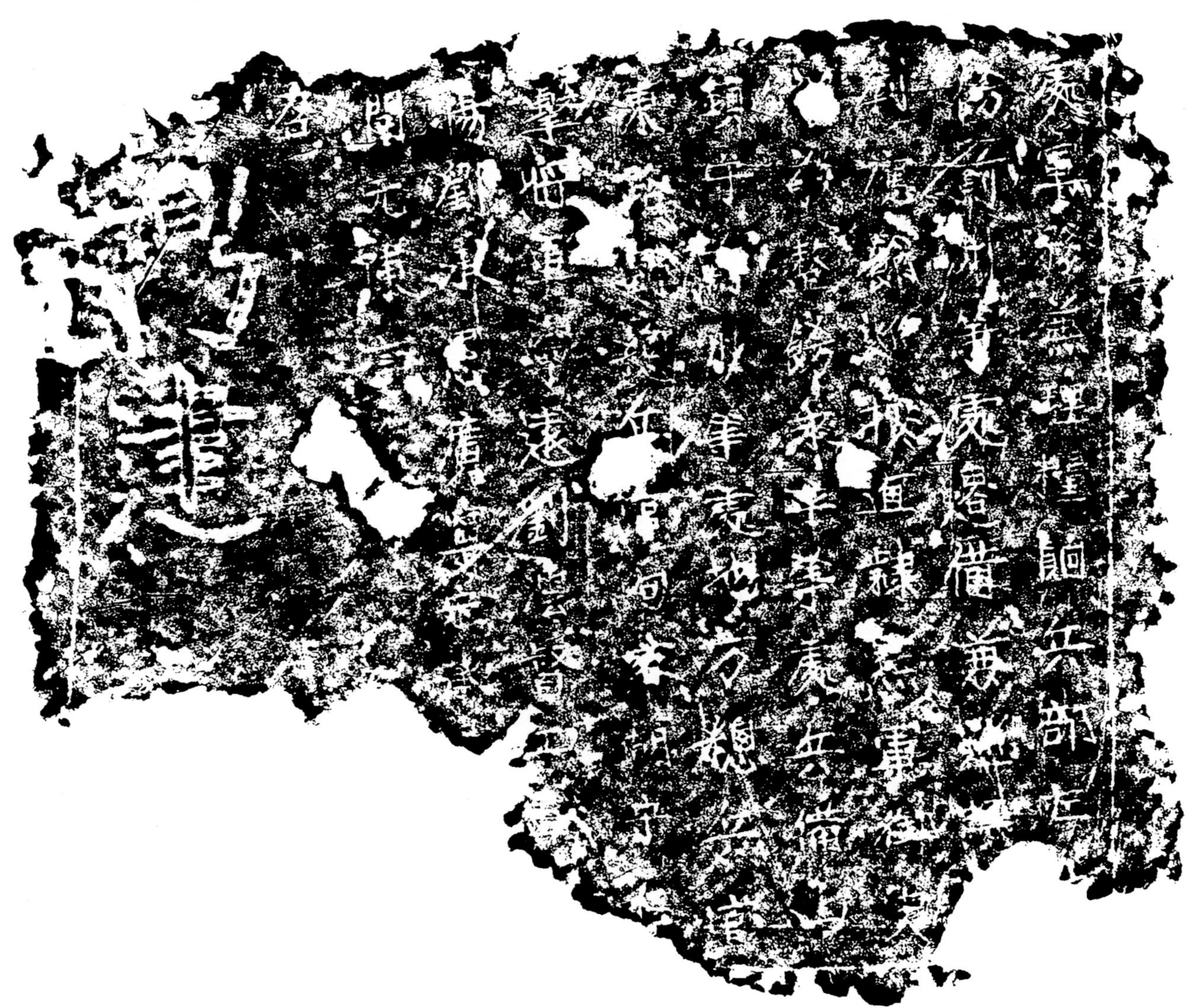

图版一五三　九门口台 8 号楼残碑

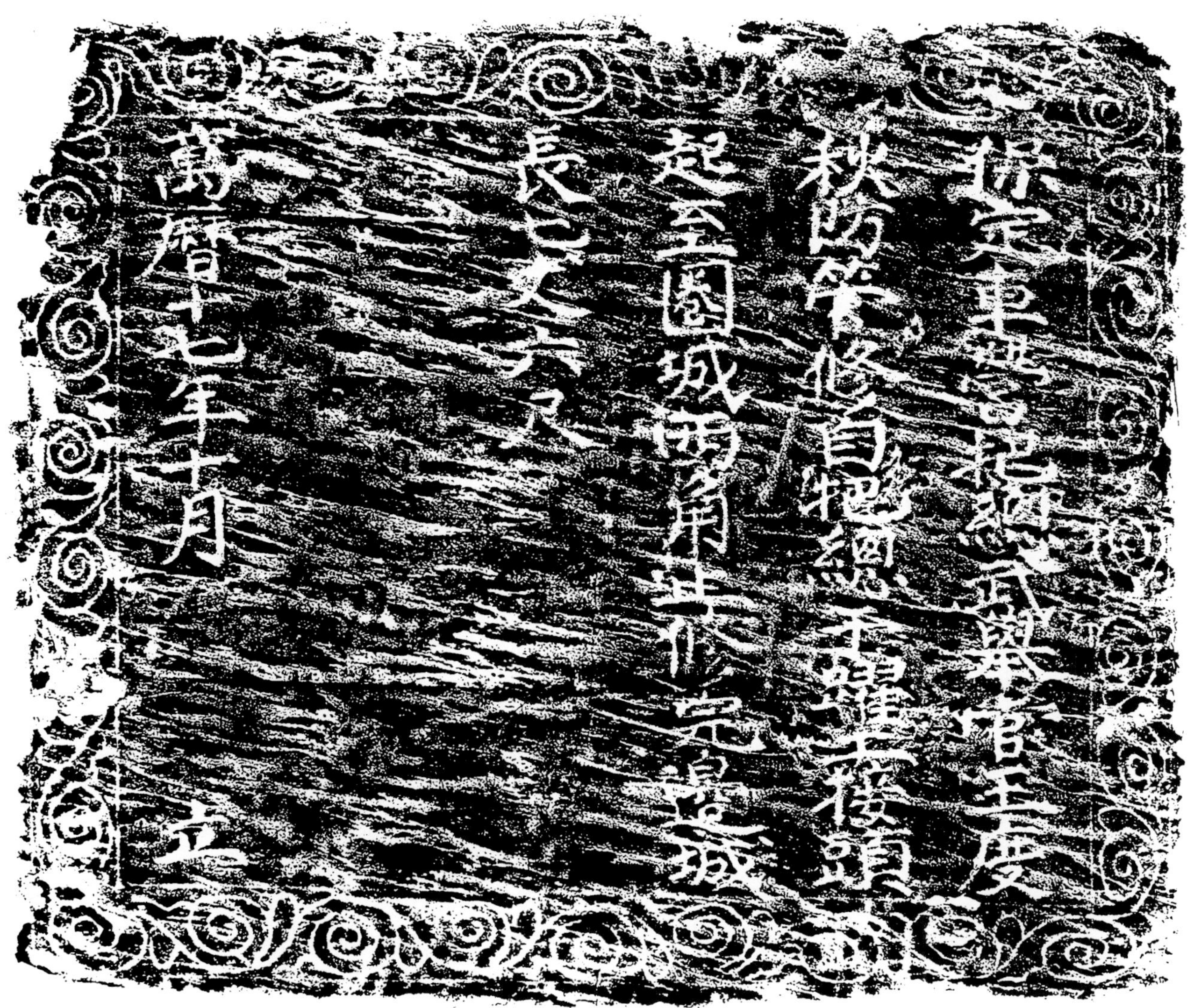

图版一五四　明万历十七年（1589 年）修边城碑

图版一五五　明万历元年（1573 年）长城碑

图版一五六　明隆庆三年（1569年）长城鼎建碑

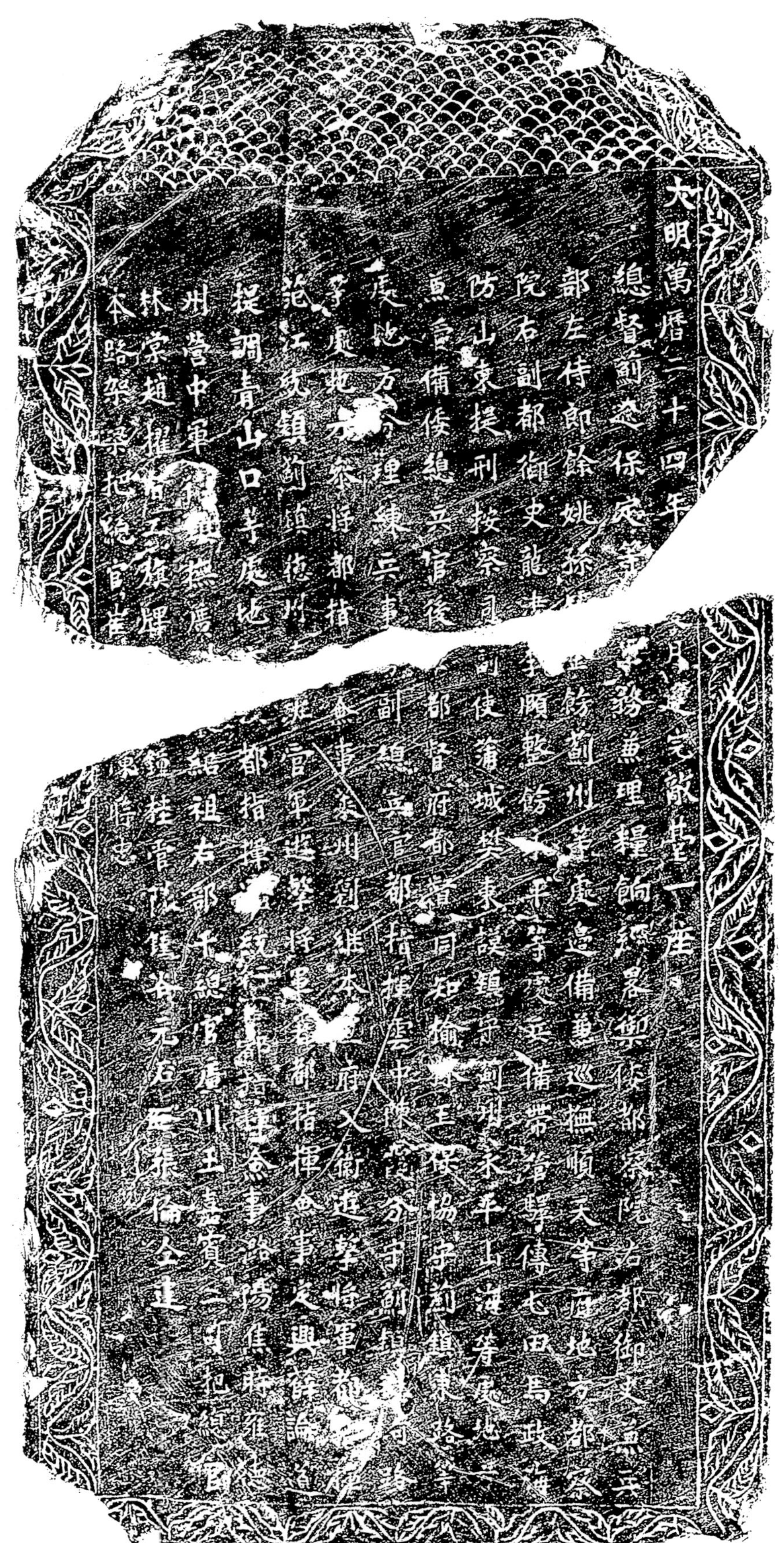

图版一五七 明万历二十四年（1596年）修台记事碑

图版一五八　明万历四十四年（1616年）修二等边墙记事碑

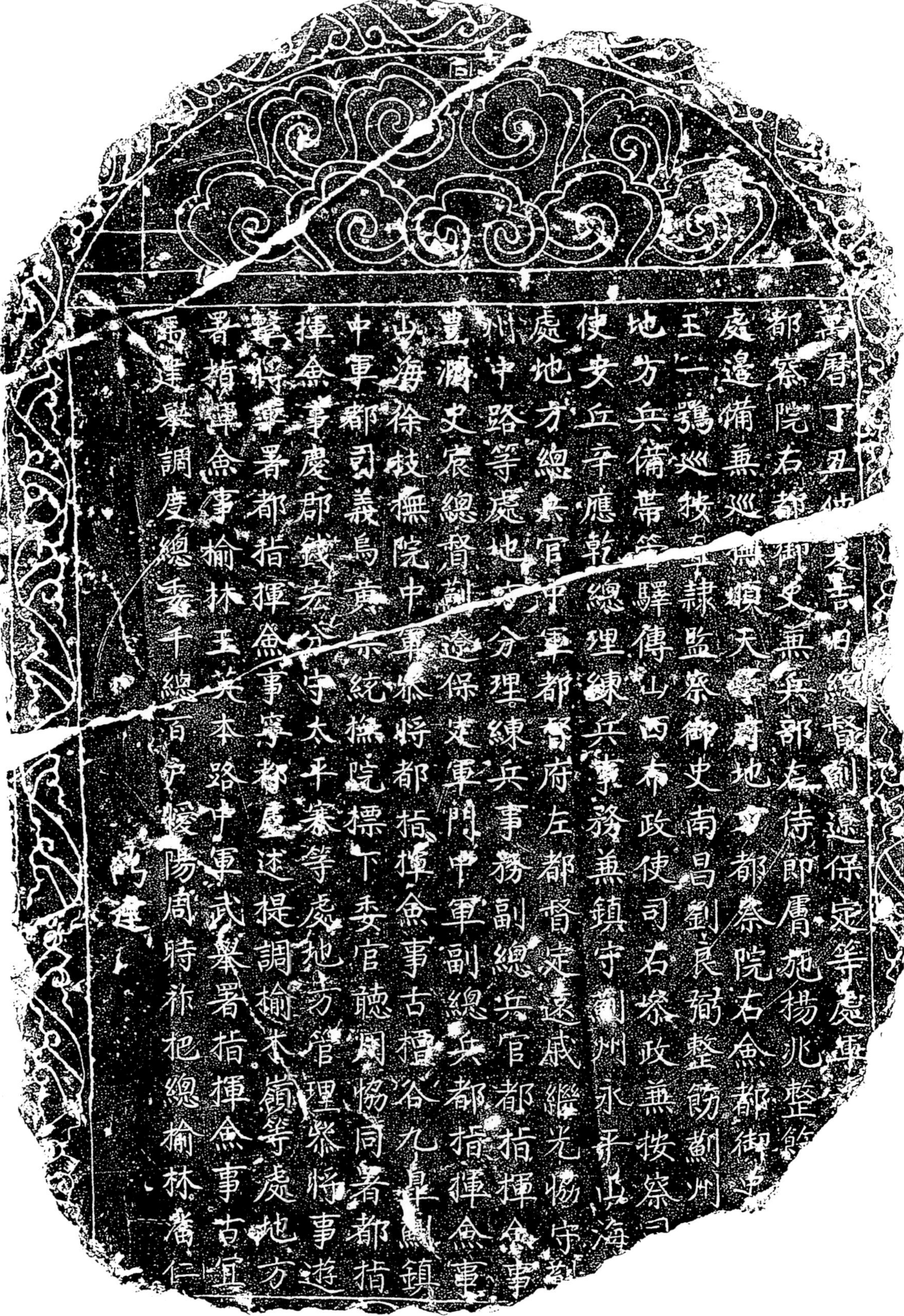

图版一五九　明万历五年（1577 年）长城鼎建碑

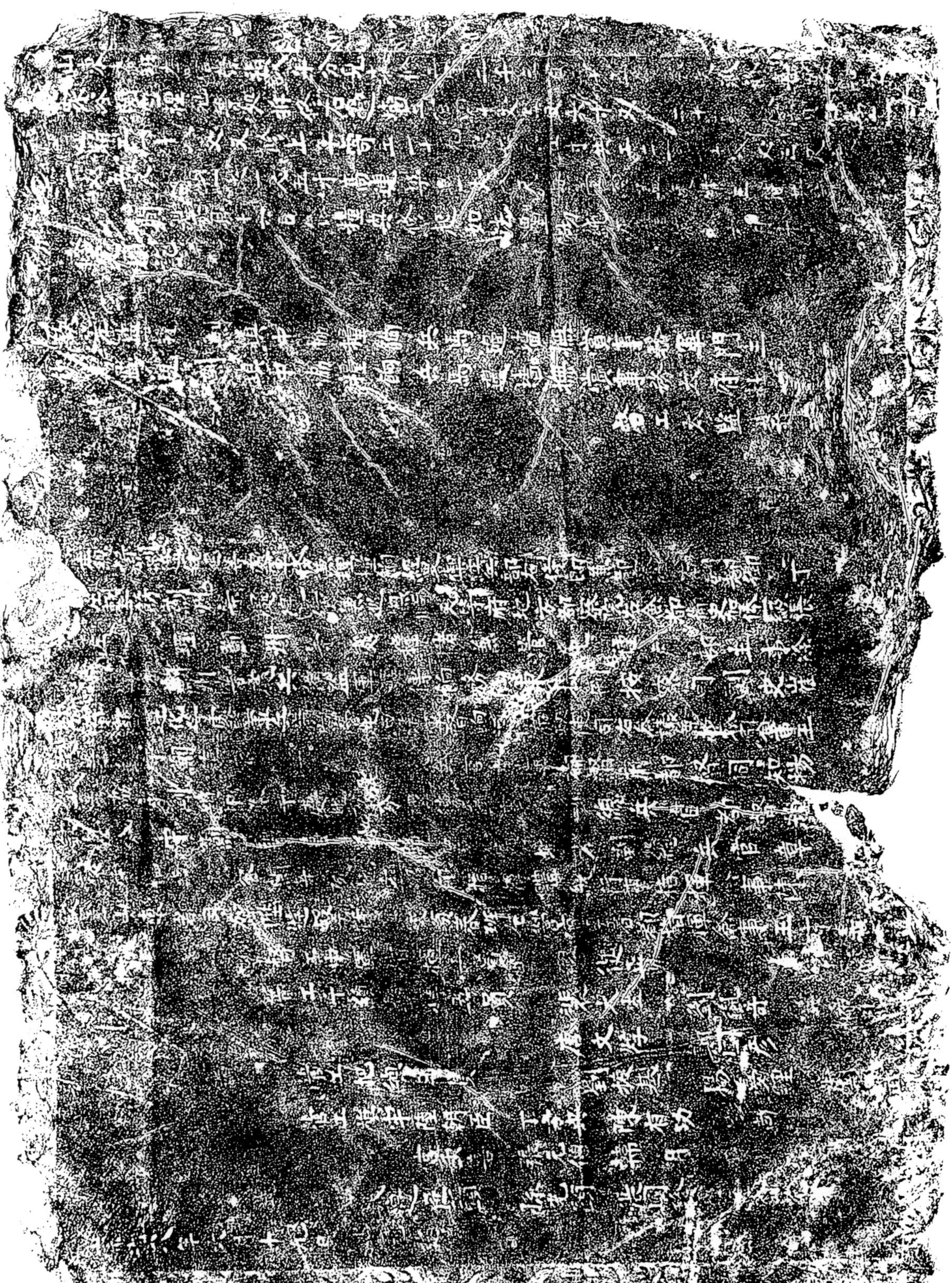

图版一六〇 明崇祯八年（1635年）拆修李家峪长城记事碑

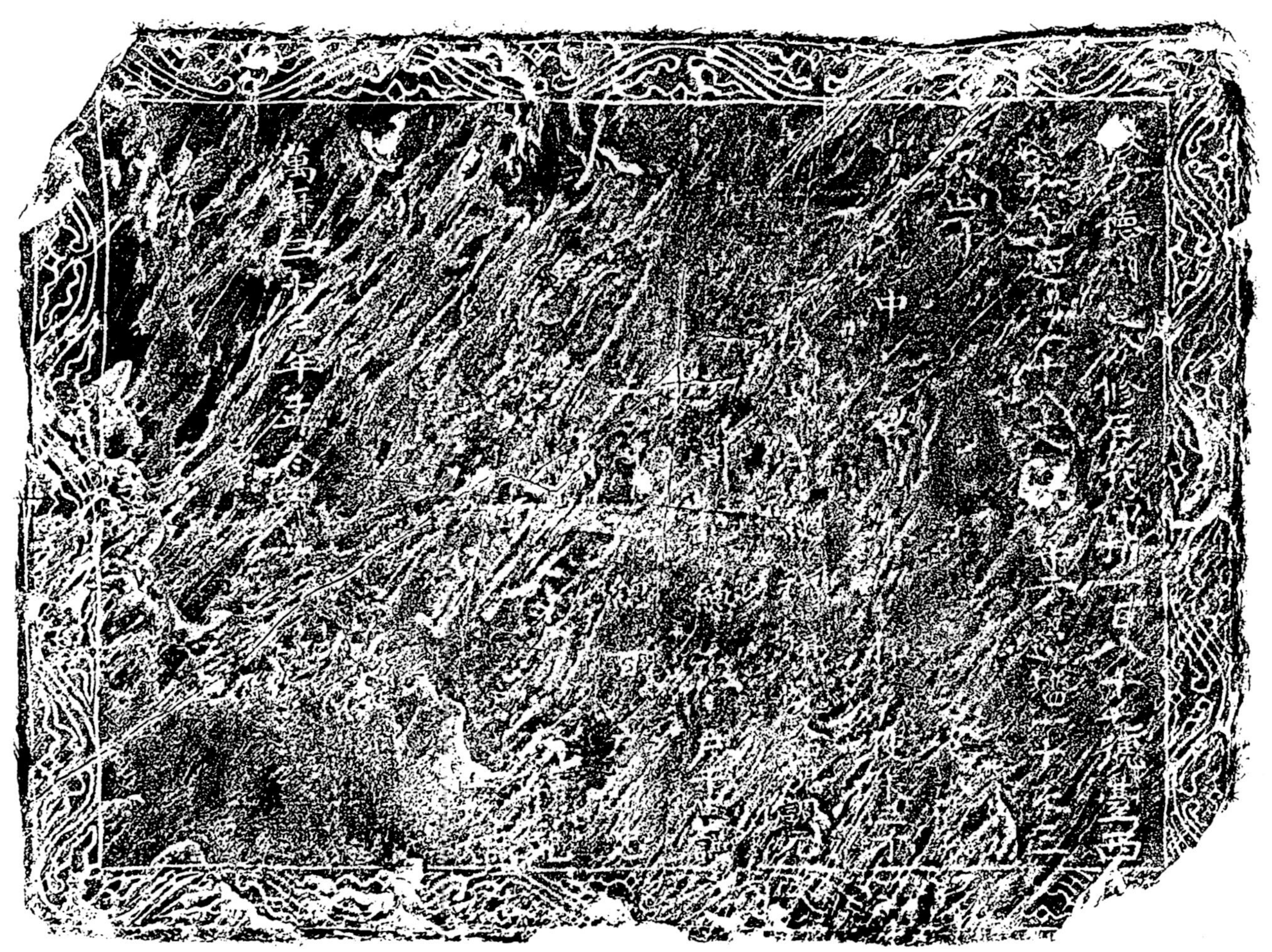

图版一六一　明万历三十三年（1605 年）秋防修台记事碑

图版一六二 明万历十一年（1583年）修石门路一百四十四号台记事碑

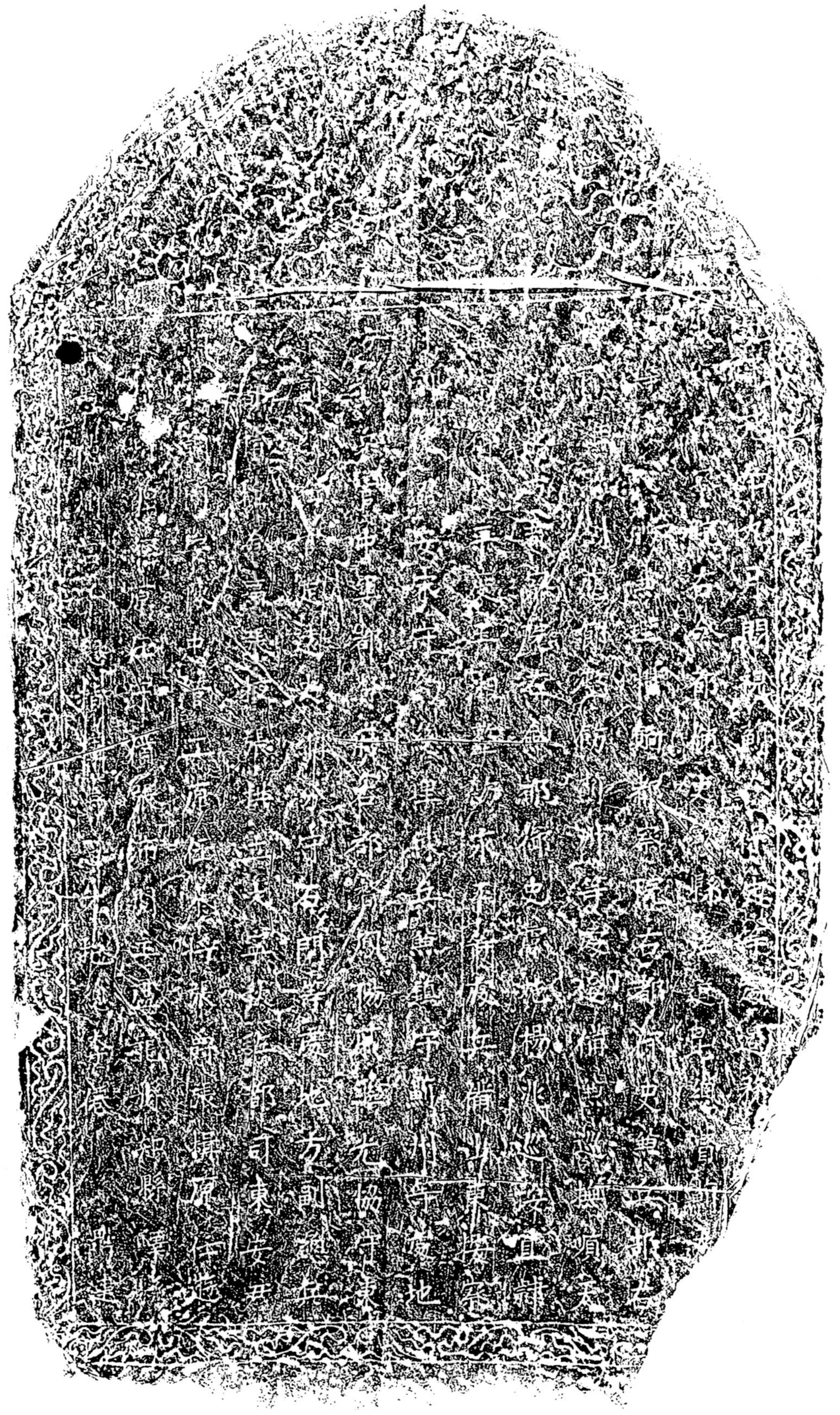

图版一六三　明万历元年（1573 年）长城阅视碑

图版一六四　明万历十一年（1583年）分修边墙界碑

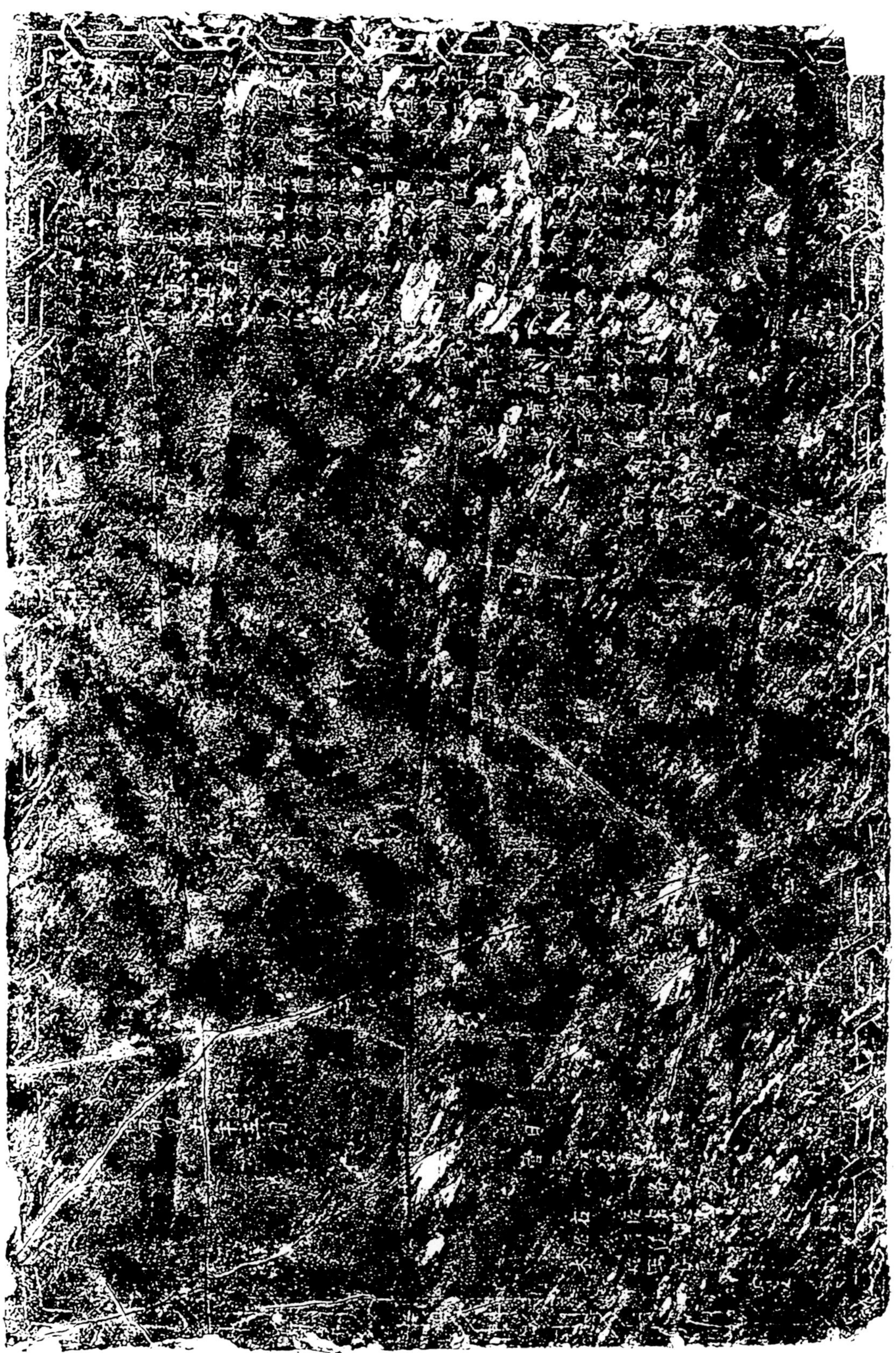

图版一六五　明万历四十年（1612年）长城碑

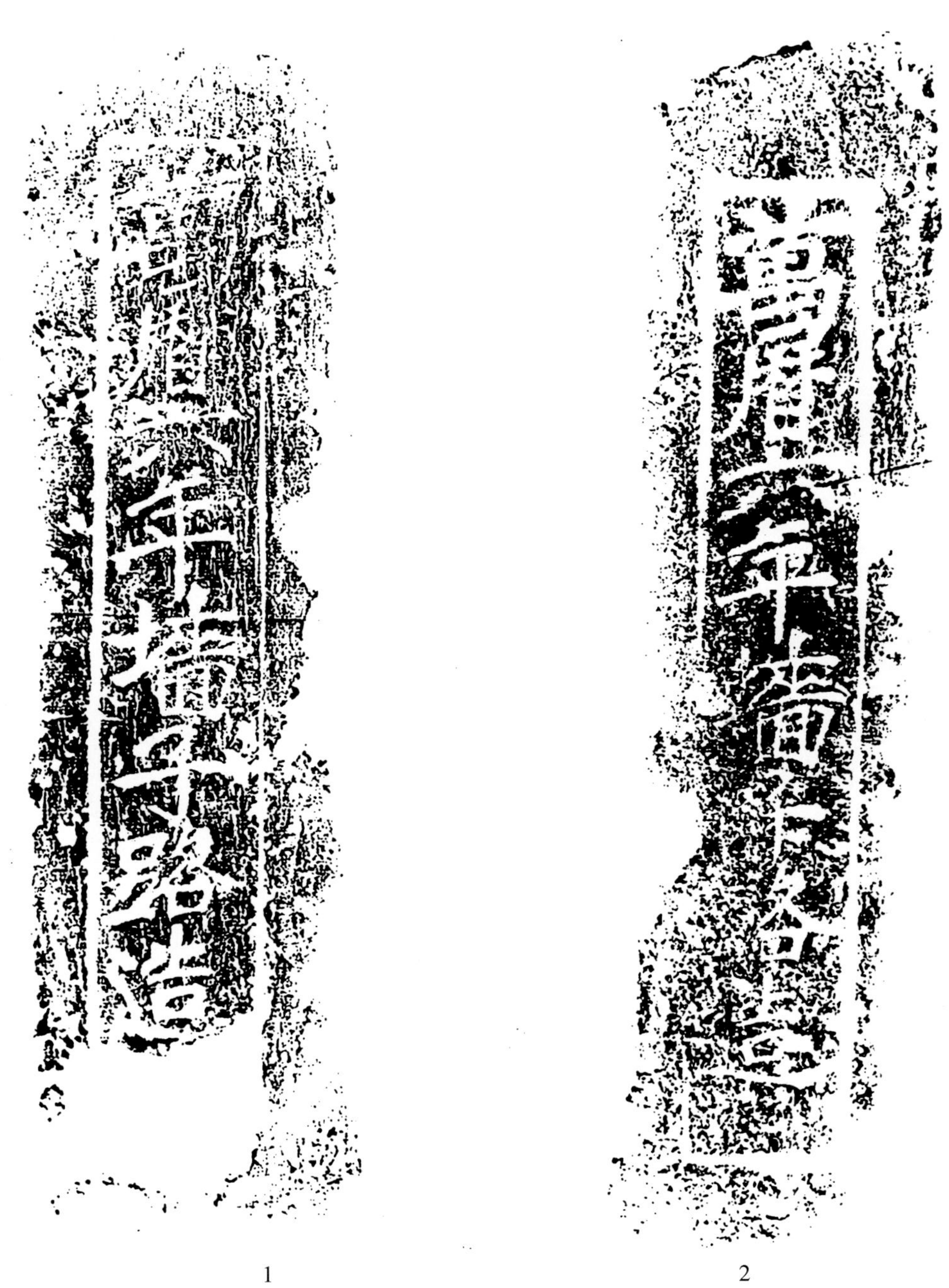

1　　2

图版一六六　明万历六年（1578年）砖文拓片

图版一六七　明万历十二年（1584年）砖文拓片

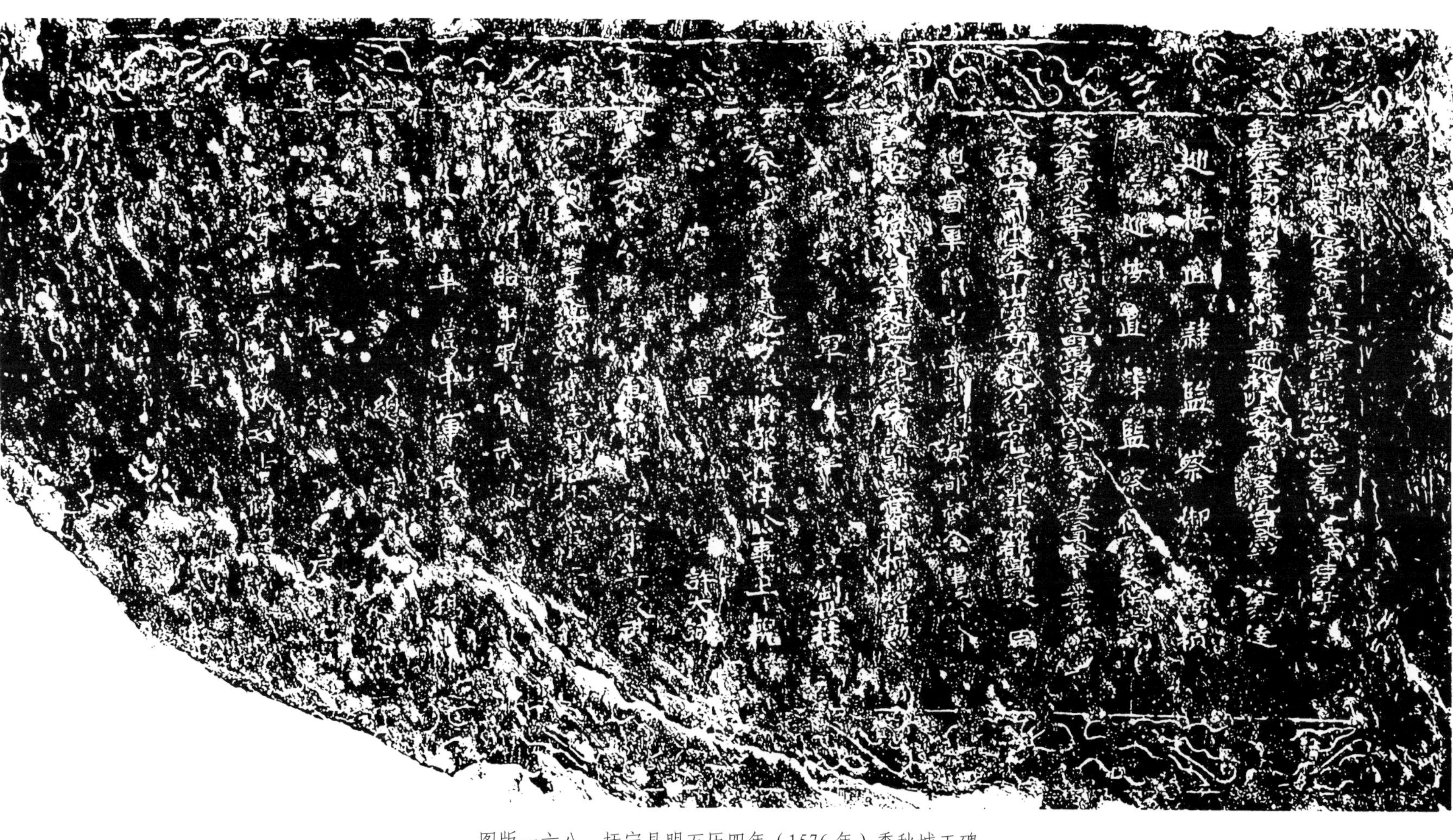

图版一六八　抚宁县明万历四年（1576年）季秋城工碑

图版一六九　抚宁县明万历十八年（1590 年）秋防创修边城工界碑（一）

图版一七〇 抚宁县明万历十八年（1590年）秋防创修边城工界碑（二）

图版一七一 抚宁县明万历二十四年（1596年）秋防分修石义老岭城工碑

图版一七二　青龙县明万历三十五年（1607年）秋防德州营分修二等边墙碑

图版一七三　青龙县明万历三十五年（1607 年）秋防德州营石义白草洼西空创修敌台碑

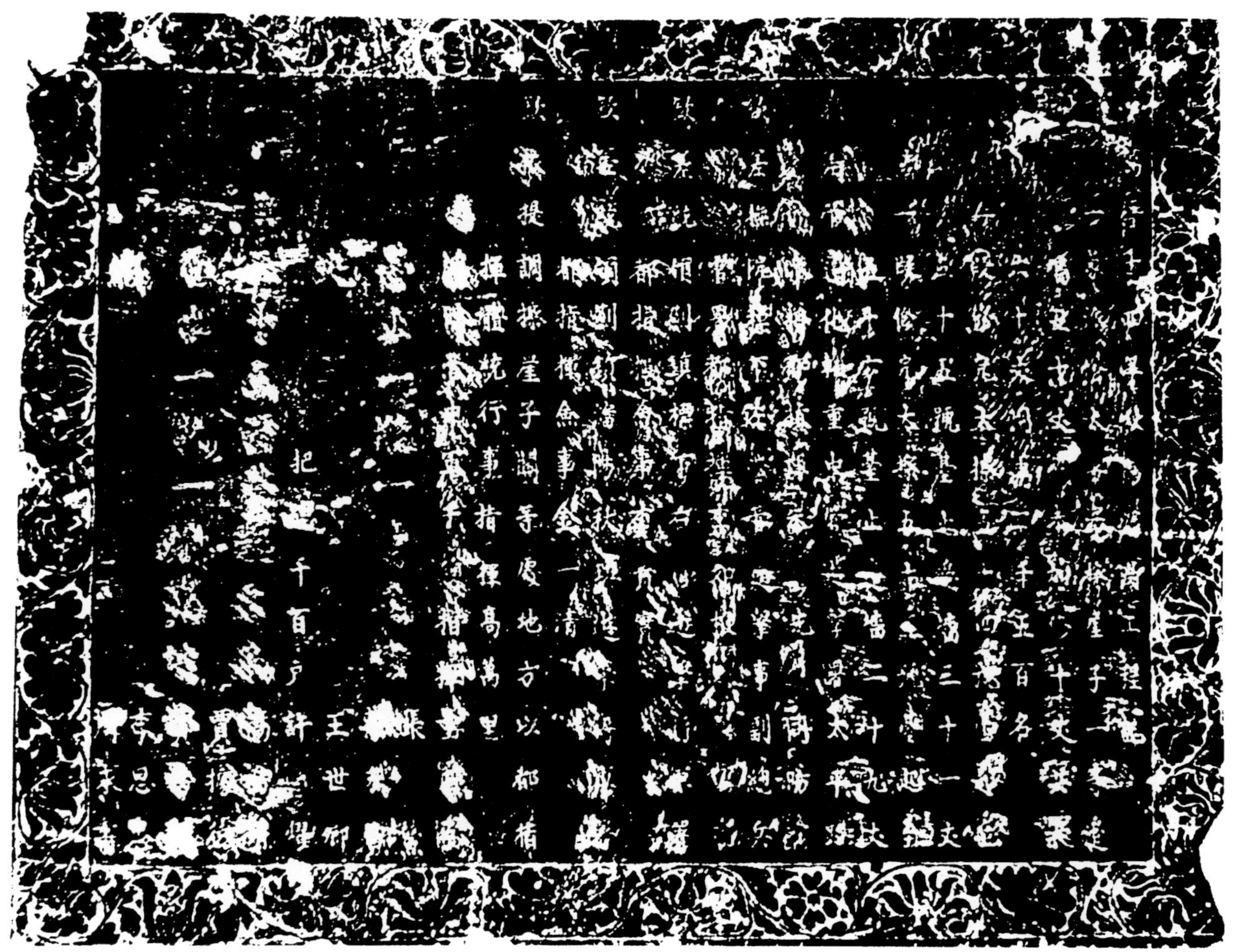

图版一七四　迁西县明万历十四年（1586 年）秋防沈阳工程碑

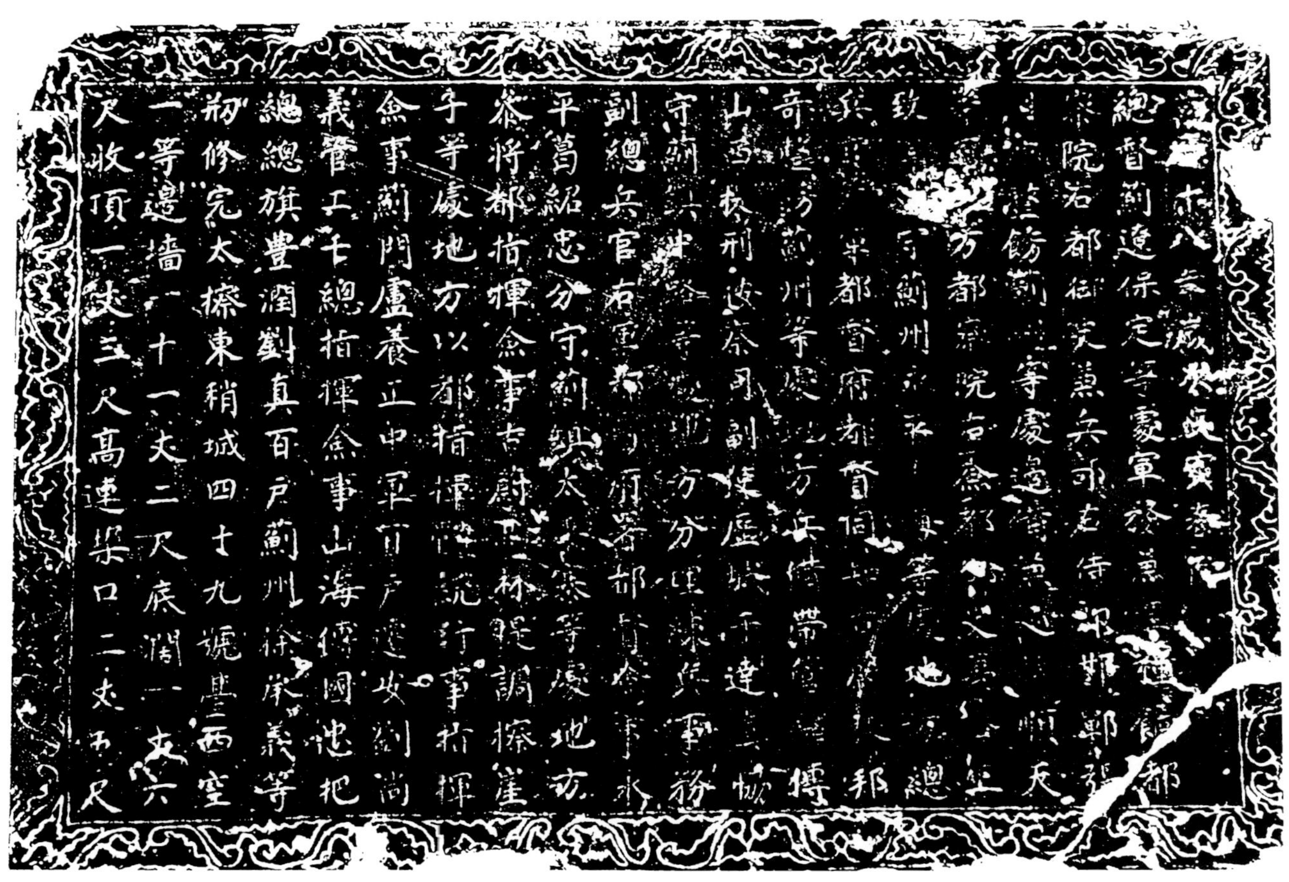

图版一七五　迁西县擦崖子明万历十八年（1590年）春防城工碑（一）

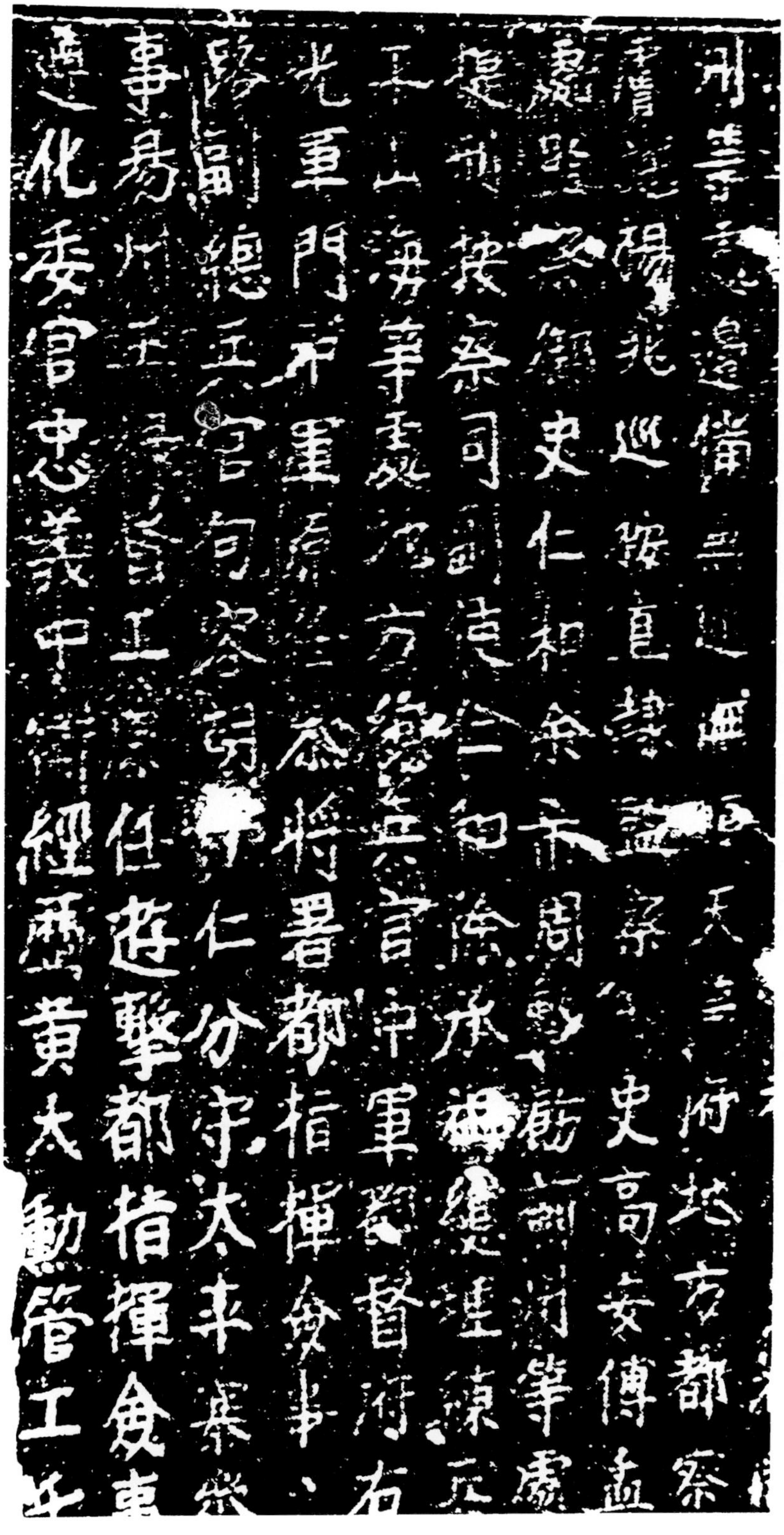

图版一七六　迁西县榆木岭城工碑

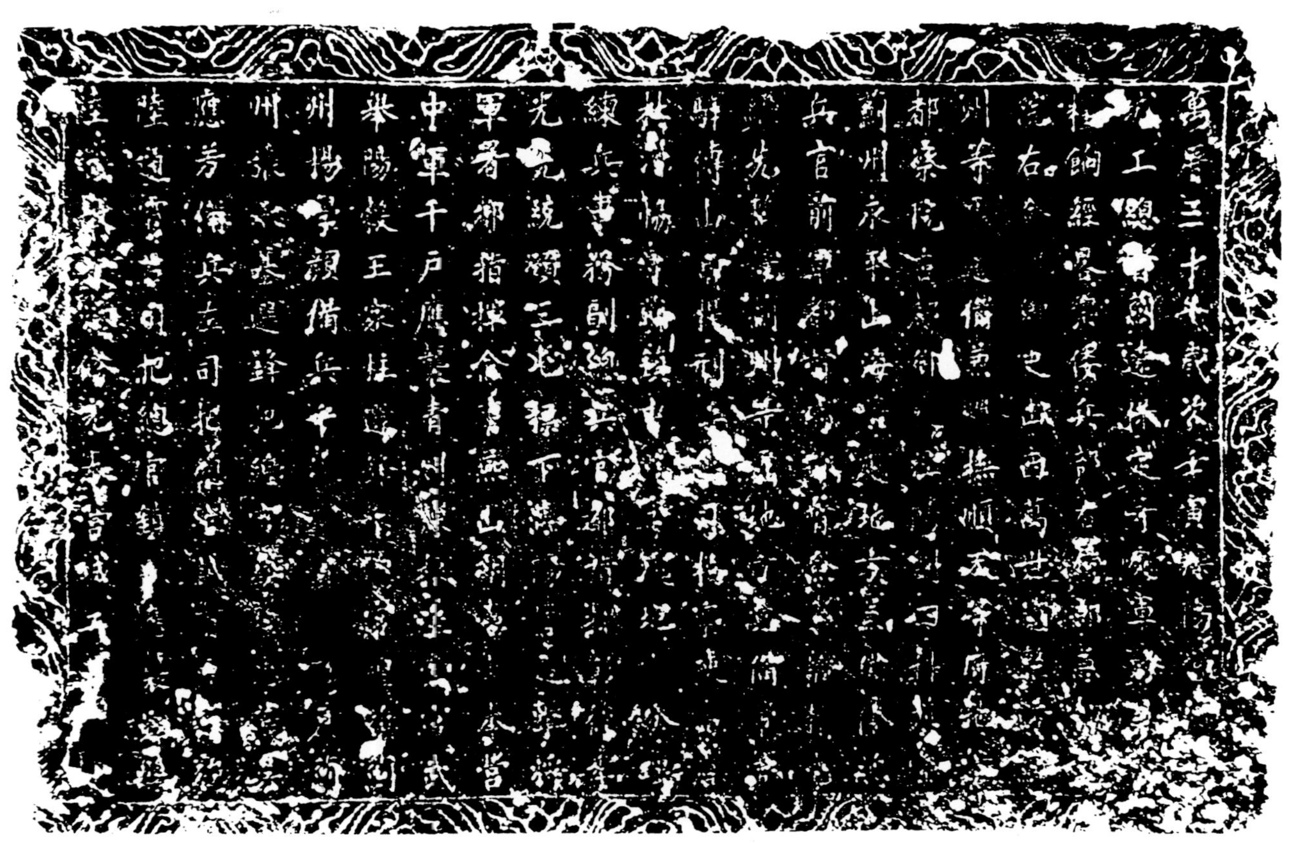

图版一七七　迁西县明万历三十年（1602 年）滦阳营春防城工碑

图版一七八　迁西县擦崖子明万历四十四年（1616 年）秋防城工界碑

欽差遵化標下右營遊擊將軍署都指揮僉事周洪印
中軍官一員劉國臣
千總官二員趙邦治 左雲龍
把總官六員
王繼爵 劉之源 劉國柱 杜朝登
薛大臣 龍之翰
遵化右營修工軍士九百一十一名自三月十二
日起興工至六月十七日修完二等堡
城三十五丈底濶二丈一尺收頂一丈
二尺高連垛口二丈五尺西界
天啓三年六月十七日立

图版一七九　宽城县明天启三年（1623年）城工碑

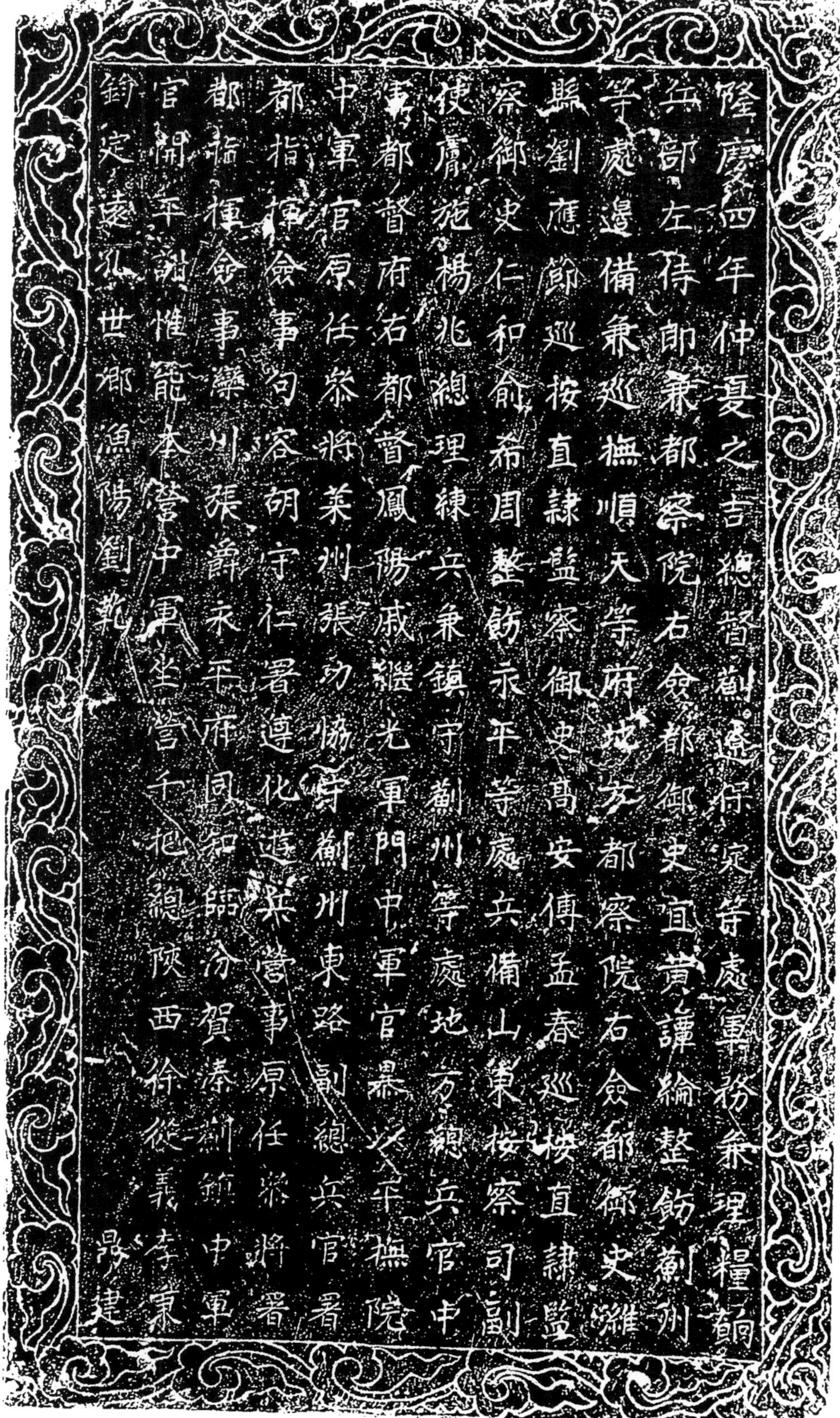

隆慶四年仲夏之吉總督薊遼保定等處軍務兼理糧餉
兵部左侍郎兼都察院右僉都御史宜黃譚綸整飭薊州
等處邊備兼巡撫順天等府地方都察院右僉都御史濰
縣劉應節巡按直隸監察御史高安傅孟春巡按直隸監
察御史仁和俞希周整飭永平等處兵備山東按察司副
使膚施楊兆總理練兵兼鎮守薊州等處地方總兵官中
軍都督府右都督鳳陽戚繼光軍門中軍官畢以平撫院
中軍官原任參將萊州張功協守薊州東路副總兵官署
都指揮僉事句容胡守仁署遵化遊兵營事原任參將署
都指揮僉事灤州張爵永平府同知臨汾賀溱薊鎮中軍
官開平謝惟能本營中軍坐營千把總陝西徐從義李秉
欽定遠孔世卿漁陽劉乾鼎建

图版一八〇　抚宁县明隆庆四年（1570 年）仲夏谭纶、刘乾鼎建碑

图版一八一　抚宁县明万历三年（1575 年）春山海卫中右所百户鼎建碑

图版一八二 抚宁县把总靖海郑印鼎建碑（残）块

图版一八三　卢龙县明万历五年（1577年）六月鼎建碑

图版一八四　迁西县明隆庆三年（1569年）擦崖子敌台鼎建碑（一）

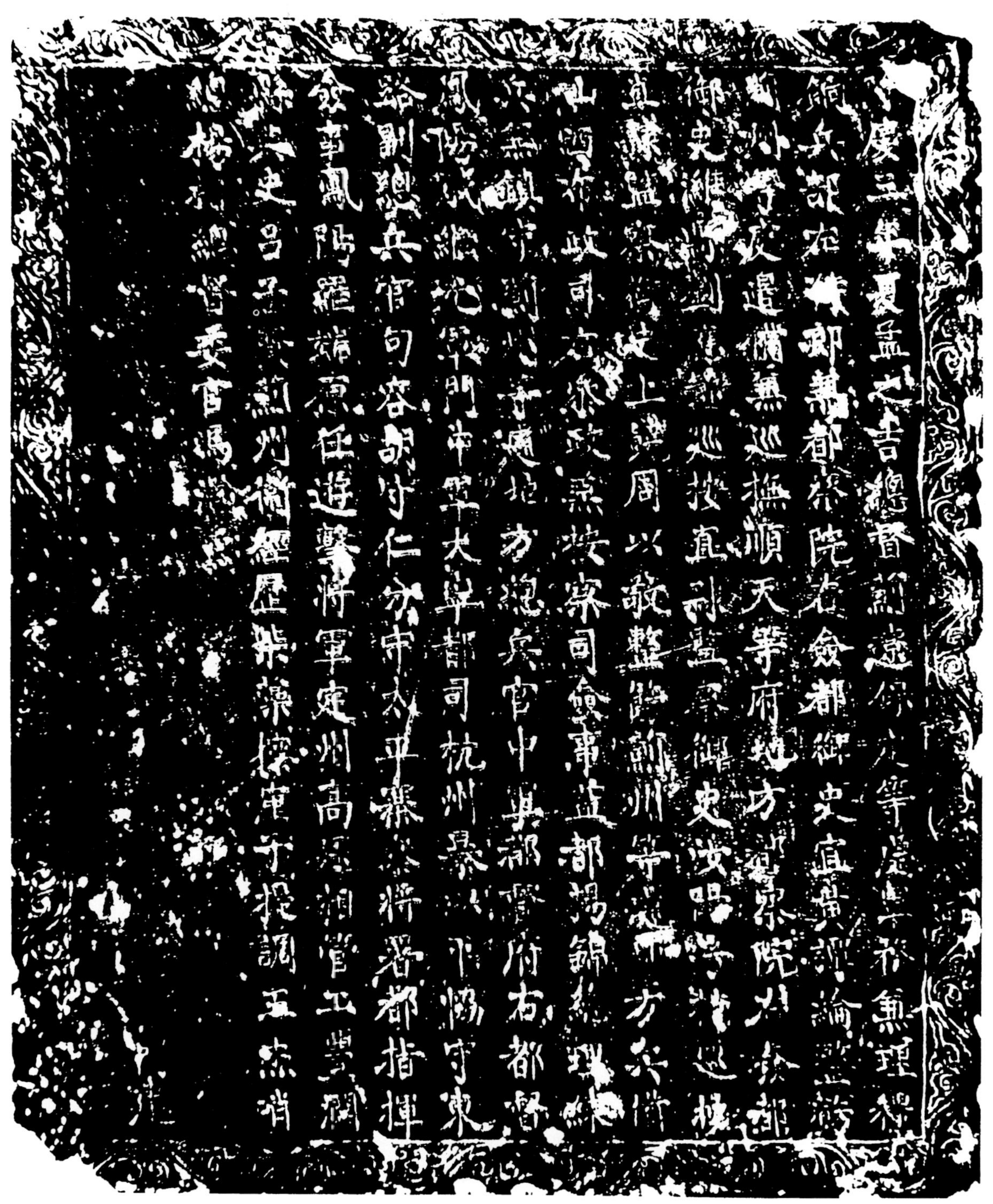

图版一八五　迁西县明隆庆三年（1569 年）擦崖子敌台鼎建碑（二）

图版一八六　宽城县明万历六年（1578年）鼎建碑

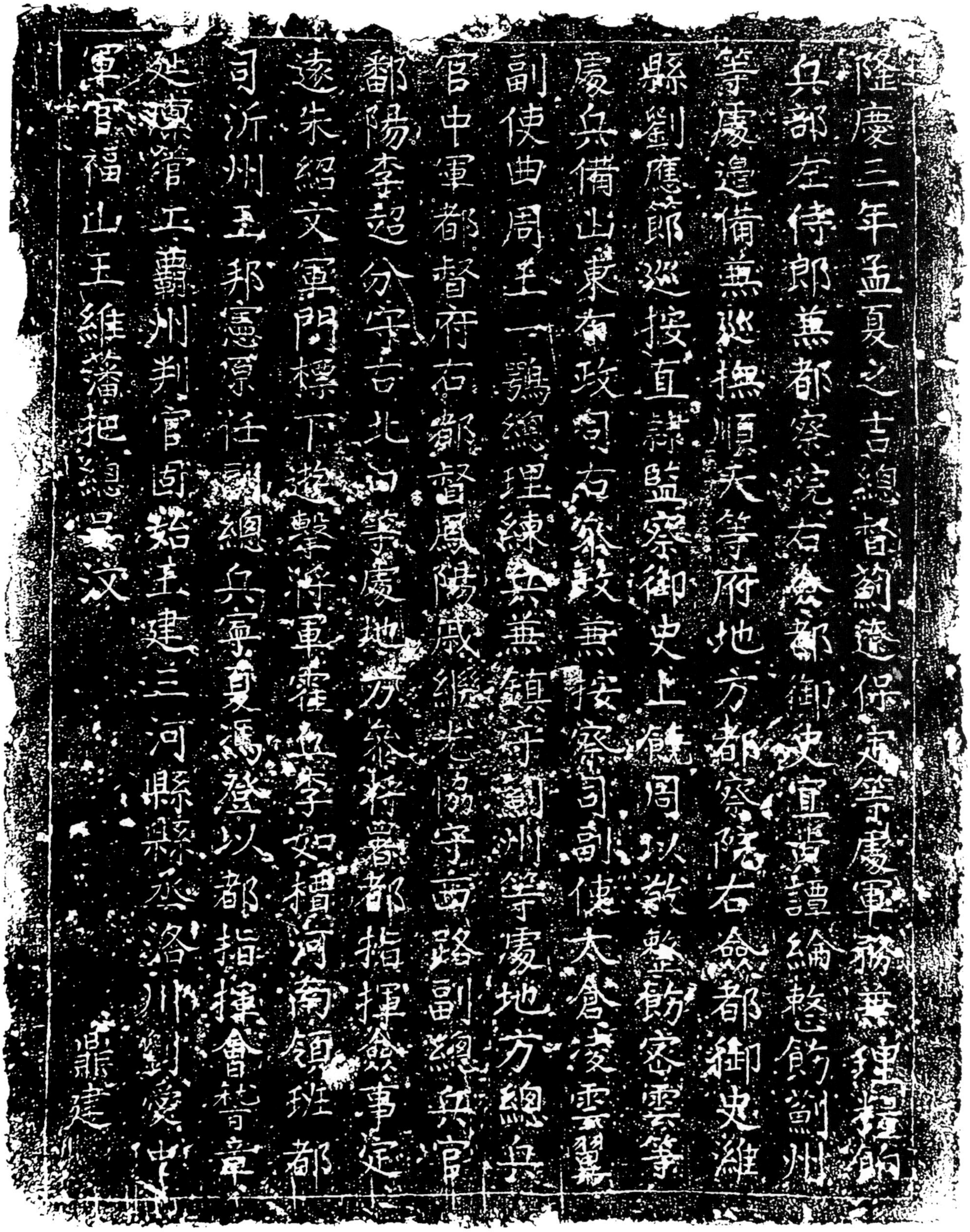

隆慶三年孟夏之吉總督薊遼保定等處軍務兼理糧餉
兵部左侍郎兼都察院右僉都御史宜興譚綸整飭薊州
等處邊備兼巡撫順天等府地方都察院右僉都御史維
縣劉應節巡按直隸監察御史上饒周以敬整飭密雲等
處兵備山東布政司右參政兼按察司副使太倉凌雲翼
副使曲周王一鶚總理練兵兼鎮守薊州等處地方總兵
官中軍都督府右都督鳳陽戚繼光協守西路副總兵官
鄱陽李超分守古北口等處地方參將署都指揮僉事定
遠朱紹文軍門標下遊擊將軍霍丘李如櫝河南領班都
司沂州王邦憲原任副總兵寧夏馮登以都指揮會督章
延慶管工薊州判官固始王建三河縣縣丞洛川劉愛中
軍官福山王維藩把總吳汶 鼎建

图版一八七　滦平县明隆庆三年（1569 年）戚继光、吴汶鼎建碑

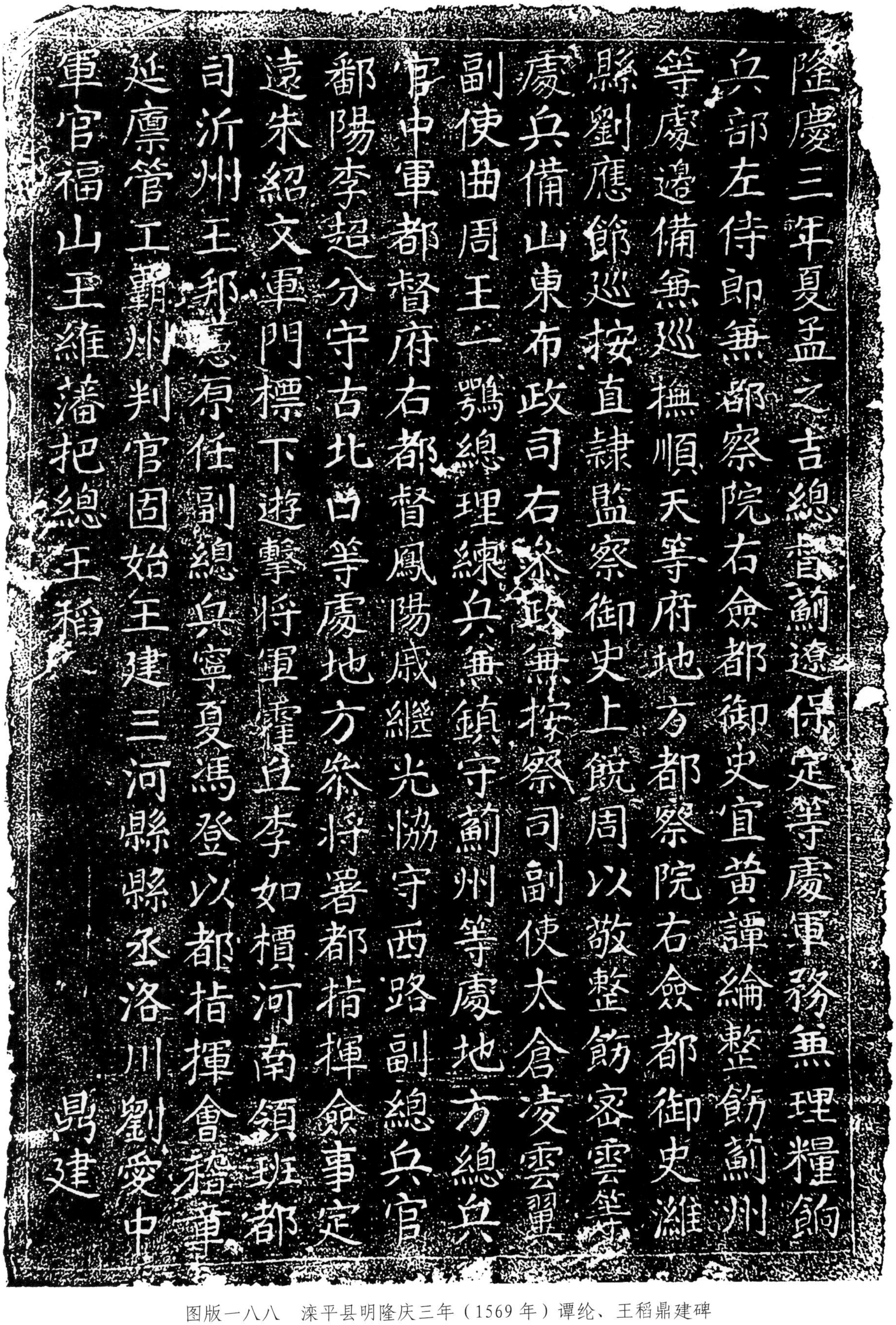

隆慶三年夏孟之吉總督薊遼保定等處軍務兼理糧餉
兵部左侍郎兼都察院右僉都御史宜黄譚綸整飭薊州
等處邊備兼巡撫順天等府地方都察院右僉都御史濰
縣劉應節巡按直隸監察御史上饒周以敬整飭密雲等
處兵備山東布政司右參政兼按察司副使太倉凌雲翼
副使曲周王一鶚總理練兵兼鎮守薊州等處地方總兵
官中軍都督府右都督鳳陽戚繼光協守西路副總兵官
鄱陽李超分守古北口等處地方參將署都指揮僉事定
遠朱紹文軍門標下遊擊將軍霍丘李如檟河南領班都
司沂州王鄜懲原任副總兵寧夏馮登以都指揮會稽章
延廩管工霸州判官固始王建三河縣縣丞洛川劉愛中
軍官福山王維藩把總王稻鼎建

图版一八八　滦平县明隆庆三年（1569年）谭纶、王稻鼎建碑

图版一八九　滦平县明隆庆四年（1570 年）戚继光、张永安鼎建碑

图版一九〇 隋开皇十七年（597年）残碑

后 记

《明蓟镇长城石刻》是《明蓟镇长城——1981~1987年考古报告》的延续，也是这部报告最后一部书。以刻石和碑文的形式直接记录长城历史情况的重要实物文献，是以往任何一种文献所不能替代的。书中所录的碑刻有一部分早已离开长城原位，或为文物部门所搜集，或已毁坏或丢失不存。所以30多年前所拓的碑文拓片，如今已成孤本，更显其价值之珍贵，本书的出版弥补了考古报告的不足。

在国家文物局、河北省文物局和河北省文物研究所领导支持下，本书得以顺利完成并出版，谨此表示感谢。

《明蓟镇长城石刻》一书的文字撰写、碑刻文字说明录文等具体分工如下：

前言由郑绍宗撰写。碑刻文字说明及碑刻录文由郑立新协助完成。书中照相由郑立新负责完成。

全书由郑绍宗统稿，书中疏漏之处，在所难免，望前辈方家不吝赐教。

郑绍宗

2016年8月